高等院校"十四五"工商管理规划教材

STRENGTHS
MANAGEMENT

丁 贺◎编著

优势管理

经济管理出版社
ECONOMY & MANAGEMENT PUBLISHING HOUSE

图书在版编目（CIP）数据

优势管理 / 丁贺编著 . —北京：经济管理出版社，2023.11

ISBN 978-7-5096-9519-7

Ⅰ. ①优…　Ⅱ. ①丁…　Ⅲ. ①企业管理—组织管理—研究　Ⅳ. ① F272.9

中国国家版本馆 CIP 数据核字（2023）第 257577 号

组稿编辑：王光艳

责任编辑：王光艳

责任印制：许　艳

出版发行：经济管理出版社

　　　　　（北京市海淀区北蜂窝 8 号中雅大厦 A 座 11 层　100038）

网　　　址：www. E-mp. com. cn

电　　　话：（010）51915602

印　　　刷：北京市海淀区唐家岭福利印刷厂

经　　　销：新华书店

开　　　本：710mm×1000mm /16

印　　　张：16

字　　　数：254 千字

版　　　次：2024 年 3 月第 1 版　　2024 年 3 月第 1 次印刷

书　　　号：ISBN 978-7-5096-9519-7

定　　　价：68.00 元

前 言

　　高质量发展已经成为我国新时代发展的主旋律。为实现国家高质量发展，各种类型的组织作为社会的主体单元，起着关键的作用。组织高质量发展离不开人才，充分释放并发挥人才的潜能是实现组织高质量发展的必要选择。党的十八大报告提出，"开创人人皆可成才、人人尽展其才的生动局面"，这为各类型组织人才管理指明了战略方向。从个体优势管理（Strengths Management）的思想来看，"人人皆可成才"是因为每一个人都有着自己天生的优势，"人人尽展其才"意味着每一个人都能够在工作中发挥自己的优势，更为重要的是，组织要营造适合员工发挥优势的环境。

　　"知人善任，用其所长"一直指导着国内外的管理实践。我国古代著名思想家老子在《道德经》中指出，"圣人常善救人，故无弃人"。在管理实践中，不放弃任何人的原因在于每个人都有自己的优势。古希腊哲学家柏拉图在《理想国》一书中曾指出，如果一个人根据自己的天生才能，在适当的时间内不做别的工作，只做一件事，那么就能做得更多、更出色、更容易。[①] 这体现出专注于一个人天赋所在的领域是非常重要的。华为创始人任正非在企业管理实践中一直秉持优势管理的思想，他认为发挥一个人的长板非常重要，找其他人的长板进行互补就可

---

　　① 柏拉图.理想国［M］.郭斌和，张竹明，译.北京：商务印书馆，2003：77.

以拼出一个"高桶"。著名管理大师彼得·德鲁克先生在《卓有成效的管理者》一书中也明确指出，领导者要善于发挥自身的特长，甚至是下属、上级和同事的特长。积极心理学家一致认为，个体的优势是个体成长与发展的关键，发挥特长是个体获得成功的重要途径。

尽管个体优势管理的思想由来已久，其对个体和组织的积极作用也广受学者和实践者的认同，但真正开始对个体优势管理思想开展学术研究是在 20 世纪末。Martin E. P. Seligman 在 1998 年就任美国心理学会主席发表就职演说时，呼吁心理学家将更多的研究注意力从关注人的消极方面转向关注人的积极方面，自此，大量的心理学家开启了积极心理学的研究，个体优势管理理论作为积极心理学研究的核心话题，也逐渐受到学者的更多关注。

因此，本书将系统、全面地对优势管理的相关研究成果进行梳理和整合，并对一些重要且未被解决的问题进行深入探讨。例如，虽然优势管理理论主要是阐述为什么要发挥个体的特长及如何发挥个体的特长，但该理论并不是完全忽视个体的不足。遗憾的是，鲜有文献深入考察个体优势和不足之间的关系。本书内容可概括为三大部分：其一，优势管理的基础，主要分析组织高质量发展的动力、员工高质量发展的内在要求、胜任力理论与木桶原理，以及优势管理理论的实践基础；其二，优势管理理论的主要内容，主要阐述普适性的优势观、优势的双重性、优势与劣势的并存性和同向性原理、优势行为的优越性（成长行为理论），以及优势活动的重要性（优势活动模型）；其三，优势管理实践，主要聚焦优势管理思想在组织文化建设、人力资源管理实践和领导力方面的应用。

本书旨在让读者理解优势管理理论的重要性和主要内容，不仅适用于本科生学习前沿管理思想，也适用于研究生进行前沿理论研究。此外，本书还对组织管理实践者和政策制定者具有重要的价值。

目 录

组织高质量发展

一、社会经济发展的两大动力

党的二十大报告指出：高质量发展是全面建设社会主义现代化国家的首要任务。高质量发展的本意是指"我国经济已由高速增长阶段转向高质量发展阶段"。创新是驱动高质量发展的关键路径。纵观世界经济发展史可以看出，经济不断发展、社会持续进步的动力在于两个方面：一是科技，二是管理，如图1-1所示。

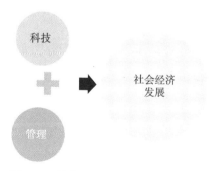

图1-1　社会经济发展的两大"车轮"

科技与管理之间有着密切的关系，简单来讲，科技的创新发展有助于提升管理效率，促进管理创新；管理水平的进步也是科技创新的重要基础。两者相辅相成、互相影响，共同推动社会经济不断进步。例如，第二次工业革命的发生，大大提升了劳动生产率，在相当长的时间里成

为经济发展的重要动力。由于经济的发展具有周期性，总是按照"繁荣—衰退—萧条—复苏"的逻辑不断循环，工业革命对经济发展的驱动作用不断减弱。随着经济进入衰退期并进一步走向萧条，劳动生产率持续低迷，泰勒提出的"科学管理"思想为效率问题提供了有效的解决方案，显著提升了管理效率，促进了经济复苏的进程，这突出了管理创新对于推动经济发展的重大意义。

另外，管理创新也是释放科技创新潜力、推动科技创新实现的重要利器。历史的经验已经反复证实了这一点。例如，私有化的产生，促使经济单元不断改进生产工具，提升生产效率，再加上知识产权保护制度在很大程度上激发了经济主体进行科技创新的动机，为保护经济主体创新成果提供了制度保障。在当前新时代背景下，我国全面实施创新驱动发展战略，科技创新和管理创新被提到了前所未有的高度。我国经济实现高质量发展的核心要求在于科技创新，突破"卡脖子"技术，而管理创新有助于推动组织科技创新进程，充分释放组织科技创新潜力。管理创新的实现不是一蹴而就的，是需要长时间的人力、财力、物力多方面资源的投资。管理创新与科技创新一样，可以是渐变式创新（从 1 到 100 形式的创新），也可以是突破式创新（从 0 到 1 形式的创新）。无论是哪一种形式的创新，对于提升管理效率均有着重要的意义，但突破式创新的实现难度远比渐进式创新的实现难度大，并且突破式创新或原创性创新才是驱动高质量发展的关键动力。因此，如何实现管理方面的原创性创新，以推动科技创新，从而实现国家高质量发展，是当前我国面临的重大挑战。

二、组织高质量发展的动力

国家实现高质量发展离不开各种类型组织的高质量发展。但是，当我们在组织管理中谈到高质量发展时，更多的是考虑组织自身的高质量发展，如组织技术、商业、财务、会计、安全和管理方面的高质量发展，但往往忽略了员工的高质量发展。从 Kaplan（2009）[①] 提出的组织战略地图（见图 1-2）中可以看出，组织的高质量发展主要来自最底层的学习和成长视角，这一视角主要由组织的三个资本作为支撑：第一，组织资本，主要是指组织的文化、领导力、一致性和团队协作水平；第二，人力资本，这里的人力资本更多的是一种广义的概念，主要是指组织所具有的人力资源的数量和质量，不仅包括人力资源的健康水平、智力水平、能力与技能水平，也包括人力资源的心理优势；第三，信息资本，主要是指组织的硬件或软件设施，如信息化水平、办公设备。组织资本与信息资本均以人力资本为基础。

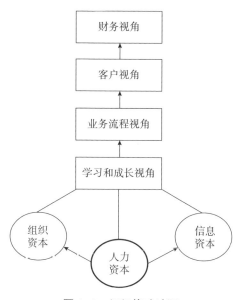

图 1-2 组织战略地图

对于组织资本而言，其四个方面功能的发挥或实现均需要人力资本发挥作用。例如，组织文化。组织文化的形成本质上是一个人际交互的过程，人的能动性在组织文化的形成过程中扮演着重要的角色。组织想要塑造积极的组织文化，离不开员工在其中的作用。对于信息资本而

---

① Kaplan R S. Conceptual foundations of the balanced scorecard[J]. *Handbooks of Management Accounting Research*, 2009, 3, 1253–1269.

言，虽然可以通过外部输入提升组织的信息资本水平，但是，如果想要信息资本的价值发挥出来，也离不开人的作用。例如，组织引进一套先进的办公系统，若想其发挥作用，需要组织员工切实使用这一系统。所以，真正信息资本的价值发挥是人推动的。更为重要的是，如果组织内部想要自己开发办公系统软件以提升组织的信息资本，也离不开本组织的人力资源。因此，组织内的人力资本是组织发展的关键，更是实现组织高质量发展的核心动力。这就强调组织要通过培养其人力资本来实现高质量发展，而新时代人力资本的价值体现在员工的高质量发展上。只有组织内的员工获得了高质量发展，才能在很大程度上提升组织人力资本存量，进而助力组织高质量发展。

员工高质量发展的内在要求

一、员工高质量发展的内容

2016~2021 年德勤发布的全球人力资本趋势报告均提到，员工越来越重视自己在工作中的体验，尤其是积极的主观体验。在新生代"95后"员工中，积极主观体验已被提到了前所未有的高度。积极主观体验是指在工作场所中个体主观感受到的积极的状态，不仅包括积极认知、积极情感、积极关系、内在动机、积极态度和积极行为，还包括由上述积极结果的两个及其以上构成的工作幸福感和员工成长与发展等。也就是说，在当前的组织管理中，员工的积极主观体验应当被纳入员工高质量发展的范畴。对于组织而言，关注员工积极主观体验能给组织带来较好的财务回报。已有的研究指出，组织在积极主观体验中的组织幸福感方面每进行一个单位的投入，将会获得 3~5 倍的财务回报（Goetzel and Ozminkowski, 2008; Rath and Harter, 2010）。

此外，员工高质量发展应当体现在员工绩效上。组织最为关心的是员工所取得的成就、对组织的贡献。正如德鲁克先生所说：卓有成效的管理者一定是专注于贡献的，强调对于组织的发展其做出了什么样的贡献。员工的贡献通常来讲体现在员工的绩效上，包括角色内绩效（任务绩效）和角色外绩效（情境绩效）。如果组织只关注员工的积极主观体验，不重视员工的产出或绩效，则只是员工单方面在工作中感觉良好，有着高水平的工作幸福感，这将不利于组织的发展。组织的存在与发展

依赖的是组织绩效，组织绩效是员工绩效的函数，没有高水平的员工绩效就谈不上高水平的组织发展。如果组织只是单纯地强调员工绩效，而不关心员工的积极主观体验，这样获得的员工绩效更多的是外部因素驱动的，是不可持续的。尤其是在当前员工越来越重视自身积极主观体验的工作大环境下，组织对于员工积极主观体验的忽视，也不利于组织留住人才，从而会影响组织又好又快发展。因此，我们将员工高质量发展理解为员工在工作中获得卓越绩效或优秀绩效的同时，也能够得到高水平的积极主观体验。

二、积极主观体验与绩效的关系

员工积极主观体验与工作绩效之间的关系是复杂的。从理论研究的角度来看，根据快乐—生产率理论（Happy-Productive Theory）可知，快乐的人通常能够产生更高水平的工作绩效（Zelenski et al., 2008）。据此可知，员工的积极主观体验是重要的高水平绩效的影响因素。大量的实证研究也证实了这一点。例如，Christensen-Salem 等（2021）的研究发现，工作繁荣作为员工在工作中的重要积极主观体验之一，有助于提升员工的创新绩效。Reina-Tamayo 等（2018）的研究表明，工作投入作为积极主观体验的一种类型，在提升员工绩效方面起着重要的积极作用。Wright 和 Cropanzano（2000）证实了作为积极主观体验的心理幸福感和工作满意度是工作绩效的显著预测变量。但是，也有一些研究指出，员工绩效也会影响员工的积极主观体验。例如，Lawler 和 Porter（1967）认为，绩效能够通过内在和外在的奖励提升工作满意度。换言之，好的绩效能够换来组织的奖励，进而带来更高水平的工作满意度。从 Judge 等（2001）执行的关于"工作满意度与工作绩效之间关系"的元分析中可知，积极主观体验（工作满意度）与工作绩效之间的关系是非常复杂的，表现为 7 种关系模型，既包括两者之间的相互影响，也包括两者之间的无关系模型。这在很大程度上体现出积极主观体验与工作绩效之间并不存在稳定的、单一方向的关系。

从管理实践的角度来看，大量员工在体验到高水平的积极主观体验如工作满意度、工作投入时，并不一定取得较好的工作业绩。例如，有些员工参加工作就是为了有件事情可以做，不让自己闲着，从不在工作上付出太多努力，也不期望从工作中获得太多报酬，仅仅追求在单位中所体验到的归属感。这样的员工通常在工作场所中有着较高水平的积极主观体验，但是可能并不会有太高水平的工作业绩。还有些员工在工作中表现得非常突出、优秀，给所在单位做出了重要贡献，但是，这些员工并不一定有着高水平的积极主观体验。他们可能是为了得到组织的奖励而努力工作，从而获得高水平的绩效；也可能是通过优秀的绩效向其他人证实自己的能力。在这样想法的驱动下，虽然这些员工能够获得优秀的绩效，但通常有着低水平的积极主观体验。例如，一些能力比较强的员工做很多事情都能做得非常好，甚至是他们自己不喜欢做的事或发自内心不愿做的事。当他们做这些不愿意或不喜欢做的事情时，虽然能够取得优秀的成果，但可能内心深处的积极主观体验水平比较低，体验不到更强的积极情感、喜悦和满足感。总之，要想员工获得高质量发展，我们需要同时强调员工的绩效和积极主观体验，两者均表现出高水平时，实现员工的高质量发展才是可能的。

胜任力理论与木桶原理

一、胜任力理论的利与弊

从当前的组织管理实践来看，大多数的组织采用胜任力理论作为组织管理的指导思想或理论基础。胜任力理论是由哈佛大学学者 David C. McClelland 基于多年的研究于 1973 年首次提出的指导组织管理实践的管理理论。McClelland 通过研究发现，在学校的成绩不能预测职业是否成功；智力测试和天赋测试不能预测职业成功和其他重要的生活结果；智力测试和天赋测试对工作绩效的预测作用是社会地位的结果；传统的测试对于少数群体是不公平的。基于这些传统测试所存在的问题，McClelland 进一步指出，胜任力要比传统的测试更能成功地预测重要的行为。自此之后，胜任力理论备受研究者和实践者的关注，并且在组织管理实践中也被广泛应用。

后来，Barrett 和 Depinet（1991）对 McClelland 的研究提出了质疑，他们认为，McClelland 的观点并没有充足的证据，一些重要研究结果与 McClelland 的主张恰恰相反。例如，就学习成绩能否预测职业是否成功这一问题而言，McClelland 指出，学习成绩得"A"的学生与低分通过的学生相比，他们在将来的职业成功方面并不存在差异。但是，Nicholson（1915）很早以前就发现，学术上杰出的学生在以后的生活中更可能获得突出的成就；就智力测试和天赋测试能否预测职业是否成功或其他重要的生活结果而言，与 McClelland 的观点相反，Husén

（1969）在瑞典执行的一项纵向研究中发现，高智力水平的人比低智力水平的人在未来能获得更高水平的收入。

尽管胜任力理论在发展过程中受到过很大的质疑，但其仍在管理实践中发挥着重要的作用，不仅被应用在员工的招聘、培训与开发方面，而且在干部管理等方面也被广泛应用。例如，Boyatzis 在 1982 年出版的著作中使用关键事件技术（Critical Incident Technique，CIT）探索了管理者的胜任力。关键事件技术是一个能够带来成功绩效的行为信息的程序，被普遍用于工作分析中。胜任力一般可分为两种类型，即行为胜任力和技术胜任力。行为胜任力包括问题解决、沟通技能等，技术胜任力包括进行注射的能力（护士）、使用电子表格包的能力（会计师）以及做一项具体工作所需的技能和知识（Bibb, 2016）。胜任力理论至少有三个方面的优越性：①让员工清楚地了解组织对他们的期望；②帮助管理人员了解寻找什么样的新员工以及对现有员工有什么期望；③为培训计划制定标准。

但是，随着组织经营环境的不断变化，尤其是在我国新时代高质量发展背景下，胜任力理论也逐渐暴露出其缺点。

第一，高质量发展要求员工获得卓越或优秀的绩效，但胜任力理论仅要求员工胜任工作，或表现出良好的绩效水平。

第二，高质量发展在要求员工获得卓越绩效的同时，也重视员工在工作中的积极主观体验，尤其是员工体验到的"工作流"（Work Flow）。McClelland 提出胜任力理论时，强调胜任力对绩效的预测作用，而没有重视胜任力对员工积极主观体验的影响。甚至为了提升员工对于工作的胜任水平，很多组织鼓励并创造条件让员工花费大量的时间和精力弥补短板。积极心理学家已经指出，补短板会使个体失去动力，使个体意志消沉、士气低落（Van Woerkom et al., 2016a）。同时，补短板的消极作用在日常的学习和工作中也是非常明显的。就好比让一个特别内向的员工从事客户服务工作，由于其不善言谈，组织为其制定了沟通与交流以及人际关系能力提升方面的培训，以期该员工能够胜任客服工作。但是，对于内向的员工而言，不仅内心深处抵触这样的培训，而且在从事客服工作时也没有动力和激情，更多体验到的是消极的情绪。

第三，胜任力理论仅仅强调员工能做什么事情，但员工"能做"并不意味着员工"想做"。只有员工"能做""想做"并且"有机会做"一件事情时，他们才能把这件事情做成功。

第四，高质量发展主要以创新为驱动力，这要求员工表现出更多的创新行为，获得高水平的创新绩效。创新绩效或创新行为已经被大量的研究者看作角色外绩效（Eldor, 2017），大多数情况下并不是强制要求的工作职责。而胜任力理论自被提出时就强调胜任力对绩效的预测作用，这里的绩效主要是指角色内绩效，也就是工作职责所明确规定和要求的员工行为。

第五，不论是组织高质量发展还是员工高质量发展，均体现出了对人本主义管理思想的迫切需求。但是，胜任力理论的本质是一种经济主义思想下的管理理论，把人看作一种实现较好绩效的工具（Bhatnagar et al., 2020）。

由此来看，胜任力理论并不能满足当前员工和组织高质量发展的要求。因此，研究者和实践者需要转变管理理念，突破胜任力理论，寻求能够适应高质量发展的管理思想。

二、木桶原理与员工管理

在胜任力理论的框架下，"木桶原理"已经成为员工管理的重要指导思想。木桶原理是由美国管理学家劳伦斯·彼得（Laurence J. Peter）提出的，指的是由多块板组成的木桶，其价值在于能够盛多少水，但决定木桶盛水量的核心因素在于组成木桶的最短的那块板。木桶原理思想可追溯至农业领域中的李比希最小因子定律（Leibig's law of the minimum），该定律其中的一个观点认为，尽管所有其他成分都存在，由于一种必需成分的缺乏，土壤也会变得贫瘠，这将导致无法种植相应的农作物（Liebig, 1855）。对于一个组织而言，其由不同的部分组成，并且每一个部分的质量参差不齐，而决定整个组织水平的核心因素就在于组织中的劣势部分。劳伦斯·彼得提出的木桶原理最初是用于指导组织的经营与发展，鼓励管理者应当重视组织的劣势部分。随后，木桶原理也被广泛应用于员工的培养与开发中，强调组织应当鼓励并支持员工花费更多的时间和精力弥补自身的短板，让员工尽可能地成为全才。

在这里我们应当注意劳伦斯·彼得提出木桶原理的时代背景。木桶原理被提出的时代可以说是一个信息传播、交换与沟通非常不顺畅的时代，计算机还没有被应用于日常的生活和工作中，互联网还没有普及，人与人之间的沟通主要还是基于传统的方式，如信件、电话或面对面的沟通。这大大提升了获取信息的成本，自然也构建起了较高的信息沟通屏障。组织为了更好的发展，不得不在每一个方面都要保持较好的质量。例如，一家企业在管理方面不擅长，想引进一名高级管理人员，在那个时代并不是一件容易的事情，所以，在很大程度上只能尽力通过内部培养来满足企业的需求。在当前这个信息化较为发达的时代，我们很容易获得各种信息，尤其是关于组织经营与管理方面的信息。如果某个企业管理不善，想要招聘一名高级管理人员，可以通过各大招聘网站或猎头服务快速地获得企业想要的管理人员，完全没有必要付出更大的成本自己培养这样的管理人员。

从本质上来讲，木桶原理在当前这样的新时代仍是适用的，只是落地过程发生了改变。例如，创业者小明想要经营一家高科技公司，但他只懂技术，并不懂管理和财务等公司经营所需的其他能力。如果是在劳伦斯·彼得那个年代，可能小明就需要花费大量的时间和精力去学习管理、财务等。但是，在当前这个时代，小明只需将自己的技术能力发挥到极致即可，其他经营活动完全可以通过快速地组建一个优势互补的团队来完成。也就是说，对于个体而言，在当前这个信息化水平比较发达的时代，没有必要花费大量的时间和精力去弥补自己的短板，将有限的时间和精力放在自己的优势上，使自身的优势发挥到极致，与其他人进行优势互补，同样能够达到木桶原理所追求的高质量发展目标。

需要指出的是，将木桶原理运用在单个的员工身上是不妥当的。首先，木桶原理指出，为了让木桶能够盛更多的水，所有的木板都要足够长，也就是说，一个人要想获得成功，其在每一个方面都要擅长，应当是全才。事实上，任何一个人都不可能成为全才，都有着自身的优势和

劣势。对于全才的追求是违背自然规律的。其次，当木桶原理被用于指导员工成长与开发时，其要求员工尽全力弥补自身的短板。但是，事实表明，尽管我们付出了很大的努力弥补自身某一方面的短板，也只能让我们达到胜任或合格的程度，最多也就是表现良好。如果将我们与在这一方面擅长的人相比，我们很难与其匹敌。最后，补短板是一个非常不好的体验，不符合人性的追求，并且补短板不能满足高质量发展对于卓越绩效和积极主观体验的要求。因此，在员工管理方面，管理者采用木桶原理作为指导思想，并不是明智的选择。

三、优势管理理论的实践基础

既然胜任力理论和木桶原理在驱动员工高质量发展方面表现出了诸多不适应，那么，我们就需要寻求新的理论作为员工高质量发展的指导思想。优势管理理论恰好符合当前新时代发展的需要，能够满足员工高质量发展的需求。Wood 等（2011）将优势看作能够让个体表现出接近完美绩效的个体特征。从这一定义可以看出，个体优势与个体卓越绩效有着天然的联系。德鲁克先生认为，从了解自身优势的立场出发，是实现卓越绩效的唯一途径。大量的研究也已经指出，发挥优势能够让个体体验到更高水平的积极主观体验，如工作繁荣（Moore et al., 2022）、积极情感（Meyers and Van Woerkom, 2017）和工作流（Liu et al., 2021）。因此，在工作场所中，对员工的优势进行管理是驱动员工高质量发展的关键动力。

有关员工优势的研究已经很多，尤其是在积极心理学快速发展的过程中，大量的研究者和实践者将注意力转移到员工优势上。实证研究也说明，发挥员工特长不仅有助于员工自身的成功，而且还能助力组织的发展。因此，要发挥个体优势，而不是通过胜任力理论的指导让个体学会他们不擅长的技能，以适应工作的要求。

重视个体优势发挥的管理思想在古今中外的管理实践中一直被践行。早在古希腊时期，柏拉图就指出，如果一个人根据自己的天生才能，在适当的时间内不做别的工作，只做一件事，那么就能做得更多、更出色、更容易。[①] 由此，柏拉图得出结论是，每个人必须在组织里面担任最适合他天性的职务。

泰勒在《科学管理原理》一书中指出，选拔一流的工人并对其进行科学化的培训是提升劳动生产率的必要条件。为了最大限度地释放工人的潜能，一定要做到人尽其才，才尽其用。因为每个人都具有不同的才能，不是每个人都适合于做任何一项工作的，这和人的性格特点和个人特长有着密切的关系。为了最大限度地提高生产力，对每一项工作必须找出最适宜干这项工作的人，同时还要最大限度地挖掘这个最适宜干这项工作的人的最大潜力，这就有可能达到最高效率（彭新武，2018）。根据这一论述可以发现，从组织的角度来看，应针对特定的岗位选拔最适合的员工，也就是泰勒所说的"第一流的工人"。这种适合就是在强调岗位要求与员工才能或优势的匹配。

日本企业如丰田公司、索尼公司等的成功离不开其在经营管理方面的优秀管理思想。日本企业十分重视领导艺术，强调要充分发挥每一个人的长处，并使之相互间形成最佳的结合（彭新武，2018）。

海天集团总裁、中国塑料机械工业协会会长张剑鸣先生认为，海天集团的核心价值观之一是人本精神，也就是"以人为本，用人所长"。海天集团向来对员工保持开放，用人所长，任何人都有发挥价值的空间。[②]

尽管优势管理思想已经根植于管理实践中，并且有关个体优势的研究已经获得了众多成果，但是优势相关的观点还比较分散，并未形成系统的管理理论。在前人的研究和实践基础上，本书整合现有的关于优势方面的观点，提出了优势管理理论。本书认为优势管理理论包含以下五个方面的观点：第一，每一个人均有自己的优势（普适性的优势观）。第二，个体优势既具有稳定性又具有动态性（优势双重性）。第三，个体优势与劣势是一对相对的概念，两者同时存在；优势越突出的个体，

[①]　柏拉图.理想国［M］.郭斌和，张竹明，译.北京：商务印书馆，2003：77.

[②]　参见哈佛商业评论公众号2022年8月25日发布的《对话海天集团总裁张剑鸣、副总裁张斌：创新为先，以质取胜》。

其劣势也会越突出；劣势不太明显的个体，其优势也将不太明显。第四，优势行为比劣势行为更有助于促进个体的成长。第五，开展优势管理活动是促进员工与组织发展的重要途径。以下章节，我们将在全面阐述优势已有研究的基础上，详细论述优势管理理论的每一个观点，并呈现优势管理中常见的管理实践活动。

普适性的优势观

一、优势的概念

"优势"一词是优势管理原理与实践的基础。为深入理解优势管理理论与实践，首先要充分理解优势的定义。这里的优势是指人的优势或个体的优势。在全面分析国内外学者对优势理解的基础上，本书对优势进行重新定义；然后，阐述优势的分类。

在英文语境和中文语境中，学者们对于个体优势的理解有着显著的差别。通过对现有的文献进行梳理发现，国内外对于个体优势的理解有不同的观点。

（一）英文语境中的个体优势定义

在英文语境中，有关个体优势的理解主要有四种不同的观点。

第一，Buckingham 和 Clifton（2001）将优势看作才能（Talent）、知识（Knowledge）和技能（Skill）的有机结合。也就是说，优势是才能、知识和技能的函数，可用公式表达：

$$优势 = f(才能，知识，技能)$$

才能是指天生的、能够被多次重复使用的思想（Thought）、感受（Feeling）和行为（Behavior）模式。大多数的才能在个体中天生存在，每个人都具备独特的才能。Buckingham 和 Clifton（2001）提出了 34 种

具体的才能类型。技能和知识与先天存在于个体身上的才能不同，它们能够通过后天的努力学习而掌握。技能指的是完成一项任务具体步骤的基本能力；知识是由了解到的事实和经验组成。许多知识和技能通过与个体的才能的有机结合进而形成个体的一种或多种优势。

第二，Peterson 和 Seligman（2004）将个体优势看作与品格特征相类似的个性特点，也被称为品格优势（Character Strengths）。他们指出品格优势应该满足十个标准：①它们能够促进自身和其他优势的发展；②它们在道德上是有价值的；③它们的使用不会减弱其他优势；④它们的反面是消极的；⑤它们能够体现在认知、情感和行为水平上；⑥它们不同于其他积极特征；⑦它们体现在优秀的受到他人认可的人身上；⑧在神童身上能够发现它们；⑨它们在某些人身上可能并不存在；⑩在不同的文化中，它们都是渴望被得到和被培养的（Miglianico et al., 2020）。基于此，两位学者提炼出人们所具有的多种品格优势。

第三，Linley 和 Harrington（2006）从优势使用的过程和结果的综合视角对个体优势进行了界定。他们认为，个体优势是个体所具有的天生的能力，这种能力在被使用时能够使个体精力充沛、富有能量并且能让个体达到最优的绩效水平。这一定义意味着个体优势具有五个方面的特征：①优势关注的是它能发挥什么样的作用；②优势是人们天生存在特征的一部分；③个体最大的潜力开发领域在于个体的优势；④只有充分使用优势的时候，才能够通过补短板获得成功，也就是说，单纯补短板不能使个体取得成功；⑤聚焦个体的优势是实现与众不同需要做的最基本的事情。进而，Linley 和 Harrington（2006）提出了 64 种个体优势类型。

第四，Wood 等（2011）仅从优势使用的结果视角对个体优势进行定义，并认为只要是能够让个体获得最佳绩效的能力、特征或性格特点等，都可被称为个体的优势。

尽管在英文语境中不同的学者对于个体优势的理解有所差异，但他们一致认为，个体优势具有内在性特点，而不是通过与其他人进行对比形成的，即人际性特点。例如，每一个人在"大五"人格（外倾性、随和性、责任心、情绪稳定性与经验的开放性）方面均有所表现，但体现的程度有所不同。如果一个人的外倾性得分最高，那外倾性就是这个人的优势。重要的是，在中文语境中，我国学者对个体优势的理解与西方学者有着明显的不同。

（二）中文语境中的个体优势定义

我国学者对于优势的理解不仅强调个体天生的才能，也重视与他人之间的对比。梁其健（1993）认为，优势是一事物与其他事物比较的结果，具有空间范围的特征。也就是说，个体的优势是在特定的范围内比其他人优秀的特征，充分发挥这种特征的作用是个体获得成功的关键。湖北省石首市实验小学课题组和华中师范大学教科院专家组（1999）将个体优势看作个体身心素质发展过程中逐渐生成并有所变化和发展的相对优越的长处、强项或势能。这一定义认为，个体优势既具有内在性又具有人际性。刘录护（2014）把个体优势的内容看作多方面的，如认知方面的能力、特定领域的突出技能、个体的奉献精神以及成长环境与发展机会等，这些方面既包含了个体内在的特征，也包含了外在的资源和条件。

（三）对个体优势的再定义

由上述分析可知，学者们对个体优势的理解存在以下几个方面的差异：第一，天生性和可塑性。Linley 和 Harrington（2006）倾向于认为个体优势是天生的，因为个体优势是一种天生的感受、思想和行为能力，而 Buckingham 和 Clifton（2001）则认为，个体优势是要通过后天培养形成的，因为天生的才能必须与后天通过培养学习的技能和知识相结合才能形成个体的优势。第二，内在性与人际性。西方学者大都是将个体优势理解为内在的性格、品质或能力，而我国学者大都认为优势兼具内在性和外在性，不仅包括内在的心理优势，还包括外部环境所带来的优势（刘录护，2014）。第三，优势是否要与绩效相联系。Wood 等（2011）将优势与近乎完美的绩效相联系，而 Peterson 和

Seligman（2004）则认为，优势是与性格特征相类似的个性特点，其概念本身并不一定与绩效相联系，只是使用优势时能够带来优秀的绩效或表现。

本书遵循积极心理学研究的逻辑，将个体优势看作个体相对天生的、能够让个体获得卓越绩效表现并且在优势被使用时能够让个体体验到较强的积极主观体验的个体的一般性心理特征。为了理解这一定义，需要把握好以下四点：

第一，个体的优势是天生的，是相对固定的。个体优势就好比矿产资源一样，它是固然存在的，要想其被人们所使用，需要不断开发。有时，我们会误认为通过自己的努力培养了自己某一方面的优势，实际上，只是我们通过努力将自己的优势开发出来了。因此，个体优势是需要被识别和开发的相对固定的心理特征。虽说个体的优势是相对固定的，但个体优势并不是完全不能被培养的。研究表明，个体的特质或人格既受到遗传因素的影响，又受到环境因素的影响。从影响的程度上来看，遗传因素对个体特质或人格的影响大约为70%，环境的作用大约为30%。对于个体优势而言，在成年之前，受到环境因素影响的程度可能会更大一些，当成年后，个体的优势相对比较固定，很难改变，但这又不是说一定不能改变。

第二，个体优势是与积极主观体验相联系的，也就是说，当个体发挥自己的优势时，一定会体验到高水平的积极主观体验，如幸福感、自信和活力。

第三，个体优势是与卓越绩效相联系的。需要澄清的是，有了某一方面的优势并不一定能够获得相应的卓越绩效，因为个体优势作用的显现受到多方面因素的影响，如个体的努力程度、外部环境的有利程度，只是发挥这一优势有使个体获得卓越绩效的潜力。

第四，在优势管理理论中，个体优势是指一般的心理特征。例如，好奇心优势，它并不是针对某一事物的好奇，而是对各种事物都有好奇心。这说明个体优势有着跨情境的一致性。在现实的工作和生活中，我们经常会发现某一个人具有某一方面的"特长"，如一位员工特别擅长理财和投资。在当前的个体优势定义下，善于理财和投资只是员工优势的外在表现，其优势可能是思辨能力和对未来趋势的判断。这就意味着，某一种具体的优势可能使个体在多种工作任务中获得优秀的绩效。所以，为了充分发挥个体的优势，首先可通过外在的做得好的事情识别出个体的优势，然后结合相应的知识和技能，将个体优势运用在其他的工作任务中。

二、优势的分类

根据不同的标准，可对优势进行不同的分类。根据上述有关优势定义的产生，不同的学者对优势进行了分类，Buckingham 和 Clifton（2001）针对形成优势的才能进行了划分，分成了 34 个才能类型；Peterson 和 Seligman（2004）把与性格相关的优势分成六种类别，每一类均包括不同类型的内容；Linley 和 Harrington（2006）提出了基于能力的优势分类，共包含 60 种能力；Martin 和 Schmidt（2010）将 12 种高级技能定义为个体的优势；Roarty 和 Toogood（2014）也提出了自己的优势词典，包含 39 种优势。这些优势分类基本上都是基于员工个体自身的优势进行分类的。

本书以 Seligman 等（2004）提出的性格优势、Martin 和 Schmidt（2010）提出的高级技能与 Roarty 和 Toogood（2014）提出的优势词典为基础，通过对比分析提出了新的心理优势分类。此种心理优势分类的形成过程如下：

第一步，由一名英语专业的博士对三种优势分类的具体优势词条进行翻译。

第二步，邀请两位组织行为与人力资源管理专业的专家对这些优势词条进行讨论、分析，整合相似的词条，并结合我国情境，删除在工作场所中不常用的词条。

第三步，邀请一位管理咨询公司的 CEO 与一名工业和组织心理学专家一起讨论前述确定的词条，结合管理实践中的具体情况对词条进行再次审核、确定。最终形成了包含 5 个大类 32 个小类的心理优势词条

库（见图 4-1）。

认知优势
·创新、好奇、思辨、学习、洞察

行为优势
·细节、坚毅、任务启动、计划、谨慎、自我超越

自我调节
·自省、未来导向、韧劲、自信、灵活适应、成果导向、专注

情感优势
·勇敢、情绪控制、乐观、公正

人际优势
·真诚、谦逊、团队协作、包容、领导、助人、同理心、沟通、魅力、社交

图 4-1　心理优势词条库

具体的内涵如下：

（一）认知优势

➢ 创新
提出新颖的思想或观点，采用新颖的方法做事情。

➢ 好奇
有着强烈的了解未知事物的愿望，对不熟悉的事物感兴趣。

➢ 思辨
全方位考虑问题；能公平地看待所有证据，以事实为依据进行推理、分析与论证，进而形成结论。

➢ 学习
热爱学习，通过自学或正式的指导快速掌握各种知识与技能。

➢ 洞察
透过现象把握事物内在规律或本质。

（二）行为优势

➢ 细节

专注于事情的具体细节，能够明察秋毫；能从小事做起。

➢ 坚毅

为达成特定的目标而主动克服困难、坚持不懈；做事情有始有终，不半途而废。

➢ 任务启动

在确定要做的事情之后，能马上启动，不拖延。

➢ 计划

为实现特定的目标而制定技术路线图的能力。

➢ 谨慎

三思而后行，做事情非常小心。

➢ 自我超越

不满足于现状，追求更好的自己。

（三）自我调节

➢ 自省

深度思考自己的言行与做事结果，从中发现自己的长处与不足，进而推动自我不断成长。

➢ 未来导向

把目光放长远，追求长期利益，延迟满足。

➢ 韧劲

能屈能伸；面对挫折、失败或人生低谷时，能重整旗鼓，继续前行或从头再来。

➢ 自信

相信自己能够成功完成各项任务。

➢ 灵活适应

能很快地融入新的环境，根据外部环境的变化及时调整自己的言行。

➤ 成果导向

重视成果，始终关注获得的结果是否满足预期的目标。

➤ 专注

持续将自己的注意力放在一件事情上，即使存在其他方面的干扰，也不会分心。

（四）情感优势

➤ 勇敢

在威胁、挑战、困难或痛苦面前不退缩；即使其他人反对，也会去做那些自己认为正确的事；即使不受欢迎也会坚持自己的信念。

➤ 情绪控制

控制自己的情绪，不发脾气，不将自己的情绪表现出来。

➤ 乐观

对未来有积极的预期，用阳光的心态面对未来；从积极的一面看待不好的事情或结果。

➤ 公正

对所有人一视同仁，平等地看待每一个人；不因个人感情影响自己对他人的看法。

（五）人际优势

➤ 真诚

表现出真实的自己，依自己真实的想法行事；不伪装，不欺骗，说实话。

➤ 谦逊

不自吹自擂，不夸大自己的成绩；承认自己的缺点；欣赏他人的优点；愿意听取别人的意见。

➤ 团队协作

把自己看成团队的一员，忠于团队；能够与他人很好地配合完成任务；勇于妥协，以集体利益为重。

> 包容

包容他人的错误和缺点；没有报复的心理；愿意给他人更多机会。

> 领导

指挥、协调团队成员高质量地完成任务；打造能打胜仗、能打硬仗的队伍。

> 助人

乐于关心和帮助他人，无私奉献。

> 同理心

体会别人的感受，站在别人的立场上考虑问题。

> 沟通

与他人面对面有效地交流想法，不仅能够清晰地表达自己的想法，并且其他人也能够清晰地理解自己所表达的内容。

> 魅力

很容易对别人产生影响并受到别人的追随。

> 社交

快速地与他人建立友好且长久的社会关系。

三、优势的普适性

普适性的优势观指的是每一个个体均有着自己天生的优势。这一观点已在积极心理学领域达成共识。例如，Park 和 Peterson（2009）明确指出，每一个人都有着自己的优势；Van Woerkom 等（2016b）认为，无论其他人的优势是什么，每个人都拥有自己特定的优势。党的十九大报告强调，我们要"努力形成人人渴望成才、人人努力成才、人人皆可成才、人人尽展其才的良好局面，让各类人才的创造活力竞相迸发、聪明才智充分涌流"。这段话说明，每个人均可成为人才。在管理实践中，人才一般被认为是在某一方面具有特殊天分、知识或技能的人，也就是在某一方面具有优势的人。既然每个人均可成才，那就意味着每一个人

均有自己的优势。

在工作场所中，我们经常能够看到一名员工取得卓越的成绩，这不仅离不开员工自身的努力、外部的机会与条件，更离不开员工的优势。盖洛普咨询公司通过大量的调查研究发现，最有效的管理者总是在优势方面进行投资。德鲁克先生在《卓有成效的管理者》一书中也指出，卓有成效的管理者善于"用人所长"。但是，对于那些在工作中表现得并不是那么好的员工而言，并不是说他们不具备优势，而是因为他们的优势可能并未被发现，或即使了解自己的优势，但没有通过有效的优势开发过程将其与自己所从事的工作相匹配，也可能是因为表现较差的员工所在的组织或领导并不支持他们在工作中使用优势。无论员工在工作中表现得如何不好，均不能说明员工不具备优势。而本书认为，只是员工的优势由于各种原因没有被发挥出来而已。

孔子曰："三人行，必有我师焉！"意思是，多个人同行，其中一定会有人可以作为我的老师。从这句话中，我们能够看出孔子对于优势的普适性原则的认可，因为每一个人都有自己的优势，人与人之间的优势会有差异，自己不可能在每一个方面都擅长，所以我们应当在自己不足的方面向其他人学习。

老子曰："圣人常善救人，故无弃人。"其蕴含的意思是，君子拥有善良之心，能够给任何一个人帮助，不会放弃任何一个人。在人才管理方面，人人都有自己天生的优势，用其所长，无不用之人，用其所短，无可用之人。

罗曼·罗兰认为，每个人都有他隐藏的精华，和任何别人的精华不同，它使人具有自己的气味。

在法国流传一个故事：一位穷困潦倒的青年来到巴黎，希望他父亲的朋友能够帮助他找一份谋生的工作。父亲的朋友非常友好，就询问他："你擅长数学吗？"这位青年非常羞愧地说："不怎么懂数学。"他父亲的朋友接着问："你精通地理和历史吗？""法律呢？""会计呢？"青年均表示自己不懂，并表现出非常失落的样子。他父亲的朋友不好意思地说："你先把你的名字和地址留下来，我一定会努力尽快帮你找到一份工作。"这位青年非常无奈地写下了自己的名字和住址。正当他转身要走的时候，他父亲的朋友一把抓住他说："你的字写得非常漂亮呀，这不就是你的特长吗？你不应该只满足找一份工作。"青年看了看自己写的字说道："字写得好看也算是特长吗？"从父亲朋友的眼神中这位青年得到了肯定的答复，并且他父亲的朋友鼓励他发挥特长。数年后，这位青年果然写出了世界著名的经典作品，他就是法国19世纪著名作家大仲马。这个故事告诉我们一个道理，每一个人均有自己的优势或特长，只要我们能够清晰地认识到自己的优势，并且在自己的优势上精耕细作，每一个人均能够获得应有的成就。

德国诺贝尔化学奖获得者瓦拉赫的例子也说明了优势的普适性原理。瓦拉赫在读中学的时候，他的父母为他选择了文学，一个学期下来，他的文学老师认为，即便瓦拉赫非常用功，但过分拘泥，即使他有着完美的品德，但也很难在文学上有所造诣。之后，瓦拉赫就改学油画，可是瓦拉赫在油画方面既不善于构图，又不会调色，对艺术的理解能力也很一般，成绩在班里基本上都是倒数第一，老师对瓦拉赫的评语是"你是绘画艺术方面的不可造就之才"。面对如此差的学生，绝大多数的老师认为瓦拉赫成才无望。但是，在一次化学课上，化学老师注意到瓦拉赫在做化学实验的时候非常认真，一丝不苟，具备做好化学实验所需的良好品质。基于此，化学老师建议瓦拉赫的父母让瓦拉赫学化学，他的父母接受了化学老师的建议。自此之后，瓦拉赫在化学方面的天赋被激发了出来，数年后获得了诺贝尔化学奖。从瓦拉赫的例子中可以看出，实际上每一个学生都有着自己的天赋或优势，如果能够发挥自身优势，将会获得伟大的成就。

还有一些名言名句也体现出普适性的优势观。

比尔·盖茨：用特长致富，用知识武装头脑。每个人都有知识和特长，乞丐也一样，只是你自己没发现而已。

苏霍姆林斯基：世界上没有才能的人是没有的。问题在于教育者要去发现每一位学生的禀赋、兴趣、爱好和特长，为他们的表现和发展提供充分的条件和正确引导。

梁启超：各人自审其性之所近何如，人人发挥其个性之特长，以靖献于社会，人才经济莫过于此。

唐太宗：君子用人如器，各取所长。

屈原：夫尺有所短，寸有所长，物有所不足。智有所不明，数有所不逮，神有所不通。

从理论上来讲，每个人都有自己的优势。优势可分为人际之间和个体内在方面的优势。人际之间的优势是指通过与他人对比而体现出来的个体优势，可以是比特定群体或个人强的比较优势，也可以是比所有人都要强的绝对优势。个体内在的优势是指个体所具有的优势要素中表现最为突出的要素。例如，一个人具有外倾性、随和性、责任心、情绪稳定性和经验开放性五种特质，但外倾性特质最强，外倾性特质相对于其他特质而言就是个体内在的优势。所以，每一个人均有自己内在的优势。

总之，每个人都有自己的优势，一个人要想获得成功，最好的方式就是充分发挥自身的优势。这对组织管理带来的启示是，为充分发挥员工的价值，管理者应当创造条件让员工认识自身的优势，通过管理活动开发员工的优势，并最大限度地发挥员工的优势。

优势的稳定性与优势的识别和开发

一、优势的稳定性

在一定程度上，优势心理学学者一致把优势看作是由基因遗传因素决定的（林新奇、丁贺，2018）。Steger 等（2007）针对来自明尼苏达双胞胎登记处完成行为价值优势库的 336 对中年双胞胎研究了基因与优势之间的关系，他们发现 24 类性格优势中的 21 类具有显著的基因和非共同环境效应，基因对人格特征的影响能够解释大部分性格优势的遗传变异，这一研究结果在很大程度上表明，性格优势具有一定的稳定性特征。正是优势的稳定性特点，决定了优势识别和优势开发的重要意义。

二、常用的优势识别方法

如何识别个体的优势呢？常见的优势识别工具如表 5-1 所示。盖洛普咨询公司通过对来自各个领域的 170 万专业人事的访谈将优势理论付诸实施，提出包含 34 类才能的优势培养模式，并开发出优势识别器（StrengthsFinder）对相应的才能进行识别（Buckingham and Clifton, 2001）。应用积木及心理学中心发布的 Realise2 能够进一步帮助个体识别出自身的优势，该工具已被超过 100 个国家的 5 万人使用。在 Realise2 中共有 60 种优势特征，这些优势均根据绩效、精力和使用三

个标准进行测量。Realise2 的独特性在于将获得的数据分为了四个类别，即已实现的优势（Realised Strengths）、未被实现的优势（Unrealised Strengths）、学习到的行为（Learned Behaviors）和弱势（Weaknesses）。已实现的优势是指那些已经被意识到且被习惯性使用的优势，我们应当时刻将其应用在工作和生活当中；未被实现的优势是指那些很可能潜伏在我们当中的优势，它们可能会等待合适的时机而发挥作用（Lyons and Linley，2008）；对于学习到的行为而言，我们应时刻警惕因过度使用而带来的将来的倦怠，如果我们过度依赖我们已经学习到的事情，也许我们只能停留在完成工作任务上，很难达到近乎完美的绩效水平，因此，适当地使用已学习到的知识非常重要；而对弱势而言，组织应当理解并公然接受，它们有责任诚实地讨论这些弱势，而不是去掩盖它，在工作和生活中我们应当最小化自己的弱势。

此外，Peterson 和 Seligman（2004）开发出 VIA–IS 工具，针对性格优势中的 24 类优势进行识别，这 24 类优势可进一步分为六大类，即智慧、勇气、人道、公正、节欲和超然。在很多干预研究中，学者们均采用该识别工具对被试进行优势的识别；实证研究表明，VIA–IS 具有良好的信度和效度以及跨文化的适用性。

表 5–1　常见的优势识别工具

序号	作者	年份	量表内容	施测对象（按照企业员工和非企业员工划分）
1	Clifton和Harter	2003	包括34类才能主题	非企业员工
2	Peterson和Seligman	2004	包括6大类优势，每一大类包括不同个数的子类别优势，共计24类优势	非企业员工
3	Linley等	2010	包括60类优势	企业员工

资料来源：作者整理而成。

除了上述客观的测评工具可以帮助个体识别优势外，还可以通过一些主观的方式识别优势，包括：过去成功的经验；高光时刻；工作流；快速学习的领域；兴趣。

尤其是使用过去成功的经验进行优势识别时，所选的成功经验应当符合 NICE 原则。NICE 是四个英文单词或词组的首字母缩写，分别是：

N = Near-perfect Performance，接近完美的绩效；

I = Intrinsic Motivation，内在动机；

C = Concentration，专注；

E = Energy and Enjoy，充满着能量，并享受使用优势的过程。

三、优势开发方式

Dweck（2006）指出，当认为有某方面的优势时，如果其不能适应情境的变化，该优势可能导致工作效率降低和业绩下降，也就是说员工的优势可能在新的情境中变成员工的劣势[①]。为确保优势能够发挥应有的效果，对个体优势进行适时开发具有重要意义。更为重要的是，个体的优势是有一定"储量"的，就像开采自然资源一样，需要不断开采才能够被人们所使用，为人们创造价值。下面我们介绍几种优势开发方式。

（一）Jones-Smith 的优势开发七步骤

Jones-Smith（2011）指出，个体优势的开发是一个包括多个步骤和阶段的过程。第一步，与大脑相关，包括三个阶段。有关优势的大脑发育的第一个阶段是大脑中关键突触连接的形成，这些连接在很大程度上受到基因的影响。大脑发育的第二个阶段主要指的是子宫外环境的影响，包括感官输入和与父母、兄弟姐妹以及其他家庭成员的互动，使婴儿反复使用一些突触连接。随着年龄的增长，一些优势会变得更强（如智力），而其他优势会变得更弱（如体力）。大脑发育的第三阶段需要重复使用这些突触连接，这创建了神经通路和网络，为孩子的优势提供了

---

① 从另一方面来看，个体在某一情境中的劣势在其他情境中也可转变为个体的优势。

暗示或证据。使用某些神经网络或突触连接的孩子在这些领域反复发展知识和技能，这些知识和技能可能会在以后发展成为才能和优势。第二步，识别个体才能或所做的卓越的事情。第三步，初步确定蕴含在优势中的才能。第四步，根据才能确定自己的优势领域。第五步，获得必要的知识和技能，以完善自己的优势。第六步，练习并重复使用已经发展得很强大的神经突触。第七步，在不同的环境中应用优势。

（二）Lopez 和 Louis 的优势开发五准则

Lopez 和 Louis（2009）提出了五个准则，即测量（Measurement）、个性化（Individualization）、社会网络（Networking）、深思熟虑的运用（Deliberate Application）和有目的的开发（Intentional Development），用来帮助教育者构建基于优势的教育模式。其中，他们指出，有目的的开发要求教育者和学生通过选择战略性课程、校园资源的使用、参与课外活动、实习、导师制或其他有目标的成长机会，积极地为聚焦他们的优势寻求新的体验和先前未被发现的路径。进一步来看，高效的优势教育者理解的基于优势的教育的最终目标是帮助学生仔细考虑他们自己的责任，通过创新性的实践和参与专心地开发他们的优势。一个理想的基于优势的教育模式强调，努力付出和优势成长计划的制定，以及让学生考虑他们如何执行新的策略或获得先前未被使用的资源，是帮助教育者开发学生优势的重要因素。

（三）Miglianico 等的优势开发五阶段

Miglianico 等（2020）认为，在组织环境中优势的开发要经历五个步骤：

1. 准备和承诺阶段

这一阶段主要是向参与者教授优势方法的相关知识，让参与者重视优势干预的价值，理解优势干预涉及的各个过程，了解优势干预的起源、优点和不足，主动并且真诚地参与优势干预。

2. 优势识别阶段

该阶段主要是识别参与者的优势，可通过心理测量工具进行，如优势识别器、VIA-IS，或者是反映最好的自我、收集来自同伴的反馈。根据不同的情境需要以及资源的可获得性，选用不同的方法。每一种方法均能提供有用的信息，不同方法的结合能够产生更为精确和全面的个体优势图像。

3. 自我观点的整合阶段

这一阶段对于确保整个优势干预过程的质量至关重要，因为该阶段让参与者采取必要的时间充分地掌握和吸收这一新的信息，更好地理解个体行为的原因，根据个体的优势观察他们的行为。这一新的自我意识在进行下一阶段前将受到多方的认同，其形成于适当的练习，如连接优势和过去成功的具体问题、反馈分析、自我刻苦训练，这些都是为了帮助个体获得更为深入的关于自身优势的认识。

4. 行动阶段

该阶段包含两个子过程：一是个体决定充分利用他们的优势想要得到具体的哪些方面的改变；二是个体有目的地采取一些行动寻求得到这种改变。为帮助管理者从理论走向实践，优势必须被投资在具体的个体、群体或组织的目标和行为上，他们有关优势的使用必须被监控或紧密地受到经理、同伴和教练的跟随、认同。从长期来看，个体有意识地避免优势的过度使用是非常重要的，要在正确的时间使用正确的优势并且使用正确的数量。

5. 评估阶段

在干预的末尾，很多结果能够得到主观的评估和客观的评价。优势干预影响效应的测量为确保干预过程的有效性提供了可能，如果有必要的话，其也可做出适当的调整。

（四）Robert 等的反省最好的自我

Robert 等（2005）提出了执行反省最好的自我（Reflected Best Self，RBS）的工具。在使用这一工具之前，有一些注意事项：首先，要明白这个工具不是为了打击你的自我，其目的是帮助你制订更有效的行动计划（如果没有这样的计划，你将继续原地踏步）。其次，如果你没有真诚地关注 RBS 练习所产生的经验教训，你可能会忽略它们。如果你因时间压力和工作要求而有太多的负担，你可能只是将信息归档，然后忘记它。为了有效执行 RBS，需要个体对此做出承诺，并勤奋练习，在工作或生活中贯彻实施。让教练指导你完成 RBS，甚至可能会收到更好的效果。最后，在一年中与传统绩效评估不同的时间进行 RBS 训练很重要，这样来自传统机制的负面反馈就不会干扰训练的效果。

如果 RBS 练习使用得当，它可以帮助你挖掘未被认识和未被探索的潜力领域。有了一个建设性的、系统的流程来收集和分析关于你最好的自己的数据，你可以在工作中提高你的绩效表现。具体来讲，为识别出最好的自己，需要执行以下步骤：

1. 确定受访者并寻求反馈

进行 RBS 的第一项任务就是从不同的人那里收集有关你的反馈信息。这些人可以是你的家庭成员、过去或现在的同事、老师、朋友和亲戚等，要求这些人对你有较为深入全面的了解，至少在某一方面对你有所了解。一般情况下，要至少从三个来源选择 10 人作为受访者。让受访者提供有关你的优势（和不足[①]）的信息，并举出具体的例子说明你使用这一优势时，为他人（包括团队和组织）所带来的好处。

2. 整理反馈信息

在这一步，工作的重点是对收集到的反馈信息进行整理和分析，提炼反馈信息的共同主题，并通过你真实的和可观察到的行为为提炼出的

[①] 为了避免只询问自己优势所带来的他人的抵触心理。

优势信息提供证据或案例，然后将这些分析资料输入一个表格中记录下来（见表 5-2）。来自不同主体的反馈信息，可能对于你的优势的描述有所差异甚至可能相互冲突，这时需要做的工作是尽可能找到不同主体反馈的共同点。

表 5-2　反馈信息分析

共同主题	举例	可能的解释
道德、价值观和勇气	当上级和同事跨越道德行为的界限时，我坚持自己的正确立场	当我选择更难的正确的事情，而不是更容易的错误的事情时，我处于最佳状态。当我能够教别人时，我会感到更加满足。我在专业上很勇敢
	我愿意捍卫我的信仰和立场。我能够勇敢面对那些乱扔垃圾或在工作场合对孩子大喊大叫的人	
好奇心和毅力	为了获得MBA学历，我放弃了部队里的一个有前途的职业	我喜欢迎接新的挑战。尽管有障碍，我敢于冒险并坚持不懈
	我通过一种创新方法调查并解决了一个安全漏洞	
团队构建能力	在高中时，我组建了一个学生团队，帮助学校提高了学术水平	我在与他人密切合作时有着更快的成长
	我很灵活，愿意向他人学习，我会对别人进行赞扬	

3. 构建自画像

这一步是为了撰写一个有关你的描述，用以概括和提炼上一步分析出来的与你相关的信息。这个描述应该将反馈中的主题与你的自我观察结合起来，将你的最佳状态组合在一起。自画像并非一个完整的心理和认知档案。相反，它应该是一个富有洞察力的图像，你可以使用它来提醒自己以前的贡献并作为未来行动的指南。自画像本身不应该是一组要点，而应该是一篇以"当我处于最佳状态时，我……"开头的散文作品。写出 2~4 段叙述的过程巩固你意识中最好的自我形象。叙事形式还可以帮助你在生活中与以前似乎脱节或不相关的主题之间建立联系。创作自画像需要时间并需要仔细考虑，但在此过程结束时，应该以焕然一新的心态看待自己。下面一段文字是一个自画像的例子：

我坚持我的价值观并能够让其他人理解为什么这样做很重要。我选择做更难的正确的事情，而不是容易的错误的事情。我喜欢树立榜样。当我处于学习模式并对项目充满好奇和热情时，我可以沉迷而不知疲倦地工作。我喜欢接受别人可能害怕或认为太困难的事情。在当前方法不起作用时，我能够设置限制并找到替代方案。我并不总是认为我是对的或最了解的，这能赢得他人的尊重。我试图赋予他人权利并给予他人信任。我对待差异或不同的看法有着宽容和开放的心态。

（五）林新奇和丁贺的员工优势开发四步骤

为了更有效地开发员工的优势，可遵循四个基本步骤（见图 5-1）。

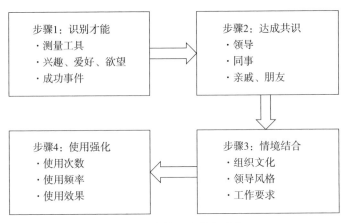

图 5-1　优势开发基本步骤

1.识别才能

才能是优势的重要来源，并且才能具有稳定性特征（Buckingham and Clifton，2001）。因此，识别个体所具备的才能是优势开发的基础。三种方式有助于才能的识别：第一，采用 StrengthsFinder 等工具，通过在线测评进行识别。该工具由 178 对匹配比较项目组成，一般需要花费 35 分钟的时间。第二，通过个体的兴趣、爱好以及渴求进行识别。个体的兴趣、爱好和渴求是个体内心最真实的想法，其会驱动个体的内在动机，促使个体在这些方面表现出超乎寻常的热情和能力。第三，过去成功的经验。成功的经验体现出个体具备完成任务的才能、知识和能力。对多个成功经验进行分析，提炼影响成功的共同因素，有助于个体才能的识别。

除此之外，还有一些主观判断的方式有助于识别优势。首先，快速学习的领域。如果个体在某一方面学习的速度非常快，不仅很容易理解该领域的内容，而且还能融会贯通，提出自己的想法，那么，个体的优势可能在该领域上。其次，任务流。当个体在从事某项任务时，非常清楚知道自己应当做什么，每一步应当做什么，在从事任务的过程中能够轻易地解决工作中面临的各种问题，即使有时面临较大的困难，个体也非常清楚应当从哪些途径来解决克服困难。总的来说，个体在从事某项工作任务时非常顺畅，则这项任务里可能蕴含着个体的优势。再次，满意度。无论人们从事什么工作，都会有一定程度的满意度感知。如果个体在完成一项任务时对自己的表现非常满意，那么，其优势可能蕴含在其中。最后，超自然体验。当人们在一件事情上获得成功之后，通常会有短暂的成就感，一旦这种成就感使自己感受到无与伦比的喜悦并且觉得自己拥有独特的才能，那么，这种才能也许就是个体的优势。

2. 达成共识

当识别出个体的才能之后，这并不意味着所有这些才能都是个体真实具备的。Clifton 和 Nelson（1992）认为，关系能够帮助定义我们是谁，我们能成为谁；同样地，关系也能帮助我们核实我们所识别出的才能的真实性。这些关系主要包括家人、领导、同事、朋友等。当多种关系的人对个体的才能表现出相同或相似的评价或认识时，这在很大程度上说明该种才能是真实的。另外，当他人对个体某方面的才能做出积极的反馈时，个体将会在该方面表现得更好，起到强化作用。由此，关系可以帮助个体发现优势的存在点。

3. 情境结合

优势的形成不仅取决于才能与知识和技能的结合，而且还受到情境

因素的影响。情境因素决定优势是否能够带来积极的使用效果。在组织中，影响优势发挥作用的情境因素主要包括组织文化、领导风格和工作要求等。个体的优势需要与组织的文化相匹配，例如，在权力距离较大的组织文化下，原来适应权力距离较小的个体优势，可能就会表现出不适应。个体也应该根据领导风格和工作要求，适时准确地发挥优势。当个体的工作方式不被领导所接受或者不能满足工作职责要求时，此时的"优势"可能就不再是优势。

4. 使用强化

优势是通过在工作实践中使用而体现出来的。如果个体在工作实践中不断最大化使用自己的优势，提升优势使用次数和频率，并取得良好效果，其将会主动地寻求更多具有挑战性的工作任务，进而增强他们的技能和知识，最终使个体更为有效地开发和使用优势。这种强化作用不仅有助于提升个体对自己的优势自信，而且还能激发优势使用的主动性和积极性。更重要的是，在使用强化过程中，个体应当根据优势的实际使用效果对优势的使用方式进行调整，充分考虑情境因素的影响，使得优势效用进一步提升。

优势与劣势

一、优势与劣势的并存性和同向性原理

（一）并存性原理

从上面的论述中也可看出，每个人在拥有优势的同时，也均有着自己的劣势，这就是优势与劣势的并存性原理。"尺有所短，寸有所长""人无完人"等观点均体现出这一原理。

刘邵在《人物志》中对于人才的论述也为优势与劣势的并存性原理提供了证据：

夫拘抗违中，故善有所章，而理有所失。是故：厉直刚毅，材在矫正，失在激讦。柔顺安恕，每在宽容，失在少决。雄悍杰健，任在胆烈，失在多忌。精良畏慎，善在恭谨，失在多疑。强楷坚劲，用在桢干，失在专固。论辨理绎，能在释结，失在流宕。

夫人材不同，能各有异。有自任之能，有立法使人之能，有消息辨护之能，有德教师人之能，有行事使人谴让之能，有司察纠摘之能，有权奇之能，有威猛之能。

（二）同向性原理

优势管理理论进一步认为，优势越突出的个体，其劣势也越突出；

劣势不明显的个体，其优势也将不明显。我们将这一现象称为优势与劣势的同向性原理。

华为的创始人任正非先生在《面对面》的一次采访中表示，如果一个人有很多缺点，就应该好好观察，在某一方面重用他/她一下。他这一观点的深层次内涵是，一个人的缺点越突出，其优点也会越突出，所以应当在其优点方面得到重用。任正非还表示，完美的人就是没用的人。这里的"完美的人"主要是说一个人没有明显的缺点。为什么完美的人就是没用的人？因为没有明显缺点的人，也没有明显的优点。因此，优势与劣势的同向性原理在实践当中也是存在的。

德鲁克先生在《卓有成效的管理者》一书中举的一个例子也体现出了优势与劣势的同向性原理。

美国南北战争时，林肯总统任命格兰特将军为总司令。当时有人告诉他格兰特嗜酒贪杯，难当大任。林肯却说："如果我知道他喝什么酒，我倒应该送他几桶，让大家共享。"林肯总统并不是不知道酗酒可能误事，但他更知道在北军诸将领中，只有格兰特能够运筹帷幄，决胜千里。后来的事实，证明了格兰特将军的授命，正是南北战争的转折点。

Niemiec（2018）谈到了优势过度使用的问题，他指出，性格优势的过度使用将会变成个体的劣势，例如，创造力（Creativity）的过度使用会变成怪癖，好奇心的过度使用会变成爱管闲事，团队协作的过度使用会变成依赖，公正的过度使用则会变成分离。其实，并不是优势的过度使用变成了劣势，而是当将自身的优势最大限度地发挥时，伴随着这些劣势的出现。更进一步讲，最大限度地发挥优势，优势仍然会带来应有的成就或积极结果，同时伴随而生的劣势，也将会带来消极的结果，并不是说过度地使用优势，优势的积极影响效应消失了。纵观国内外的成功人士，一个人的成就恰恰是充分发挥其优势而实现的。

优势与劣势的并存性与同向性原理告诉管理者要善于发挥员工的优势，包容员工的劣势、不足或短板。这就要求组织应当同时营造优势型和包容型的组织环境或氛围。

二、优势行为与劣势行为的区别和联系

优势管理理论的核心在于通过优势管理活动来激发员工优势行为，因为个体成长与发展的最大空间在于优势领域。员工优势行为指的是员工为实现自身的成长与发展而主动进行的自我优势识别、优势开发和优势使用行为。员工优势行为虽然包含三个方面的要素，即优势识别、优势开发和优势使用，但优势使用是带来积极结果的最为直接的要素，在一定程度上，也可以说优势识别与优势开发是为了更好地使用优势。

优势行为的优越性是相对于劣势行为而言的。优势行为与劣势行为是成长行为理论的两个核心构念。劣势行为是指个体为了实现自身的成长与发展主动地识别自身短板或劣势并弥补这些短板或劣势的行为。

优势行为在两个方面不同于劣势行为。一方面，对于什么是个体成长与发展的最大空间而言，表现出更多优势行为的个体把他们的优势看作个体成长与发展的最大空间，进而将更多的时间与精力投资在优势上；而表现出更多劣势行为的个体则认为他们是不足、短板或劣势，是他们成长与发展的最大空间，进而将更多的时间与精力投资在劣势上。另一方面，他们的专注点不同。优势行为的专注点在于聚焦优势识别、开发和使用，而劣势行为的专注点在于聚焦不足识别与弥补。

优势行为与劣势行为并不是"一枚硬币的两面"。我们不能说表现出优势行为的个体就不会表现出劣势行为，或者表现出劣势行为的个体就不会表现出优势行为。个体很可能在优势行为与劣势行为上的表现均高、均低或一高一低。例如，Jones-Smith（2011）表明，表现出更多优势行为的个体也不会忽视他们的劣势，他们也可能采取各种各样的措施弥补自身的劣势，尤其当这些劣势严重地抑制了优势功能的发挥和目标的实现。就表现出更多劣势行为的个体而言，他们也可能在工作中发

挥自身的优势，因为很多时候优势使用是在无意识的状态下进行的。此外，为了最大化个体的成长与发展，在积极心理学领域，越来越多的学者宣称要采用一种平衡的方式，将优势行为与劣势行为的重要性同等看待（Seligman et al., 2004; Van Woerkom et al., 2016a）。

三、优势行为与劣势行为关联的法理网络

（一）优势行为、劣势行为与主动性行为

主动性行为指的是通过挑战现状主动地改善当前的状况，而不是被动地适应当前的状况（Batistič et al., 2016）。在这里，我们把主动性行为看作一般的高阶概念，不探讨主动性行为的具体类型，如职业管理行为、压力应对行为（Crant, 2000）。为了促进自身的成长，员工需要采取主动性行为，主要是因为主动性行为能够带来各种各样的好的结果，如高水平的任务绩效（Fuller and Marler, 2009）、职业成功（Seibert et al., 2001）、促进学习（Ashforth et al., 2007）。先前的研究也已经指出，主动性强的员工更可能投入更多的活动促进自身的成长与发展（Wu et al., 2018）。尽管主动性行为、优势行为与劣势行为都能促进个体的成长与发展，但它们实现的路径是不同的。主动性行为主要是通过改变或挑战现状促进个体的成长与发展，优势行为是通过识别、开发和使用自身的特长促进自身的成长与发展，劣势行为是通过识别和弥补自身的劣势或缺点实现自身的成长与发展。

（二）优势行为、劣势行为与反馈寻求行为

反馈寻求行为是指个体主动采取的向他人寻求反馈的行为，可以直接地向他人寻求反馈，也可以间接地向他人寻求反馈（Ashford, 1986）。反馈寻求行为是主动性行为的一种具体的形式（Grant and Ashford, 2008）。在工作场所中，员工能利用反馈寻求行为实现自己重视的目标，

如社会化、印象管理和职业成功（Ashford et al., 2016）。大量的文献研究表明，表现出较多反馈寻求行为的员工更倾向于获得更好的任务绩效（Dahling and Whitaker, 2016）、情境绩效（Whitaker et al., 2007）和创新绩效（De Stobbeleir et al., 2011），更可能有高水平的工作满意度（Brett et al., 1990）。这些由反馈寻求行为所带来的积极结果都是个体成长与发展的重要体现。尽管员工可能通过向其他人寻求有关他们自身的优势或劣势方面的反馈以促进自身成长，反馈寻求行为并不涉及优势开发、优势使用以及不足修正相关的活动。在一定程度上，反馈寻求行为仅仅被看作识别个体优势和劣势的重要工具之一。

（三）优势行为、劣势行为与担责行为

Morrison 和 Phelps（1999）将担责行为定义为员工为了实现自身的成长、改善组织的运作并促进组织功能性变化而做出的建设性的努力。担责行为是员工成功的关键，因为担责行为能够让员工获得较强的工作与职业满意度（Baroudi et al., 2017; Kim and Liu, 2017），提升管理效能（Moon et al., 2008），构建良好的领导成员交换关系并改善工作绩效（Kim et al., 2015）。尽管担责行为与优势行为和劣势行为相类似，均能促进个体的成长与发展，但他们促进个体成长与发展的路径还是有差异的。就像前面我们提到的那样，优势行为通过识别、开发和使用自身的优势获得个体成长与发展，劣势行为通过识别自身的劣势并弥补劣势实现个体的成长与发展，而担责行为旨在通过建设性的努力改变工作执行、组织政策或程序等来实现自身的成长与发展（Kim et al., 2013; Kim et al., 2015）。此外，担责行为从本质上来看，是一种变革导向的主动性行为，而优势行为和劣势行为并没有明显的变革倾向。

（四）优势行为、劣势行为与帮助行为

帮助行为是指员工主动采取的帮助同事处理与工作相关的问题或帮助同事完成工作任务的行为（Bachrach et al., 2007; Kong and Ho,

2016）。当员工渴望获得自我成长时，他们会帮助其他人达成任务目标（Tolle and Murray, 1958）。帮助行为在培养员工工作场所幸福感方面也起到重要的作用。由于个体成长是幸福感的重要指标（Straume and Vittersø, 2015），显然帮助他人有助于员工的自我成长。现有的实证研究也证实了帮助行为与个体成长之间的积极关系（Schwartz, 2009）。尽管帮助行为与优势行为和劣势行为相类似，均能促进员工成长与发展，但他们的导向和目的是不同的。帮助行为是以他人为导向的，并且其目的是帮助他人完成工作任务，而优势行为与劣势行为是以自我为导向的，其目的是实现自身的成长与发展。

为了验证优势行为、劣势行为、主动性行为、反馈寻求行为、担责行为和帮助行为之间的区别与联系，我们进行了一项实证研究。

1. 研究方法

（1）样本与数据收集

我们选取了华北电力大学薪酬与绩效管理课上的 30 名非全日制 MBA 学生作为本研究的研究助理，要求每一个学生至少邀请 20 名他们的同事参与本研究，以此作为学生课外作业的一部分。编制了一个包含人口统计学特征、优势行为量表、劣势行为量表、主动性行为量表、反馈寻求行为量表、担责行为量表和帮助行为量表的在线问卷，用于收集研究数据。我们承诺被试自愿参与本研究，与参与者相关的信息只作科学研究使用，并对这些信息严格保密。最终共收集到 563 份有效问卷。其中，22.74% 的参与者来自互联网行业，13.14% 的参与者来自公共服务行业；45.65% 的参与者是女性；89.17% 的参与者拥有学士学位；38.72% 的参与者在领导岗位（包括基层领导、中层领导和高层领导），61.28% 的参与者是基层员工，没有任何的领导职务。参与者的平均年龄为 33 岁，标准差为 5.95；在当前组织中的工作平均年限为 6 年，标准差为 5.67。

（2）测量

1）优势行为。使用五个题项测量优势行为。这五个题项分别是：①在工作中，我寻求机会了解我的优势是什么；②在工作中，我参加各种活动开发我的强项；③在工作中，我寻求各种培训的计划进一步开发我的强项；④在工作中，我把我的优势运用在不同的任务中（Govinalji and Linley，2007）；⑤在工作中，我充分使用我的强项（Van Woerkom et al.，2016c）。五点李克特量表（从"1=非常不同意"到"5=非常同意"）被用于测量该变量。该量表 Cronbach's α 系数为 0.90。

2）劣势行为。使用五个题项测量劣势行为。这五个题项分别是：①在工作中，我向其他人寻求有关"我的缺点是什么"的反馈；②在工作中，我花费了大量的时间做我不擅长的事情；③在工作中，我参加各种活动弥补我的缺点；④在工作中，我付出很大的努力改正我的不足；⑤在工作中，我寻求各种培训的机会改善我的弱项。其中①、③、④、⑤题项来自 Van Woerkom 等（2016c）。五点李克特量表（从"1=非常不同意"到"5=非常同意"）被用于测量该变量。Cronbach's α 系数为 0.84。

3）主动性行为。我们使用 Bateman 和 Crant（1993）开发的 10 题项主动性人格量表测量主动性行为。在以往的研究中，这个量表也已经被当作测量主动性行为的有效工具（如 Batistič et al., 2016）。其中一个题项是"没有什么比看到我的想法变成现实更令人兴奋的了"。七点李克特量表（从"1=非常不同意"到"7=非常同意"）被用于测量该变量。Cronbach's α 系数为 0.95。

4）反馈寻求行为。我们使用 Callister 等（1999）开发的四题项量表测量反馈寻求行为。其中一个题项是"我问我的主管，我是否满足我所有的工作要求"。五点李克特量表（从"1=从不"到"5=总是"）被用于测量该变量。Cronbach's α 系数为 0.86。

5）担责行为。我们采用 Morrison 和 Phelps（1999）开发的担责行为量表中的四个题项测量担责行为。由于初始的量表是由同事评价的，为了使其适用于参与者的自我评价，我们对原始的行为陈述做了改变，具体而言，将"这个人"改为"我"。其中一个题项是"我经常尝试为工作单位或部门带来改进的程序"。五点李克特量表（从"1=非常不同意"到"5=非常同意"）被用于测量该变量。Cronbach's α 系数为 0.90。

6）帮助行为。我们使用 Yue 等（2017）开发的三题项量表测量帮助行为。参与者被要求表明他们表现出这些帮助行为的频率。其中一个

题项是"当同事需要帮助的时候，我会帮助他 / 她"。六点李克特量表（从"1= 从不"到"6= 总是"）被用于测量该变量。Cronbach's α 系数为 0.90。

2. 研究结果与讨论

优势行为、劣势行为、主动性行为、反馈寻求行为、担责行为与帮助行为的均值、标准差和相关系数如表 6-1 所示。

表 6-1　均值、标准差与相关系数

变量	均值	标准差	优势行为	劣势行为	主动性行为	反馈寻求行为	担责行为
优势行为	3.66	0.71	—				
劣势行为	3.53	0.72	0.54**	—			
主动性行为	5.29	0.96	0.74**	0.62**	—		
反馈寻求行为	3.60	0.78	0.59**	0.49**	0.62**	—	
担责行为	3.72	0.77	0.64**	0.44**	0.65**	0.63**	—
帮助行为	4.67	0.89	0.67**	0.47**	0.74**	0.52**	0.58**

注：** 表示 $p < 0.01$。

具体而言，优势行为与劣势行为（$r = 0.54$, $p < 0.01$）、主动性行为（$r = 0.74$, $p < 0.01$）、反馈寻求行为（$r = 0.59$, $p < 0.01$）、担责行为（$r = 0.64$, $p < 0.01$）、帮助行为（$r = 0.67$, $p < 0.01$）均显著正相关；劣势行为与主动性行为（$r = 0.62$, $p < 0.01$）、反馈寻求行为（$r = 0.49$, $p < 0.01$）、担责行为（$r = 0.44$, $p < 0.01$）、帮助行为（$r = 0.47$, $p < 0.01$）也均显著正相关。

随后，进行验证性因子分析，检验这些变量之间的区分效度。为了降低主动性行为的多重题项所带来的膨胀测量误差，为其创造了三个随机题项包。分析结果如表 6-2 所示。从表 6-2 中可以看出，六因子测量模型表现出了较好的拟合度，并且比五因子、四因子、三因子、二因子和单因子测量模型的拟合度都要好。所以，优势行为、劣势行为、主动性行为、反馈寻求行为、担责行为与帮助行为之间具有较好的区分效度。也就是说，优势行为与劣势行为具有概念上的独特性。

表6-2 验证性因子分析结果

测量模型	χ^2	df	χ^2/df	CFI	TLI	SRMR	RMSEA
六因子测量模型	991.23	237	4.18	0.93	0.92	0.06	0.08
五因子测量模型[①]	1549.49	242	6.40	0.88	0.86	0.07	0.10
四因子测量模型[②]	1945.15	246	7.91	0.84	0.82	0.07	0.11
三因子测量模型[③]	2335.45	249	9.38	0.81	0.78	0.07	0.12
二因子测量模型[④]	2976.18	251	11.86	0.75	0.72	0.09	0.14
单因子测量模型[⑤]	3418.30	252	13.57	0.70	0.68	0.09	0.15

注：①优势行为与劣势行为合并为一个因子；②优势行为、劣势行为与主动性行为合并为一个因子；③优势行为、劣势行为、主动性行为和帮助行为合并为一个因子；④优势行为、劣势行为、主动性行为、帮助行为和担责行为合并为一个因子；⑤所有的变量合并为一个因子。

四、优势行为、劣势行为与个体成长

优势行为与劣势行为均与员工的成长相关。一方面，表现出更多优势行为的员工善于识别并持续地开发自身优势，然后在不同的工作任务中使用优势。已有研究表明，优势使用能够提升员工的专注程度（Bakker and Van Wingerden, 2021），激发员工的自我效能感（Van Woerkom et al., 2016b），促进员工创新行为（Ding et al., 2021a）。这些由优势使用所带来的积极结果是个体成长的重要驱动力（Meyers et al., 2015; Montani et al., 2020）。由 Van Woerkom 和 Meyers（2019）进行的一项干预研究发现，发挥特长的个体有更高水平的个体成长。因此，我们认为优势行为与个体成长有着积极的关系。另一方面，表现出更多劣势行为的个体总是会主动地识别和弥补自己的短板，进而获得更多的知识和技能。而且，Meyers 等（2015）指出，补短板有助于个体掌握学习方法。由于学习目标能看作追求个体成长过程中的重要工具，所以，补短板有助于个体成长。

尽管优势行为和劣势行为都能促进个体成长，但是它们在促进个体成长的程度上有所差异。我们认为优势行为要比劣势行为更有助于个体成长，这就是优势行为的优越性。已有的研究表明，开发和使用优势

天然能够让个体充满活力、富有动机并体验到更多的快乐（Miglianico et al., 2020; Peterson and Seligman, 2004）。增加这些积极的影响效应到主动性行为的影响效应中，与劣势行为相比，优势行为自然能够让个体在追求自我成长的过程中投入更多，从而获得更高水平的个体成长。Meyers 等（2015）的一项干预研究也揭示，发挥特长能够比补短板带来更高水平的个体成长。

除此之外，一些研究也为优势行为的优越性提供了间接证据。Hiemstra 和 Van Yperen（2015）指出，专注于改善优势的学生可能要比专注于弥补短板的学生体验到更高水平的胜任力，感受到更强的内在动机，并且更愿意付出努力。他们进行了两个随机的实验来验证这一观点。一个实验通过在线方式进行，共有 174 名参与者；另一个实验在一个课堂中进行，共有 267 名学生参与。通过这两个实验，他们检验了两种不同类型的自我调节学习策略（self-regulated learning strategies）对学生在职业开发活动中付出努力的意愿的影响效应。一种学习策略是，基于优势的自我调节学习策略，指的是识别感知的相对优势，然后选择职业开发活动进一步提升这些优势；另一种学习策略是，基于不足的自我调节学习策略，指的是识别感知的相对缺点，然后选择职业开发活动弥补这些缺点。通过变异量的分析，这两个实验均表明，相对于使用基于不足的自我调节学习策略的学生而言，使用基于优势的自我调节学习策略的学生可感知到更高的胜任力、内在动机和努力意愿。而且，多重中介作用和结构方程模型分析结果进一步显示，基于优势的自我调节学习策略和基于不足的自我调节学习策略均通过感知的胜任力和内在动机的连续中介作用，对学生的努力意愿产生积极的影响。

为了验证优势行为在促进个体成长方面要比劣势行为具有优越性，我们执行了一项实证研究，具体如下：

（一）研究方法

1. 样本与数据收集

我们选取了工作在我国不同组织的 50 名非全日制 MBA 的学生作

为本研究的研究助理，要求每一个学生至少邀请 20 名他们的同事参与研究，以此作为学生课外作业的一部分。编制了一个包含人口统计学特征、优势行为量表、劣势行为量表、个体成长量表、主动性行为量表、反馈寻求行为量表、担责行为量表和帮助行为量表的在线问卷，用于收集研究数据。我们承诺被试自愿参与本研究，与参与者相关的信息只作科学研究使用，并对这些信息严格保密。共有 821 名参与者回复了问卷。其中，20.59% 的参与者来自互联网行业，17.17% 的参与者来自能源行业；49.47% 的参与者是女性；83.44% 的参与者拥有学士学位；33.37% 的参与者在领导岗位（包括基层领导、中层领导和高层领导），66.63% 的参与者是基层员工，没有任何的领导职务。参与者的平均年龄为 32 岁，标准差为 7.12；在当前组织中的工作平均年限为 7 年，标准差为 6.86。

2. 测量

优势行为、劣势行为、主动性行为、反馈寻求行为、担责行为与帮助行为测量与上述研究相一致。优势行为的 Cronbach's α 系数为 0.91；劣势行为的 Cronbach's α 系数为 0.87；主动性行为的 Cronbach's α 系数为 0.96；反馈寻求行为的 Cronbach's α 系数为 0.86；担责行为的 Cronbach's α 系数为 0.92；帮助行为的 Cronbach's α 系数为 0.91。

个体成长。我们使用 Straume 和 Vittersø（2015）开发的 12 题项量表测量员工个体成长的程度。其中一个题项是"我喜欢尝试解决复杂的问题"。五点李克特量表（从"1= 非常不同意"到"5= 非常同意"）被用于测量该变量。Cronbach's α 系数为 0.95。

（二）研究结果与讨论

首先，我们检验了优势行为和劣势行为与员工个体成长之间的关系，构建了一个结构方程模型（模型 1），其中，优势行为和劣势行为分别预测个体成长。为了降低个体成长的题项多而带来的膨胀测量误差（Nasser and Wisenbaker, 2003），根据个体成长的四个维度为其创建

了四个题项包，以此代表个体成长。我们采用 Bootstrapping 程序进行 5000 次抽样并结合 95% 的偏差校正的置信区间决定路径的显著性。分析结果显示，模型 1 的数据拟合度较好（$\chi^2 = 488.481$, df = 74, $\chi^2/\text{df} = 6.60$, CFI = 0.95, TLI = 0.94, IFI = 0.95, SRMR = 0.04, RMSEA = 0.08, $p < 0.001$），并且解释了 71.20% 的个体成长变异。优势行为与个体成长之间的路径系数是 0.53（95% CI: [0.44, 0.61], $p < 0.001$），并且劣势行为与个体成长之间的路径系数是 0.26（95% CI: [0.18, 0.35], $p < 0.001$）。更为重要的是，优势行为与个体成长之间的路径系数和劣势行为与个体成长之间的路径系数有显著性差异（差异估计值 = 0.27, 95% CI: [0.09, 0.41], $p < 0.01$）。因此，我们可以得出结论，优势行为与劣势行为均能促进员工个体成长，但优势行为对员工个体成长的促进作用比劣势行为要大。

然后，我们还进一步探讨了优势行为与劣势行为在预测个体成长时是否具有增量预测效度。为此，在模型 1 的基础上，通过引入主动性行为、反馈寻求行为、担责行为和帮助行为四个控制变量，我们构建了另一个结构方程模型（模型 2）。为了降低主动性行为的题项多而带来的膨胀测量误差（Nasser and Wisenbaker, 2003），我们为其创造了三个随机的题项包。模型 2 表现出了较好的拟合度（$\chi^2 = 1856.78$, df = 329, $\chi^2/\text{df} = 5.64$, CFI = 0.93, TLI = 0.92, IFI = 0.93, SRMR = 0.05, RMSEA = 0.08），总共解释了 84.10% 的个体成长变异。在加入这四个控制变量之后，优势行为与个体成长之间的路径系数是显著的（估计值为 0.16, CI: [0.08, 0.24], $p < 0.01$），但是劣势行为与个体成长之间的路径系数不显著（估计值为 0.04, 95% CI: [−0.02, 0.10], $p > 0.05$）。

从以上的分析可以看出，不论是优势行为还是劣势行为在一定程度上均能促进个体成长，并且优势行为对于个体成长的促进作用要比劣势行为大。但是，在控制主动性行为、反馈寻求行为、担责行为和帮助行为后，劣势行为对个体成长并不能发挥显著的促进作用，而优势行为却能显著提升个体成长。因此，优势行为相对于劣势行为而言具有明显的优越性。

需要指出的是，优势行为的优越性是成长行为理论的核心命题

（Ding et al., 2022）。成长行为理论主要用于解释为什么个体的成长与发展程度存在差异，甚至在努力与智力程度相同的情况下，个体的成长与发展程度也会有很大的不同。成长行为理论认为，造成这种成长差异的原因在于个体为实现自身的成长与发展所执行的行为有所不同。一些人为实现自身的成长与发展会表现出更多的优势行为，而另一些人为实现自身的成长与发展则会表现出更多的劣势行为。也就是说，个体为实现自身的成长与发展所表现出的行为可分为两大类：优势行为和劣势行为。尽管优势行为和劣势行为均能促进个体成长与发展，但是，优势行为对个体成长与发展的促进作用要比劣势行为大。

类似的研究也为优势行为的优越性提供了证据。例如 Meyers 等（2015）通过两个田野实验探讨了优势干预和短板干预的影响效应差异。实验一的结果表明：优势干预显著提升了个体成长主动性，而短板干预对个体成长主动性并没有显著的影响。实验二的研究发现：虽然优势干预和短板干预均能带来个体成长主动性的提升，但是，优势干预对个体成长主动性的提升程度更大。

优势使用

优势使用是优势管理理论和优势行为的核心概念之一，优势识别与优势开发的目的是促使个体在工作和生活中更好地使用自己的优势。相较于优势识别和优势开发而言，优势使用是给个体带来积极结果的最为直接的因素。因此，我们需要对优势使用相关的研究有全面和深入的理解。本部分内容主要围绕员工优势使用这一构念进行阐述。第一，从内涵、外延和测量三个角度阐述员工优势使用的概念；第二，回顾员工优势使用的前因研究；第三，回顾员工优势使用的影响效应研究；第四，阐述员工优势使用影响效应的理论解释；第五，提出员工优势使用的前因与影响效应理论模型。

一、员工优势使用的概念

（一）员工优势使用的内涵

本书将员工优势使用定义为，员工为实现自身成长和发展并高效达成工作目标在工作中主动使用自己优势的行为。从该定义中可看出，员工优势使用是员工对自身优势的使用，是在工作场所中的使用，是一种积极的主动行为、内在驱动的行为（Peterson and Seligman, 2004; Linley et al., 2010）；优势使用的目的是促进自身的成长和发展以及高效达成工作目标，这里的高效有两个方面的含义，即高效率和高效果，类似于投入产出比[①]。

员工优势使用依赖两个条件：第一，当员工具备某种优势时，在一定程度上才能表现出与优势相关的行为。第二，员工优势使用要考虑具体的情境因素，要与情境所要求使用的优势相匹配。在工作场所中的情境因素有两种，即外在的独立于个体本身的情境因素和内在的感知的情境因素。Harzer 和 Ruch（2012）关注个体感知的两个外在因素和两个内在因素，两个外在因素分别是工作中的规范化要求和与优势相关行为的正当性；两个内在因素分别是个体感知到的促进与优势相关的行为的因素（如时间压力）和表现某一特定行为的内在动机。

员工优势使用在工作中最为直接的表现在于能够帮助员工更为高效地处理工作中的问题。例如，当员工在工作中面临冲突时，发挥幽默感有助于减轻冲突所带来的紧张；同样的道理，当员工面临不确定和复杂的工作问题时，员工可以使用他们的创造力解决问题（Bakker and Van Woerkom, 2018）。Oerlemans 和 Bakker（2014）指出，人格特征如外倾性人格对个体结果的影响依赖在特定的情况下这一人格起作用的程度，如果外倾性人格在需要时没能被社会化地表现出来，将不能帮助人们实现他们的目标；类似地，幽默感、创造力和社会智力等优势只有被使用时，其功能才能被体现出来（Bakker and Van Woerkom, 2018）。

（二）员工优势使用的外延

为了更深入地理解员工优势使用的概念，应充分把握以下七个方面

---

① 需要特殊说明的是，从优势和员工优势使用的定义来看，员工优势使用与绩优表现存在着必然的联系，因为只有在使用时产生高绩效的员工内在或外在的特征，才可称为员工的优势。很多学者研究优势使用对绩效的影响，原因有二：第一，虽然优势使用与绩优表现有关，进一步研究优势使用对绩效的影响能够为优势使用的内涵提供实证研究依据，也就是说这种研究能够提供员工优势使用理论方面的效度（Wood et al., 2011; Peterson and Seligman, 2004）；第二，对于优势使用与绩效之间关系机制的研究，有助于更为深入地把握和理解优势使用是如何转换为个体的绩效表现的。

的内容：

第一，优势与优势使用是有差异的。拥有优势是获得积极结果的先决条件，而使用优势则是获得积极结果的直接方式（Zhang and Chen, 2018）。个体所拥有的优势如果不能被使用，就不会带来应有的积极效应。例如，如果个体有很强的好奇心，但从不使用这种优势，那么，他就不太可能从好奇心这种优势中收获更多；相比较而言，如果个体拥有好奇心这种优势，并在工作中充分发挥这种优势的功能效用，那么，其可能表现出更多的创造力并从中获得更多的益处。先前的实证研究也表明，尽管优势知识和优势使用均与幸福感有着强相关关系，但是，在对幸福感进行预测时却有所差异，具体来说，知道自己的优势并不能带来幸福感的显著提升，而优势使用则能显著促进幸福感的提升（Govindji and Linley, 2007; Zhang and Chen, 2018）。

第二，可从发挥组织、领导和员工人格特质三个方面来促进员工的优势使用。组织方面：组织可以采取具体的管理政策、制度、规范或干预措施来激励、支持员工在工作中使用优势，如优势型绩效评价制度（Aguinis et al., 2012a）；领导方面：领导（尤其是直接上级）作为与员工接触最为频繁、对员工充分了解的组织代理人，其所表现出的领导风格或行为将对员工产生重要的影响，进而影响员工在工作中使用优势的意愿和动机，如基于优势的领导风格；员工人格特质方面：不同的员工具有不同的人格特质，这些特质在很大程度上决定了员工会不会在工作中使用自身优势，充分发挥积极人格特质的作用将有助于员工优势使用，如主动性人格。

第三，员工优势使用的最终目的是促进员工在工作中获得更多的积极体验、幸福感、成长和发展，以及更高水平的员工甚至组织绩效，为实现员工优势使用向这些积极结果转变，还要充分把握两者之间的机制。例如，如果员工在工作中积极主动地使用自身的优势，但组织对这种优势使用行为并不支持，也就是说，组织不给员工提供必要的条件或资源让员工使用优势，则员工优势使用行为将很难转化成员工的积极感受和较高水平的绩效。从期望理论视角来看，员工优势使用能否带来员工的高绩效表现，取决于员工对优势型绩效评价制度的感知程度。当员工感知到组织的优势型绩效评价导向越强，他们越可能认为充分发挥自身优势将能够得到组织的客观评价，进而实现自己的绩效期望。

第四，员工优势使用与不足改进是关系密切的一对概念，不足改进是指员工在工作中通过学习、培训和锻炼等方式改善自身缺点、弥补自身短板的行为（Van Woerkom et al., 2016a）。虽然大多数积极心理学家鼓励人们要更多地使用自身的优势，以获得更高的幸福感、达成有价值的目标并取得成功，但这并不是说不足改进就没有价值，即便不足改进与自我评价和他人评价的绩效均不存在显著的相关关系，但是，不足改进与优势使用一样，与主动性人格、主动性行为（Van Woerkom et al., 2016a）、投入和生活满意度显著正相关，与倦怠显著负相关（Mostert et al., 2017）。实际上，使用优势的同时也改善自身的不足并不会影响优势使用所带来的积极效应。Rust 等（2009）的研究为这一观点提供了证据，他们研究发现，使用两个排序靠前的性格优势与同时使用一个性格优势和改进一个相对的性格不足，对生活满意度的积极影响并不存在显著的差异，有趣的是，进一步的研究还发现，对于男性参与者而言，仅仅聚焦优势要比同时聚焦优势和不足所带来的生活满意度水平更高，这一研究发现恰为大多数积极心理学家所支持的更多地聚焦个体优势使用的观点提供了有力的证据。因此，虽然不足改进对于员工的成长和发展具有一定的价值，但员工优势使用给员工带来的价值会更多。

第五，从优势使用层次来说，员工优势使用可分为员工的具体优势使用（如性格优势使用）和高阶优势使用。根据优势的定义可知，员工的优势不仅包括员工内在的生理和心理优势，还包括员工外在所掌握的资源、条件和机会，高阶的优势使用包含各个方面的优势使用，是相对于具体的优势使用来说的，是一种包罗万象的概念。对于高阶的优势使用来说，它更强调是一个单维度测量概念，类似于核心自我评价。有关核心自我评价初期的研究，基本上都是分别测量核心自我评价的四个维度，然后通过一定的方式进行汇总，得到核心自我评价的测量结果。后来，学者们认为这种汇总式的测量方法并不能体现出核心自我评价的独特性，因此，他们开发出了单维度的核心自我评价测量工具，用

于直接对核心自我评价进行测量。对于优势使用而言，有关优势使用的前期研究因测量方面的限制，大部分聚焦于具体的优势，基本上都是用 Peterson 和 Seligman（2004）开发的 VIA-IS 工具对个体的优势（性格优势）进行识别，然后通过干预的手段让个体在特定的环境中使用自身的优势，进而研究这些具体的优势使用所带来的结果。随着优势概念所包含的内涵不断被拓展，原有的研究范式不能满足优势使用研究发展的需求，于是 Govindji 和 Linley（2007）开发出更为高阶的优势使用测量量表，自此，很多学者把优势使用作为更为高阶的概念来探讨优势使用所带来的结果。例如，Baumann 和 Eiroa-Orosa（2016）在研究较大年龄人群（55~88 岁）的优势使用与心理健康之间的关系时，就将优势使用作为高阶的概念；Van Woerkom 和 Meyers（2015）、Van Woerkom 等（2016c）分别研究基于优势的心理氛围和组织对优势使用的支持时，也把优势使用作为高阶的概念。由于 Govindji 和 Linley（2007）开发的优势使用量表是以大学生为样本进行的，该量表对工作场所中员工的适用性还有待进一步改善。为此，Van Woerkom 等（2016a）也从高阶的优势使用视角对其量表进行了改进，开发出适用于企业员工的优势使用量表，统计分析结果表明，新量表具有良好的信度和效度，这一量表的开发有助于进一步推动优势使用理论在工作场所中的应用研究。

第六，员工优势使用本身有不同的程度，可分为优势过低使用、优势最佳使用和优势过度使用三个程度，一般情况下，我们认为最佳程度的优势使用能够带来最为有效的结果。Freidlin 等（2017）对优势使用程度与结果之间的关系进行深入探讨时发现，最佳程度的优势使用与繁荣和生活满意度显著正相关，与抑郁显著负相关；过低或过高程度的优势使用均与抑郁显著正相关并且与生活满意度和繁荣显著负相关，更为有趣的是，过低程度的优势使用所带来的消极影响比过高程度的优势使用更强；具体来说，社会智力的过低使用和过高使用均与社会忧虑显著相关，热情和自律的过低使用与社会忧虑显著相关。Freidlin 等（2017）在研究中也提出了测量优势的最佳使用、过度使用和过低使用的方法。以宽恕优势为例，对于最佳宽恕优势使用而言，直接采用宽恕优势的测量题项，如样题"当他人对你造成了伤害，你能宽恕他吗？"对于过高或过低使用的优势的测量是采用以最佳优势使用为核心向两极进行演变的方式进行测量。在过低使用优势测量方面，如样题"不能原谅、怨恨，甚至报复"，其代表残忍无情；在过度使用优势测量方面，如样题"不认为他人是为了伤害我"，其代表许可。考虑到语境研究法，他们在测量时要求被试按照 100% 的比例将其分配在每一个优势的三个使用程度上。

第七，员工优势使用对于理解员工优势使用的概念也有着重要意义。一是由于优势具有强弱之分（对员工具有的各个具体的优势进行排序，对排在前面的优势和排在后面的优势进行比较，前者称为强优势，后者称为弱优势），员工优势使用也可分为员工强优势使用和员工弱优势使用。对于性格优势而言，Seligman 等（2005）将使用排在前三名或者前七名的优势称为标签优势使用（Signature Strengths Use），在实际研究中很多学者将使用排在前五的优势称为标签优势使用。Littman-Ovadia 等（2017）将使用排名在后面五个的优势称为弱优势使用（Lowest-Strengths Use），这里的弱优势同样是就 VIA–IS 中的 24 个性格优势而言的，它们也可能被一些人看作劣势，但在积极心理学领域，更偏向于把它们称为最低水平优势。二是学者们根据性格优势中的具体类别与结果变量的相关性强度，把优势使用分成了不同的群组，如幸福优势使用（Happiness-Strengths Use）。大量的研究证实，希望、热情、爱、感恩和好奇心与其他优势相比，与生活满意度的相关性更强（Littman-Ovadia and Lavy 2012; Park et al., 2004），因此，学者们将这些优势组合起来使用就形成了员工幸福优势使用（Littman-Ovadia et al., 2017）。

（三）员工优势使用的测量

有关员工优势使用的测量最早来源于针对大学生的优势使用测量。随着优势使用研究的不断深化以及应用领域的不断拓展，学者们开启对优势使用在工作场所中的应用的研究，为满足实证研究需要，陆续通过

不同的形式对员工优势使用进行测量。从现有掌握的文献来看，员工优势使用的测量主要分为两大类，一是针对员工性格优势使用的测量，二是针对员工高阶优势使用的测量。

针对员工性格优势使用的测量是以 Peterson 和 Seligman（2004）提出的性格优势清单为基础的，包含 24 个题项。其操作方法是，呈现给被试 24 个性格优势，并附有关于每一个优势的简要定义，要求被试表达出工作中他们在多大程度上有机会使用每一项优势，通过对每一项优势使用程度的得分进行加总或取平均数，获得员工性格优势使用得分。从现有的优势使用研究文献来看，学者们针对标签优势使用、弱优势使用和幸福优势使用进行过探讨，前两个类别的优势使用测量的操作方法是，首先通过 VIA-IS 对被试的优势进行识别，选择被试排在前五的优势，依据前述相类似的操作实现对员工标签优势使用的测量；再选择被试排在后五的优势依据前述相类似的操作实现对员工弱优势使用的测量。对于幸福优势使用的测量是选择与幸福感最相关的性格优势（希望、热情、爱、感恩和好奇心）依据前述操作实现的。这些方面的测量在实证研究中均已得到应用，并得到信度和效度的验证（Littman-Ovadia et al., 2017; Allan and Duffy, 2014; Littman-Ovadia and Steger, 2010）。

针对员工高阶优势使用的测量来源于 Govindji 和 Linley（2007）以大学生为研究对象开发的优势使用测量方法，包括 14 个题项的单维度量表，该量表各题项的因子载荷在 0.520~0.790，共解释优势使用 56.2% 的变异量，Cronbach's α 系数为 0.950，由此说明该量表具有较好的信度和效度。该量表的跨群体适用性也通过了实证检验。例如，Huber 等（2017）将该量表翻译成德文版本并以能说德语的学生为研究对象，对德文版本的优势使用量表的信度和效度进行检验，探索性和验证性因子分析结果表明，该版本的优势使用量表解释了 58.4% 的变异量，题项的因子载荷在 0.580~0.860，内在一致性方面的 Cronbach's α 系数为 0.950，这些指标表明该量表的信度和效度较好；Duan 等（2018）的研究表明，该量表在我国青少年群体中也具体较强的适用性；Zhang 和 Chen（2018）在研究我国大学生性格优势、优势使用、未来自我一致性和主观幸福感之间的关系时，使用该量表对大学生的优势使用进行调查。数据分析结果显示该量表的 Cronbach's α 系数为 0.930，也就是说，该量表对于我国大学生而言也具有较好的信度，但是，他们并未报告该量表的效度。随着优势使用理论不断被应用在工作场所中，Van Woerkom 等（2016a）在 Govindji 和 Linley（2007）的优势使用量表基础上开发出适用于工作场所的员工优势使用和不足改正量表，且该量表被证实具有较好的信度和效度；Brouwers 等（2017）以南非员工为样本对员工优势使用和不足改正量表进行了验证，结果证实了该量表对南非员工的跨文化适用性。林新奇和丁贺（2019）在研究员工优势使用与员工创新行为之间的关系机制时，采用了 Van Woerkom 等（2016a）开发的员工优势使用和不足改正量表中的 5 个题项测量员工优势使用。具体如下：

> 我会利用我的优势完成工作
> 在工作中，我会寻求发挥我的优势的机会
> 在工作中，我充分使用我的强项
> 在工作中，我尽力发挥我的才能
> 我根据我的强项开展工作

二、员工优势使用的前因

员工优势使用的前因探讨对于理解如何促进员工在工作中更多地使用优势具有重要的意义，也是员工优势使用研究中的重要内容。已有研究表明，组织对优势使用的支持、组织对员工优势的干预、组织给予员工在工作中的自主性、变革型领导以及主动性人格等与优势使用显著相关。根据这些影响因素所基于的主体不同，将它们分为组织因素（组织实施的针对大部分员工而言的因素）、领导因素（领导实施的针对其下属而言的因素）和员工人格特质因素（员工自身存在的因素）三大类别，以下分别对其进行详细论述。

（一）组织因素

组织因素中的组织支持、组织干预、工作特征和优势型人力资源系统等对员工的态度、行为和绩效有着重要的影响，这些因素的影响效应也会体现在员工优势使用上。

1. 组织支持

已有研究证实，组织对员工优势使用的支持即组织优势使用支持与员工优势使用行为有着较强的正相关（Van Woerkom et al., 2016c; Stander et al., 2013）。根据组织支持理论可知，组织对于员工的支持，如为员工提供更多的学习机会、工作资源、自主性等，能够提升员工的内部人身份感知，激励员工为完成工作任务付出更多的努力。组织通过对于员工优势使用的支持，如鼓励员工使用自身的优势、安排员工擅长和感兴趣的工作等，向员工传递组织重视他们在工作中使用优势的价值取向，促使员工意识到优势使用是组织认可的，是组织所支持和鼓励的，这将有助于激发员工为达成工作目标而努力在工作中充分发挥自己的优势的内在动机。实证研究也为组织优势使用支持对员工优势使用的促进作用提供了有力的证据（Van Woerkom et al., 2016c）。因此，组织对于员工在工作中使用自身优势的支持程度越强，员工越可能在工作中表现出更多的优势使用行为。

2. 组织干预

组织对员工优势的识别和开发干预有助于促进员工在工作中的优势使用。Hill（2001）指出，仅有约 1/3 的个体能够认识到自身的优势，大部分个体对自身的优势并不是很清楚。明确自身优势的个体知道自己擅长做什么，在选择工作以及执行工作任务时能够有意识地将自身优势与工作任务所需的知识、技能和能力等相匹配，从而提升任务完成的效率和效果，也就是说，优势的识别能够很大程度上激发员工对自身优势的使用。Butina（2016）采用定量实验的方法，对标签优势干预（包含优势识别干预）能否促进员工在工作情境中的优势使用进行检验。实验设计是通过标准的优势干预和与任务报告相联系的优势干预两种干预方法，对比他们在提升工作情境中员工优势使用的效果，他们的研究数据是在干预实施一段时间后通过网络调查收集的，方差分析表明不同群组之间在优势使用方面存在着显著差异，与任务报告相联系的优势干预显然比标准的优势干预在提升员工的优势使用程度上要强，从这一点我们不仅能够在很大程度上看出优势识别对优势使用具有显著的促进作用，而且恰当合理的优势识别和开发对员工优势使用的促进作用将会更大。

随着工作任务的宽度和深度不断拓展，为高效、顺利地达成工作目标，对员工优势使用提出了更高的要求。此时，组织通过对员工实施针对性的优势培训等措施对员工的优势进行进一步开发，能够提升员工使用优势完成工作的信心和意愿。

优势开发是一个有目的地努力付出的过程，要以识别出来的优势为基础，根据特定的情境，采用多种方式对识别出的优势进行提炼和巩固。一些优势开发干预可能是为了寻求更为频繁的优势使用（Buckingham and Clifton, 2001）。优势开发蕴含着一些细节方面的考虑，例如，如何将个体所具有的优势结合在一起以便产生预期结果，如何用一种新的方式使用优势（Seligman et al., 2005），如何将优势与环境匹配，等等。优势开发最为重要的就是为了结合情境的需要最大限度地促进优势的使用，这在很大程度上表明，优势开发是优势使用的重要前置步骤。实证研究也为优势开发对优势使用的积极影响作用提供了证据，Forest 和 Wood（2012）首先让员工识别他们主要的性格优势，并让他们描述什么时候在工作中表现得最好，然后让员工在工作中用一种新的方式花费两周的时间使用他们优势中的两种，之后，让员工表示他们使用的是哪一种优势，并考虑在当前的工作中使用这些优势的积极结果，两个月后，进一步的分析表明员工优势使用行为得到显著的提升（Miglianico et al., 2020）。综上所述，组织实施的对于员工优势的识别和开发行为将有助于促进员工优势使用。

3. 工作特征

有关工作特征对员工优势使用的促进作用研究主要聚焦于自主性、

工作参与、反馈和有意义的工作等。自主性作为工作特征的重要内容，其对员工优势使用具有显著的促进作用。自主性是指员工感知到他们在多大程度上在决定自己的工作任务、活动和行为方面拥有自由，意味着员工能够对如何执行任务进行控制，包括日程安排和工作流程等，这在西方文化中非常受重视（Geller, 1982）。组织通过给予员工更多的自主性机会体现出的对员工的信任将会提升员工的组织支持感（Eisenberger et al., 1999），这将有助于增强员工的组织优势使用支持感，进而带来更多的员工优势使用行为。实证研究为自主性与员工优势使用之间的关系提供了初步证据，Stander 和 Mostert（2013）研究指出，自主性与员工优势使用之间有着中等程度（相关系数为 0.480）的正相关关系；Botha 和 Mostert（2014）也证实了同样的结论，他们还发现，组织是否提供给员工工作参与机会也和员工优势使用显著正相关。对于反馈而言，根据 Lopez 和 Louis（2009）提出的优势开发原则，来自组织、上级领导和同事等方面的有效反馈，是组织开发员工优势的重要原则，这一有效的反馈信息将提升优势开发的成功率，进而对员工优势使用产生显著影响。此外，有意义的工作也会促进员工优势使用，因为员工非常看重有意义的工作，当员工认为所从事的工作非常有意义时，他们倾向于使用自身的优势以达成有价值的目标（Van Wingerden and Van der Stoep, 2018）。因此，组织给予员工更多的工作自主性、工作参与、反馈以及有意义的工作等能够提升员工优势使用行为。

4. 优势型人力资源系统

优势型人力资源系统作为战略人力资源管理的一种具体的类型，强调的是员工优势使用的重要性（Ding et al., 2022）。与战略人力资源管理的观点相一致，组织设计并执行优势型人力资源系统是为了激发员工和组织的高水平绩效，进而使组织获得可持续性的竞争优势（Delery and Roumpi, 2017）。优势型人力资源系统是由一系列相互作用的优势型人力资源管理实践组成的集合，包括优势型招聘、任务分配、工作自主性、绩效评价、激励和培训与开发，这些优势型人力资源管理实践覆盖了人力资源的获取、使用、评价、激励和开发。

具体而言，基于优势的招聘通过强调候选人的优势与工作要求的匹配帮助组织获得高质量的人力资源（Bibb, 2016）。优势型任务分配和工作自主性旨在通过让员工做他们擅长做的事情或允许员工以最适合自己优势的方式完成工作任务来充分释放人力资源的价值（Van Woerkom et al., 2016a）。优势型绩效评价的目的是指引员工在工作中发挥特长（Bouskila-Yam and Kluger, 2011）。而且，优势型绩效评价特别关注员工的杰出绩效，因为获得杰出绩效是个体优势的主要特征（Dubreuil et al., 2014）。优势型激励通过承认员工做得好的事情或表扬员工的卓越绩效强化并激励员工使用优势（Van Woerkom and Meyers, 2015）。基于优势的培训通过设计并执行与员工优势相关的培训项目进一步开发员工的优势，以使员工能够持续地获得高水平的绩效。

先前的实证研究已经证实优势型人力资源系统能显著促进员工优势使用（Ding and Yu, 2021a）。AMO 模型为这一关系提供了重要的理论支撑。AMO 模型指出，当员工有能力、动机和机会表现出某一潜在的行为时，他们更倾向于实际表现出这一行为（Pak et al., 2019）。

优势型招聘、培训与开发确保了员工有能力在工作中使用他们自己的优势（Bibb, 2016; Boon et al., 2019; Van Woerkom and Meyers, 2015）。例如，当组织鼓励员工进一步开发他们的优势时（Van Woerkom and Meyers, 2015），员工使用优势的能力将会得到提升，部分原因在于优势开发是促进优势使用的前因（Biswas-Diener et al., 2011）。

优势型绩效评价与激励能够激发员工使用优势的动机（Jiang et al., 2012）。具体而言，一方面，聚焦员工杰出绩效的优势型绩效评价向员工传递了一个重要的信号，即发挥特长是受组织鼓励和欣赏的（Connelly et al., 2011），这为员工应当做什么提供了一个清晰的方向。另一方面，优势型激励通过表扬员工的卓越绩效有助于强化员工的优势使用行为（Van Woerkom and Meyers, 2015）。

组织通过采纳优势型任务分配和优势型工作自主性管理实践，不仅能够让员工做他们擅长做的事情，而且还允许员工自由地发挥自己的特长来完成工作任务（Kong and Ho, 2016; Van Woerkom et al., 2016b），这为员工在工作中使用自己的优势提供了重要的机会。因此，根据以上

论述，优势型人力资源系统能显著提升员工优势使用行为。

（二）领导因素

领导因素中的领导风格或行为和领导支持已被指出对员工优势使用有着显著的影响。领导风格作为影响员工态度、行为和绩效的重要因素，其对员工优势使用将会产生一定的影响，如变革型领导、威权型领导、共享型领导、辱虐型领导和优势型领导等。不同的领导风格对员工优势使用的影响效应可能有所差异，如变革型领导、威权型领导。变革型领导善于根据不同下属的能力、需求和期望，实施差异化的关心、培养和指导方案，其意味着变革型领导对下属才能和能力的准确认知以及对下属的差异化对待，有助于领导"有的放矢"地开发每位员工的优势，识别员工的潜能，帮助员工识别自身优势，促进员工优势使用。也就是说，变革型领导更可能意识到每一个员工都有独特的品质和偏好，通过持续性的变革型领导行为，将员工的工作任务与员工的优势进行匹配，进而激发员工在工作中充分使用他们的优势（Bakker and Van Woerkom, 2018）。对于威权型领导而言，其强调绝对的权威和对下属的控制，要求下属无条件服从（马璐、张哲源, 2018），更多的是将自己的思想传达给下属，很少关注下属所具有的优势，这将会抑制下属的主动性行为（刘冰等, 2017），进而降低员工在工作中使用自身优势的意愿。

优势型领导与员工优势使用之间的关系也受到了研究者们的关注。例如，Ding 和 Yu（2021b）通过我国 295 个有效的员工样本数据，对优势型领导与员工优势使用之间的关系进行了研究，结果发现，优势型领导有助于促进员工优势使用。自我决定理论为这一结论提供了理论支撑。自我决定理论表明，满足员工的基本心理需求包括胜任力、自主性和关系需求能够激发员工表现出某一潜在行为的动机，进而促使员工真实地表现出这一行为。具体而言，当下属感知到领导提供给他们在工作中使用自身优势的自主性时，下属对于自主性的需求将会得到满足（Kong and Ho, 2016）。鉴于优势型领导善于帮助下属识别和开发下属的优势（MacKie, 2014），优势型领导的下属将会有更强的能力发挥自身的特长，因为优势识别和开发与优势使用显著正相关（Ghielen et al., 2018），那就是说，下属的胜任力需求将会得到满足。此外，优势型领导也能够满足下属对于关系的需求，因为领导对于下属优势的重视和欣赏有助于提升领导成员交换关系（Els et al., 2016）。因此，优势型领导能够显著促进员工优势使用。进一步的分析表明，优势型领导能够通过下属的特征、情绪、智力的中介作用显著提升员工优势使用行为。

除了领导风格能够对员工优势使用产生显著影响外，领导支持作为重要的工作资源，其也可能促进员工优势使用。领导支持是指领导在多大程度上重视员工的贡献并关心他们的幸福（Eisenberger et al., 2002），领导作为组织的代理人是与员工直接接触的，在与员工的互动过程中能够更为准确地把握员工的特点、优势，通过为员工提供使用优势所需的资源、条件和机会，支持和鼓励员工在工作中使用自身优势，进而可能激发员工使用优势的动机。Van Woerkom 等（2016b）以及 Botha 和 Mostert（2014）通过相关分析均证实，领导支持与员工优势使用有着显著的正相关。

此外，Kong 和 Ho（2016）基于自我决定理论，针对具体的领导自主性支持研究了其对员工优势使用的影响。他们的研究指出，领导自主性支持所包含的行为有重视下属的情绪和观点、鼓励下属自我启发和决策以及向下属传递对于他们能力的信心，这样的行为不仅允许下属在工作中拥有更多的自主性，将工作与他们的价值观和兴趣相匹配，而且还能满足员工对于关系的需求。接受到更多领导自主性支持的员工，不仅将更好地以促进优势使用的方式管控他们的工作行为，而且还能感受到更多在使用优势方面的信心和支持。综上所述，领导支持将会对员工优势使用产生积极的影响。

（三）员工人格特质因素

人格特质作为一种相对稳定的个体特征，对员工优势使用将会产生一定的影响，如主动型人格、独立型自我构建人格和核心自我评价。主

动型人格倾向的个体在工作中更可能使用优势，因为具有较强主动性人格的个体善于识别机会，通过自愿地参与新的工作项目、改变工作任务和工作塑造使用他们的优势（Van Woerkom et al., 2016a）。Kong 和 Ho（2016）的研究指出，独立型自我建构也能够显著影响员工的优势使用行为，原因在于独立型自我建构的个体从根本上把自己看作与他人有区别的，倾向于从他们的品格、能力、特点和目标定义自己（Oyserman and Markus, 1998），这些建构与个体的自我决定高度相关，独立的自我建构决定了个体在多大程度上重视和期望表达自己、展现他们的内在特征，包括他们的优势。

核心自我评价作为一种积极的人格特质，包括自我效能感、自尊、控制点和情绪稳定性四个方面的内容，其对员工的行为和绩效均有显著的积极作用。具有较高核心自我评价的员工，在工作中表现出较强的积极性和主动性以及对于职业成功的追求，这在很大程度上有助于激发员工在工作中使用自身优势的内在动机（Judge, 2009），从而促进员工的优势使用行为。更值得注意的是，自尊和一般自我效能感与个体优势使用之间的积极关系已得到验证（Proctor et al., 2011），Wood 等（2011）也证实了自尊与优势使用之间的显著正向关系，由于自尊和一般自我效能感是核心自我评价的两个重要维度，并且它们与员工优势使用之间存在着显著的正向关系，这种关系可能在核心自我评价上也有所体现。Ding 和 Lin（2020a）通过对 157 名我国员工的三阶段数据的研究发现，核心自我评价水平较高的员工确实更倾向于表现出较多的员工优势使用行为，并且情绪智力和积极情感在核心自我评价与员工优势使用之间发挥着连续中介作用。Ding 和 Lin（2019）的另一项研究发现，优势使用支持感能够显著增强核心自我评价与员工优势使用之间的积极关系。总之，稳定性的人格特质是重要的员工优势使用影响因素。

三、员工优势使用影响效应

通过上一节的论述，我们对员工优势使用的前因有了较为深入和系统的理解。除此之外，员工优势使用可能产生哪些影响效应，也激起了学者们的研究兴趣。根据目前已掌握的文献来看，优势使用不仅与工作投入（Botha and Mostert, 2014; Harzer and Ruch, 2012, 2013; Keenan and Mostert, 2013）、自尊（Wood et al., 2011）、自我效能感（Van Woerkom et al., 2016b）、精力和活力感（Govinji and Linely, 2007）、自我评价和他人评价的绩效（Van Woerkom et al., 2016a）等积极结果显著正相关，而且还与压力、工作衰竭（Wood et al., 2011）等消极结果显著负相关。结合罗宾斯和贾奇对组织行为学相关概念的分类以及 Hausler 等（2017）关于幸福感的界定，本书将优势使用所带来的结果分为三大类：幸福感、工作态度和绩效。幸福感主要包括主观幸福感和心理幸福感，主观幸福感包含生活满意度、积极情感、消极情感、活力和压力等，心理幸福感包含成长和关系等（Hausler et al., 2017）；工作态度主要包括工作满意度、工作投入和使命感等；绩效主要分为角色内绩效和角色外绩效，角色内绩效包括缺勤率、生产率和任务绩效等，角色外绩效包括帮助行为、主动性行为和组织公民行为等。以下将针对员工优势使用，对这三个方面的影响研究进行详细阐述。

（一）员工优势使用与幸福感

实证研究表明，优势使用对幸福感具有重要的促进作用，因为个体在工作和生活中使用自身的优势，能够表现出更真实的自我，获得更多积极的感受和体验，从而提升个体对生活和工作感受的总体评价（Bakker and Van Woerkom, 2018）。Govindji 和 Linley（2007）通过面板数据，采用相关分析研究指出，优势使用与幸福感有着显著的正相关，这种关系在 Zhang 和 Chen（2018）的研究中也得到了验证。但是，相关分析以及使用面板数据的研究并不能强有力地证实两者之间的因果效应。从改进研究方法的角度，Wood 等（2011）从英格兰中部和北部的当地社区招募参与者，针对优势使用随时间变化对幸福感（包括压力、活力、积极情感和消极情感）的影响进行研究，以证实两者之间的因果效应，分析结果显示，优势使用随着时间的变化能显著提升员

工的幸福感水平，具体来讲，优势使用在三个月和六个月的时间内均能显著减少压力，提升自尊、活力和积极情感。还有研究采用实验干预的方法探讨两者之间的因果关系，大部分研究以 Seligman 等（2005）优势干预方法为基础，这类干预方法首先使用 VIS-IS 工具识别个体的优势，然后让参与者用一种新的或不同的方式花费一周或更长时间使用他们被识别出来的排在前五的优势，从而观察优势使用所带来的结果。例如，Proctor 等（2011）通过优势干预的手段研究发现，优势使用是主观幸福感的显著预测变量；对于具体的幸福感而言，员工优势使用能够增强员工面对压力的韧性以及对疾病和倦怠的抵抗能力（Cable et al., 2015）。

虽然学者们关于优势使用对幸福感的促进作用达成了共识，进一步挖掘两者之间的关系机制同样引起了一些学者的兴趣。在中介作用方面，Forest 等（2012）证实参与者对工作和谐的感受显著中介优势干预所带来的参与者标签优势使用对员工幸福感的正向影响；为深入挖掘优势使用与幸福感之间复杂的中介过程机制，Linley 等（2010）通过纵向数据研究发现，前期的优势使用能够对后期的优势使用产生促进作用，进而通过目标改进、需求满意度的连续中介作用提升个体的幸福感。在调节作用方面，Zhang 和 Chen（2018）研究发现，未来自我持续性将在优势使用对主观幸福感的影响中起到显著的正向调节作用，也就是说，个体的未来自我持续性水平越高，优势使用对主观幸福感的促进作用越强；Allan 和 Duffy（2014b）同样认为优势使用是生活满意度的显著预测变量，更重要的是，使命感能够增强个体优势使用对生活满意度的积极影响，并且优势水平会进一步增强使命感的在优势使用与生活满意度中的正向调节作用。优势使用与幸福感之间的复杂调节机制也受到关注，已有研究证实，在员工的外倾性人格高且神经质人格低的情况下，员工优势使用对积极情感的正向影响作用最强（Bakker et al., 2019）。还有学者对优势使用与幸福感之间的中介和调节综合模型机制进行过探讨，例如，Douglass 和 Duffy（2015）通过构建一个被调节的中介作用模型深入研究优势使用对生活满意度的影响机制，结果表明，优势使用能够显著通过自尊的中介作用对生活满意度产生影响，而且积极情感能够负向调节自尊的中介作用，也就是说，个体体验到高水平的积极情感，将会抑制优势使用通过自尊对生活满意度的提升作用。

员工优势使用对幸福感的影响对不同文化背景的员工具有一定的适用性，例如，Harzer 和 Ruch（2015）研究证实，员工优势使用对幸福感的积极影响适用于德国企业员工。另外，还有学者以不同付酬形式的员工为样本，研究优势使用与幸福感之间关系的差异，结果表明，优势使用对年轻和中等年龄志愿者与女性成年员工在生活方面的意义均有着显著的促进作用（Littman-Ovadia and Steger, 2010）。总之，优势使用对员工幸福感的显著促进作用已得到广泛的认同。

（二）员工优势使用与工作态度

有关优势使用对工作态度的影响研究主要表现在工作投入、工作满意度和使命感等方面。第一，在工作投入方面，工作投入作为影响员工绩效的重要影响因素，优势使用与其之间的关系受到了普遍关注，大量的研究表明员工优势使用与工作投入有显著的积极关系（Harzer and Ruch, 2013; Keenan and Mostert, 2013; Stander et al., 2014）。例如，Botha 和 Mostert（2014）通过对南非不同职业的 401 名员工样本数据进行结构方程模型分析，结果证实员工优势使用能够显著促进工作投入；Stander 和 Mostert（2013）以不同院校的从事运动训练的教师为研究对象，研究发现优势使用能够显著促进教师的工作投入。Van Wingerden 和 Van der Stoep（2018）对员工优势使用正向预测工作投入的原因进行了解释，他们认为优势使用能够使员工感受到真实的自己和自我效能感的提升，这些积极的心理状态能够促进员工的工作投入。第二，在工作满意度方面，工作满意度作为对工作特点进行评估而产生的对工作的积极感觉（Brooke et al., 1988），优势使用对其的正向影响也在一些实证研究中得到体现。例如，Littman-Ovadia 和 Steger（2010）研究指出，优势使用不仅对志愿者群体的工作满意度产生显著的正向影响，而且对付酬员工群体的工作满意度同样有着显著的正向影响。Littman-Ovadia 和 Raas-Rothschild（2018）通过对以色列 177 名飞行员进行研

究也证实，优势使用是工作满意度的显著预测变量。第三，在使命感方面，Seligman（2002）指出，标签优势使用能有效地激起员工的使命感，因为在工作中使用标签优势，员工能够真诚地表达自己，把他们的工作看作有意义的，更愿意沉浸在每天的工作中。他的观点在实证研究中得到证实，例如，Harzer 和 Ruch（2016）通过基于网络的优势干预方法研究发现，标签优势使用确实能够带来员工使命感的增加，进一步的研究还发现，只有使用四个或更多标签优势的个体才会把他们的工作看作一种使命，甚至在控制性格优势中使命感的最强预测变量即热情的情况下，标签优势使用才能显著预测使命感（Harzer and Ruch, 2012）。除实证研究外，在工作实践中员工优势使用对工作态度的积极影响也能得以体现，Stefanyszyn（2007）在一个大的英国商业公司工作时，通过实践观察发现，在工作中使用优势的员工表现得更好，待在公司的时间更长，也就是说，员工优势使用可能会增强员工的留职意愿。

为进一步深入理解优势使用对工作态度的影响机制，学者们也尝试通过建立不同的模型对两者之间的关系机制进行探索。Linley 等（2010）研究证实，优势使用能够显著通过目标改进的中介作用提升个体的心理需求满足感；Allan 和 Duffy（2014）针对使命感和优势水平在优势使用与学术满意度之间的调节作用进行研究发现，优势使用对学术满意度有显著的正向预测作用，并且使命感能够显著减弱优势使用对学术满意度的影响。此外，还有研究指出，员工优势使用对工作态度中的工作投入的积极影响受到人格特质的调节，具体来说，员工的外倾性人格特质越高，员工优势使用对工作投入的正向影响越强；而对于高神经质人格特质的员工而言，优势使用对工作投入的积极影响作用将会减弱；对于高外倾性人格且低神经质人格的员工来讲，优势使用对工作投入的积极影响最强（Bakker et al., 2019）。总之，员工优势使用确实能够激发员工的积极工作态度。

（三）员工优势使用与绩效

员工绩效的提升是促使员工成长和进步以及组织发展的重要因素，

优势使用作为员工的一种积极行为或资源，对员工绩效有着积极的作用。已有的研究证实，优势使用与自我和他人评价的绩效有着正相关关系（Stander et al., 2014；Van Woerkom and Meyers, 2015）。为进一步验证员工优势使用与绩效之间的因果效应，Kong 和 Ho（2016）从自我决定视角采用上下级匹配数据，通过结构方程模型分析证实了员工优势使用对任务绩效的积极作用，但是，他们并未对员工优势使用与绩效之间的关系机制进行探讨。进一步的研究指出，员工优势使用能够通过多方面的中介作用对绩效产生影响，例如，Dubreuil 等（2014）研究发现，员工优势使用向工作绩效的转化过程是通过提升员工的和谐热情、主观活力和专注三个因素来实现的；Lavy 和 Littman-Ovadia（2017）基于积极情感的拓展构建理论并采用双重中介模型进行了一项研究，结果显示员工优势使用确实能够直接提升员工的工作生产率，更为重要的是，员工优势使用能够通过积极情感和工作投入的双重中介作用对工作生产率产生积极影响；Van Wingerden 和 Van der Stoep（2018）也对两者之间的关系机制进行了探讨，他们认为，员工优势使用能够显著通过工作投入促进绩效提升，原因在于优势使用能够使员工感受到真实的自己，提升员工的自我效能感，这些积极的心理状态能够促进员工的工作投入，进而影响员工的绩效。也有学者指出，使用优势的员工在工作中有更多的投入，并且这些工作方面的投入还能进一步强有力地预测商业经营结果（Harter et al., 2002）。

前述有关员工优势使用对绩效的影响研究，基本上聚焦在角色内绩效方面，有关研究也证实优势使用对角色外绩效同样具有积极的影响作用。例如，员工优势使用对帮助行为有着显著的促进作用（Kong and Ho, 2016）；Van Woerkom 等（2016b）基于来自荷兰的 43 个不同组织的 65 位工程师的每周日记研究，通过跨层次结构方程模型分析表明，员工每周的优势使用能够通过自我效能感和工作投入的连续中介作用促进员工的主动性行为；员工优势使用对组织公民行为的提升作用也得到验证，并且员工优势使用还可以通过积极情感和工作投入的双重中介作用促进组织公民行为（Lavy and Littman-Ovadia, 2017）。有关以色列飞行员的配对数据研究指出，优势使用能够显著预测同事评价的飞行员的船

员资源管理行为（Littman-Ovadia and Raas-Rothschild, 2018）。除此之外，员工优势使用在促进员工创造性地解决问题和积极的变革行为中还起到重要的作用（Cable et al., 2015）。林新奇和丁贺（2019）针对我国企业员工进行研究，发现员工优势使用能够通过增强员工的创新自我效能感并同时降低员工的创新时间压力，从而促进员工表现出更多的创新行为。总体而言，员工优势使用对角色内绩效和角色外绩效均具有促进作用。

员工作为组织的核心主体，其绩效表现往往是最受组织重视的，因此，学者们在探讨员工优势使用对绩效的影响时，还重点对两者之间的心理过程机制进行了深入研究。Dubreuil 等（2014）总结，员工优势使用主要通过活力、真实性和专注三个心理过程对绩效产生影响。第一，活力。当员工使用自身的优势时，他们感受到获得了更多的能量，更具有活力，能够从能量的消耗中更快地恢复，员工感受到的这种活力的增强，将会让他们更积极地工作并且投入更长的时间（Linley, 2008），由此提升员工的绩效表现水平。第二，真实性。当员工在工作中主动地使用优势时，他们会感受到更加真实的自己，使用优势所做的工作往往更符合自己的方向和偏好，会更认为在工作中承担了正确的角色（Dubreuil et al., 2014）。因此，员工优势使用所带来的这种真实感受将会促进他们绩效的提升。第三，专注。当员工在工作中使用优势时，他们将会表现出更多的专注度（Buckingham, 2007; Dubreuil et al., 2014），这种专注意味着员工将会把更多的注意力放在工作问题或工作任务本身，这有利于促进问题的解决和任务的高效达成，进而使他们获得更好的绩效表现。

四、员工优势使用影响效应的理论解释

从上文可知，员工优势使用对员工的幸福感、工作态度和工作绩效有着积极的影响。除关注员工优势使用的影响效应外，学者们还重点对员工优势使用影响效应的理论基础进行过研究，从现有的研究看，大致可从三个理论对员工优势使用的影响效应进行解释，即自我理论、快

乐—生产率理论和工作要求—资源理论。

首先，自我理论，如自我决定理论、真实自我、自我一致性、自我效能感。Van Woerkom 等（2016a）指出，人们都有追求自我提升和自我实现的倾向，为实现自我提升，人们会持续地衡量、选择和排斥他们周围的事物。如果通过使用优势，一种情形或经验促进了自我的提升，人们就会积极地选择并重视此情形或经验，但如果这种情形或经验不能实现自我的提升，人们就可能厌恶或排斥此种情形或经验。使用优势的员工会根据真实性自我（Peterson and Seligman, 2004）、自我一致性表现出行为，体验到较少的沮丧和工作压力（Bakker and Van Woerkom, 2018）。由自我决定理论可知，优势使用通过提升个体在胜任力、自主性和关系方面的感受，培养个体在工作中的内在动机，进而带来更高水平的幸福感和绩效（Miglianico et al., 2020）。此外，Bakker 和 Van Woerkom（2018）指出，自我效能感理论能够对员工优势使用与绩效提升之间的关系进行解释，因为在工作中发挥自身优势，让员工获得了熟练的经验，员工的自我效能感可从这种熟练的经验中得到提升，也就是说，员工对自己能够成功完成工作任务更有自信，最终表现出较高的绩效水平。

其次，快乐—生产率理论。Peterson 和 Seligman（2004）指出，由于优势使用能够给员工带来积极的状态（如胜任力、鼓舞、幸福感），进而有助于提升工作绩效，此过程机制可通过"幸福—生产率"工人理论得到相应解释，幸福的工人能比较少幸福的工人表现出更好的绩效（Wright and Cropanzano，2000）。因为幸福的工人设定更高的目标，在这些目标上付出更多的努力，更好地调动自身、组织和社会资源，最终实现目标。例如，Dubreuil 等（2014）研究发现，员工优势使用将通过提升员工的和谐、热情等幸福感促进工作绩效；Lavy 和 Littman-Ovadia（2017）认为，在工作中使用优势的员工，不仅能够体验到更强的积极情感，而且在工作中还会表现出更多的投入，积极情感和工作投入的增强将进一步促进他们的工作生产率和组织公民行为。

最后，还有学者从工作要求—资源理论的角度对优势使用影响效应机制进行探讨。由工作要求—资源理论可知，工作要求（如工作负荷、

情绪需求）是最为重要的工作压力起因，能够降低工作绩效；工作资源（如反馈、技能多样性）是最为重要的动机驱动力，有助于提升工作绩效。工作要求—资源理论指出，工作和个体的资源能够用于避免工作要求向工作压力的转变；当工作要求高时，工作和个体的资源对于个体的动机和绩效来讲是非常重要的。传统的工作要求—资源理论特别关注工作环境对员工幸福感和行为的影响（Demerouti et al., 2001）。Bakker 等（2016）指出，员工也可能通过工作塑造（如主动地优化工作环境）和自我破坏（如制造问题、冲突和压力等）影响工作环境，此观点进一步丰富了工作要求—资源理论的内涵。其实员工优势使用在工作要求—资源理论中扮演着与工作塑造相类似的角色，也就是说，优势使用有助于增加员工的工作资源，进而提升工作投入和绩效，而且工作投入多或绩效好的员工更可能较频繁地使用优势。Stander 和 Mostert（2013）针对南非运动训练员的研究证实，优势使用与个体的自我效能感、自尊等资源显著正相关，优势使用作为员工的一种个体资源（Botha and Mostert, 2014），其增多的同时，可能带来更多其他工作资源的增多，原因在于拥有更多资源的个体更可能获得自主性、积极反馈和成长机会，Bakker和 Sanz-Vergel（2013）也指出，个体的资源也有助于促进工作投入和绩效，因为拥有丰富资源的员工能够更好地应对较高的工作要求，使得工作要求和工作资源达到最佳匹配状态。

五、员工优势使用的前因与影响效应模型

根据前四节的论述，整合优势使用理论相关研究内容，本书提出员工优势使用的前因与影响效应理论模型，如图 7-1 所示。从图中可看出，根据员工优势使用的外延性，可从三个不同视角开展员工优势使用相关研究，一是不同层次优势使用的研究，包括具体优势使用和高阶优势使用的研究。在第一节的阐述中已经指出，早期研究主要聚焦前者，这些研究主要是基于性格优势开展的，其研究的基本范式为：首先使用VIS-IS 工具识别个体的优势，然后让参与者用一种新的或不同的方式

使用他们被识别出来的排在前五的优势一周或更长时间，进而研究具体优势使用的影响效应。自 Govindji 和 Linley（2007）开发出更高阶的优势使用测量量表之后，学者们不断丰富优势的内涵，并采用更为高阶的优势使用概念及量表对优势使用的前因和影响效应进行研究，该研究范式操作性较强，研究结论的拓展性较广。

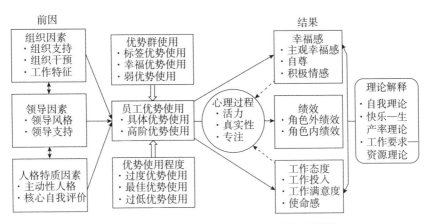

图 7-1 员工优势使用的前因与影响效应模型

二是不同程度优势使用的研究，包括过度优势使用、最佳优势使用和过低优势使用的研究。从现有可获得文献来看，仅有少量文献对这一问题进行研究，如一篇文献对性格优势中社会智力、谦虚、幽默和自律与社会焦虑之间的关系进行了研究（Freidlin et al., 2017）；Kaiser 和 Overfield（2011）针对优势、过度优势使用和不平衡领导之间的关系进行过探索。未来加强此方面内容的探索将有助于最优化发挥优势使用的效能。

三是不同群组优势使用的研究。不同群组优势是指具体优势的不同组合，现有的文献关于此方面的研究主要是聚焦具体性格优势使用的影响效应，可分为三类，即标签优势使用、幸福优势使用和弱优势使用（Zhang and Chen, 2018），三类优势与工作结果之间的关系已受到学者们的普遍关注，研究结果表明，标签优势使用与行为相关的工作结果之间的关系最强，如绩效、组织公民行为和反生产工作行为；幸福优势使用与情感、心理相关的工作结果之间的关系最强，如工作满意度、工

作投入和工作意义；弱优势使用对组织公民行为有着独特的预测作用。Zhang 和 Chen（2018）进一步的研究也表明，当对三类优势使用对与工作相关的结果影响进行单独检验时，积极情感在三类优势使用与工作相关的结果之间关系中均起到显著的中介作用，但是，将三类优势放在一起进行检验时，积极情感仅中介最低优势使用和幸福优势使用对工作相关结果的影响，在标签优势使用与工作相关结果之间关系中并不起显著的中介作用。尽管不同类型的优势使用均能带来积极的影响结果，但幸福优势对大部分人的益处更大（Littman-Ovadia et al., 2017）。对于不同群组优势的形成，就像幸福优势一样，未来可依据同样的逻辑开发更多不同群组的优势，研究其优势使用的影响效应，如创新优势使用。

在员工优势使用的前因方面，组织因素中的组织支持、组织干预和工作特征将会对员工优势使用产生影响，领导因素中的领导风格和领导支持会对员工优势使用产生影响，人格特质因素中的主动性人格和核心自我评价会对员工优势使用产生影响，并且三个因素之间也可能会在很大程度上产生交互作用。例如，根据特征激活理论可知，主动性人格对员工优势使用的显著促进作用将可能进一步受到组织优势使用支持的激活，也就是说，员工感受到组织对他们在工作中使用优势的支持越高，主动性人格对员工优势使用的促进作用越大。

在员工优势使用影响效应方面，员工优势使用会对幸福感（如主观幸福感、自尊、积极情感）、态度（如工作投入、工作满意度、使命感）和绩效（包括角色内绩效和角色外绩效）产生影响；尤其是，绩效作为组织对员工优势使用的终极目标，员工优势使用与绩效之间的心理过程受到学者们的重视，已有研究指出，员工优势使用可从活力、真实性和专注三个心理过程对绩效产生影响，这些心理过程可在幸福感和工作态度的具体变量中得以体现。例如，活力和专注是工作投入的两个重要维度，这两个心理过程的作用体现在工作投入的中介作用上，实证研究也为这一观点提供了证据，Lavy 和 Littman-Ovadia（2017）发现，员工优势使用能够显著通过工作投入的中介作用对工作生产率产生积极的影响。此外，员工优势使用的影响效应及其作用机制可通过自我理论、快乐—生产率理论和工作要求—资源理论进行解释，如 Stander 等（2014）

采用工作要求—资源理论对员工优势使用通过工作投入对生产率的积极影响做出了解释。

还需要注意的是，员工优势使用对绩效的影响不仅通过一定的心理中介过程进行传递，而且员工优势使用与绩效之间的关系还存在一定的边界条件。例如，根据工作要求—资源理论可知，员工优势使用作为员工重要的个体资源，能够激发员工的动机，进而促进员工的绩效提升，当员工感知到较高的工作要求（如工作压力、工作不安全感）时，员工优势使用对绩效的促进作用则会增强，因为，当用到资源时，所有类型的工作资源将变得更加有用（Hobfoll, 2001）。另外，虽然本书并未对员工优势使用与幸福感和工作态度之间的过程机制及边界条件做出过多论述，但它们还是存在的，少量文献对它们也进行过探讨。在优势使用与幸福感之间关系的研究中，Douglass 和 Duffy（2015）发现，积极情感能够显著减弱优势使用通过自尊的中介作用对生活满意度带来的积极影响；Bakker 等（2019）也证实，员工的外倾性和神经质人格特征在员工优势使用与积极情感之间发挥着显著的调节作用。在优势使用与工作态度之间关系的研究中，Allan 和 Duffy（2014）研究指出，使命感在优势使用与学术满意度之间起到显著的负向调节作用，还有学者研究发现，神经质人格和外倾性人格将会在员工优势使用对工作投入的影响中起到双重调节作用。

优势活动的重要性

一、优势干预相关研究

鉴于优势干预是促进员工优势行为的重要手段之一，大量的学者对其进行了研究，并获得了众多有意义的成果。以下主要从优势干预的内涵与操作形式、优势干预的影响效应、优势干预发挥效用的过程以及优势干预发挥效用的边界条件四个方面，对优势干预的相关研究进行评述。

（一）优势干预的内涵与操作形式

优势干预是针对个体设计的旨在识别、开发和使用个体优势的过程，以提升个体幸福感和其他期望结果（Quinlan et al., 2012）。早期的优势干预旨在通过优势的识别和开发提升个体的幸福感或促进个体获得成功，已被使用超过 60 年，并取得良好成效（Forster, 1991）。后来，随着优势干预的应用范围不断扩大，研究内容不断丰富，优势干预的内容也得到相应的补充。从目前来看，在研究中普遍采用的具体的优势干预方式可分为三类（Ghielen et al., 2018）：

第一，仅仅聚焦优势的识别，不对被试如何使用和开发优势提供明确的指导。例如，在实证研究中，Cable 等（2013, 2015）和 Lee 等（2016）采用基于"最好自我反省"（Reflected Best-Self, RBS）的方

法进行个体的优势识别；Duan 等（2014）使用 Peterson 和 Seligman
（2004）开发的 VIA-IS 实施优势的识别。

第二，不仅聚焦优势的识别，而且还促进优势的使用。大部分的这
类研究（Toback et al., 2016; Andrewes et al., 2014）首先使用 VIA-IS
工具识别个体的优势，然后让参与者用一种新的或不同的方式使用他们
被识别出来的排在前五的优势一周或更长时间。例如，Harzer 和 Ruch
（2016）开发出一个在线干预方法，用于检验无效对照控制条件下的实
验结果，参与者首先使用 VIA-IS 识别他们排在前四的性格优势，要求
他们反省如何在每天的活动和任务中使用这些优势，然后被要求用一种
新的或不同的方式使用这四个优势四周的时间。

第三，不仅聚焦优势的识别，而且还利用优势使用对其他结果的影
响、具体情境下优势的适当性以及优势使用制度促进优势的开发。这
一方式一般是个性化的优势干预，通过设定开发目标（Littman-Ovadia
et al., 2014）、唤起优势可塑性意识、自省式的学习日记（Meyers et al.,
2015）或者激励参与者运用他们的社会和工作资源（Meyers and Van
Woerkom, 2017）对个体的优势进行开发。

Dubreuil 等（2016）在研究中采用三个阶段实施优势的干预，即发
现、整合和行为。在发现阶段，邀请参与者使用优势测评工具识别他们
的优势；在整合阶段，让参与者反思并与同伴讨论他们的优势；在行为
阶段，让参与者想出在工作中能够最好地使用他们自身优势的方法并与
同事讨论采用这些方法的机会。

Meyers 和 Van Woerkom（2017）在一项田野实验研究中通过优势
的识别、优势的开发和优势的使用三个阶段对被试进行优势干预，被试
首先被要求使用特别开发的性格优势卡和指导性问题识别他们的三个主
导优势，然后让被试参加半天的、由专业人员实施的、旨在帮助他们开
发和在工作中使用优势的培训项目，然后每一个被试必须选择一个搭档
检查他们在优势使用和开发方面的进步。

基于以上三种优势干预手段，学者们对优势干预的影响效应、作用
机制以及边界条件进行相应的探讨。

（二）优势干预的影响效应

在优势干预的影响效应研究中，学者们对优势干预与幸福感之间的关系探讨得比较多。例如，Seligman 等（2005）通过一个随机控制实验研究发现，用一种新的或不同的方式识别和使用个人优势均能带来随后一周、一个月、三个月的幸福感的增加。Proyer 等（2015）进行了一个关于"标签优势"和"弱优势"的随机安慰剂控制试验，研究结果再次证实，优势干预与幸福感的提升有关。Harzer 和 Ruch（2015）研究证实，优势干预对员工生活幸福感的促进作用同样适用于德国员工，也就是说，两者之间的关系具有跨群体的适用性。还有一些研究表明，优势干预与工作相关的幸福感也有着显著的正相关关系（Cable et al., 2015; Littman-Ovadia et al., 2014; Meyers and Van Woerkom, 2017）。

优势干预不仅能够提升个体的幸福感水平，而且还能带来其他积极的结果。Meyers 等（2015）以大学生对研究对象，通过两个纵向的田野实验，对优势干预和劣势干预与心理资本和个人成长主动性之间的关系进行研究。105 位大学生参与实验一的研究，结果发现，优势干预能够提升大学生的短期个人成长主动性，而劣势干预对大学生的个人成长主动性却没有显著影响。在实验二中，共有 90 位大学生参与研究，他们通过增加后续的培训任务来有所偏向地强调正在进行的优势干预和劣势干预，研究结果表明，两种干预措施均能提升大学生三个月后的个人成长主动性，但优势干预组提升得更多；此外，研究还发现，优势干预能够通过心理资本的希望维度对大学生的个人成长主动性产生积极影响。Cable 等（2013）通过田野实验和实验室实验针对新员工的优势干预影响效应进行研究，结果表明，优势干预能够显著降低新员工的离职意愿，提升新员工所服务的消费者满意度，新员工的工作投入、工作满意度和工作绩效。

Cable 等（2015）通过两个实验室实验和一个田野实验研究发现，与未受到优势干预的个体相比，受到优势干预的个体在压力面前更具有韧性，更能够抵抗疾病和工作倦怠，在创造性地解决问题方面和压力下的绩效方面表现得更好，与他们的雇主形成了更强的长期关系；此外，该研究还发现，与个体自己的"最好自我激活"（Best-Self Activations，BSA）相比，社会化的 BSA 在创造积极的变革方面更有效，这就意味着不同形式的干预所带来的结果有所不同。Lee 等（2016）基于自我肯定理论从团队角度对优势干预的影响效应进行研究，结果发现，优势干预能够促进团队成员之间更好地进行信息交换并且提升团队创新绩效。Littman-Ovadia 等（2014）研究了职业咨询心理学家针对失业的工作寻求者实施的基于优势的职业咨询干预项目，三个月的追踪结果表明，进行优势干预的失业者就业率高达 80.6%，未实施优势干预的失业者就业率仅为 60%。总之，优势干预能给个体甚至组织带来积极的影响。

（三）优势干预发挥效用的过程

既然大量研究表明优势干预能够给个体带来积极的影响，那么，进一步探讨这种影响的机制有助于我们深入理解优势干预与幸福感及其他结果之间的关系。Ghielen 等（2018）基于积极活动模型（Lyubomirsky and Layous, 2013）总结出四种影响机制，即优势干预可通过积极情绪、积极思想、积极行为和需求满足四个过程，提升个体的幸福感水平或对其他结果产生影响。积极情感在优势干预与生活满意度、工作投入和倦怠之间的中介作用已被证实（Meyers and Van Woerkom, 2017）。Meyers 等（2015）研究表明，优势干预能够提升个体的希望，希望是关于个体能够达成某 目标能力的积极思想，进而增加个体的成长动机；类似的结论在 Cable 等（2015）研究聚焦优势的社会化过程与员工离职意向之间的关系时也得到相应的验证，也就是说，优势干预通过员工雇佣关系的感知（积极思想）显著降低了他们的离职意向，原因在于，优势干预措施的实施使得员工感知到工作是有重要意义的，并且能够给他们的参与或身份表现提供机会，从而增强员工与雇主之间的关系，降低他们的离职意向。

Cable 等（2013）指出，"反省式最好自我干预"（Reflected Best-Self Intervention, RBSI）能够提升"真实的自我表达"（Authentic Self-Expression, ASE）这一积极行为，ASE 有助于激发个体的潜力，增强个

体与同事和组织的积极关系，进而提高员工的生产率，提升积极的工作态度，降低员工的流动性。Lee 等（2016）将信息共享代替幸福感作为结果变量，研究发现，社会价值感（需求满足）中介了参加 RBSI 积极活动与团队水平上独特信息共享之间的关系，换句话说，对团队成员的优势识别有助于提升社会价值感，借此满足团队成员对能力提升和友好关系的需要，减少对团队成员自我形象造成威胁的因素，降低团队成员对其与团队是否匹配的担忧，进而激励团队成员与整个团队分享他们独特的信息。

（四）优势干预发挥效用的边界条件

伴随着优势干预影响效应和影响中介过程机制的研究，学者们也开始不断地探索优势干预发挥效应的边界条件，并得到了一些有价值的结论。显著发挥调节作用的变量包括具体的性格优势和人格特征、人口统计学特征和干预活动特点等（Ghielen et al., 2018）。

1. 优势和人格特征方面

Proyer 等（2015）将个体所具有的一些特定优势作为调节变量研究其对优势干预影响效应的作用，结果发现，参与者认为他们拥有的性格优势越少，对其实施的优势干预效果越好，而认为他们自己拥有较多性格优势的参与者，其从聚焦得分较低的优势干预中受益更多，一些优势上得分较高的参与者本身能够意识到自己的优势，从优势的识别中受益较少。进一步来讲，一些具体的优势如毅力、自我约束和抑制性优势等调节了优势干预与幸福感之间的关系。毅力能够带来更多积极的效应，因为有毅力的个体可能更集中地利用他们自己的优势。与此相类似，较低水平自我约束的参与者从优势干预中受益较少，可能是因为自我约束在自我管理干预的持续实践中发挥了必要的作用（Cohn and Fredrickson, 2010）。Proyer 等（2015）也指出，参与者所拥有的像公平、谦逊、谨慎等抑制性优势越少，干预效果越好，可能的原因在于抑制性优势使人们更加保守，在干预期间参与者很难发挥他们的潜能。Senf

和 Liau（2013）研究发现，外倾性人格有助于增强优势干预对沮丧的影响，因为外倾性个体更善于社交、更加活跃、更有志向（Wang et al., 2014），能够把优势干预的准则运用在日常的生活中。

2. 人口统计学特征方面

Rust 等（2009）研究发现，聚焦两个性格优势的条件下的男性参与者报告的生活满意度水平显著高于女性，性别会对优势干预效果产生影响。此外，年龄在优势干预影响效应中也发挥着调节作用，有研究发现，年龄较大的员工在优势干预中受益程度比年龄较小的员工更大（Ghielen et al., 2018）。对这一发现的解释是，年龄较大的员工更多地关注积极的情绪体验，而年龄较小的员工更倾向于关注自身的成长，这意味着他们渴望更多地了解自己的不足，因为不足提供了更多的进步空间。

3. 干预活动特点方面

现有研究表明，优势干预时间长度、优势识别方法、参与者对干预的目的认识以及优势干预方式等均会对优势干预的影响效应产生作用。Quinlan 等（2012）研究发现，优势干预持续时间较长的话，其带来的效应值更大一些。Cable 等（2015）认为，由亲密关系的他人对最好自我的描述与自己对最好自我的描述相比，在优势干预后产生的影响效应更大，这就意味着，社会化的干预比单纯的自我反省式干预起到了更好的效果。Duan 等（2014）以学生为样本研究了参与者对优势干预目的的认识的调节作用，结果发现，当学生意识到优势干预的目的时，优势干预将会对生活满意度的提升产生更强的短期效应，但从长期角度来看，这一调节变量并未起到显著的作用，可能的原因在于，优势干预对生活满意的短期影响是由"霍桑效应"导致的。此外，Seligman 等（2005）发现，在优势干预的方式中，聚焦优势识别和优势使用的干预方式比仅仅聚焦优势识别的干预方式产生的效应更为持久。

通过以上关于优势干预的论述，将优势干预的影响效应总结为图 8-1 模型：

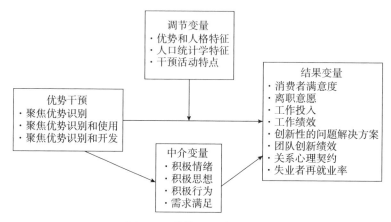

图 8-1 优势干预效应模型

资料来源：根据 Lyubomirsky 和 Layous（2013）的积极—活动模型（Positive-Activity Model）和相关研究文献整理而成。

二、优势活动模型的内容

既然优势行为在个体成长中具体独特的优越性，那么，组织执行能够促进优势行为的优势管理活动就显得十分必要且重要了。优势管理活动指的是，组织所实施的旨在促进员工优势识别、优势开发和优势使用（优势行为）的管理活动，如优势型人力资源系统、优势型领导、优势型心理氛围、组织优势使用支持等。Peterson（2006）指出，积极组织心理学的研究对象包括积极主观体验、积极的特质和积极的制度。本书进一步研究认为，这三者之间存在着重要的逻辑关系，那就是积极的制度能够促使积极特质的个体感受到更高水平的积极主观体验，如图 8-2所示。

根据以往有关优势使用和优势干预的研究，并结合积极组织心理学研究对象之间的逻辑关系，进一步提出优势活动模型，包括如下八个命题，如图 8-3 所示：

命题 1：优势管理活动有助于培养员工幸福感，提升员工绩效。

命题 2：优势管理活动能够通过激发员工的积极认知提升员工绩效或幸福感。

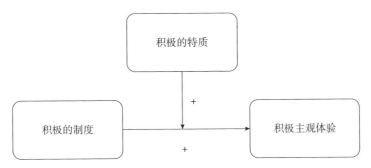

图 8-2 积极组织心理学研究对象之间的逻辑关系

命题 3：优势管理活动能够通过激发员工的积极情感提升员工绩效或幸福感。

命题 4：优势管理活动能够通过激发员工的积极态度提升员工绩效或幸福感。

命题 5：优势管理活动能够通过激发员工的积极关系提升员工绩效或幸福感。

命题 6：优势管理活动能够通过激发员工的内在动机提升员工绩效或幸福感。

命题 7：优势管理活动能够通过促进员工的积极行为提升员工绩效或幸福感。

命题 8：具有较高水平（与个体优势相关的）积极特质的员工能从优势管理活动中受益更多。

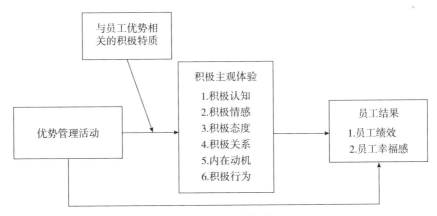

图 8-3 优势活动模型框架

三、实证研究

为初步验证优势活动模型所提出的八个命题，我们将对优势管理活动、与员工优势相关的积极特质、过程机制和员工绩效与幸福感结果进行操作，通过整合已有的成熟理论，进行一系列实证研究。具体的实证研究概况与验证命题如表8-1所示。以下将从概要、理论基础与研究假设、研究方法、数据分析结果和研究结论五方面对每一项研究进行阐述。

表 8-1　实证研究概况汇总

序号	自变量	中介变量（机制类型）	调节变量	因变量（绩效或幸福感）	验证的命题
研究1	优势型人力资源系统感知	自尊（积极认知机制）	—	工作繁荣（幸福感）	命题1和命题2
研究2	优势型人力资源系统感知	积极情感（积极情感机制）	主动型人格	知识共享行为（绩效）	命题1、命题3和命题8
研究3	优势型领导感知	组织认同（积极态度机制）	—	组织公民行为（绩效）	命题1和命题4
研究4	优势型领导感知	上下级关系（积极关系机制）	—	任务绩效与创新行为（绩效）	命题1和命题5
研究5	优势型领导感知	内在动机（内在动机机制）	—	职业满意度（幸福感）	命题1和命题6
研究6	优势型领导感知	员工优势使用（积极行为机制）	—	心理幸福感（幸福感）	命题1和命题7
研究7	优势型心理氛围	要求—能力匹配（积极认知机制）	优势思维	工作繁荣（幸福感）	命题1、命题2和命题8

（一）优势型人力资源系统感知与员工工作繁荣：自尊的中介作用

1. 概要

本研究主要通过资源保存理论探讨优势型人力资源系统感知与员工工作繁荣之间的关系，并考察自尊的中介作用。针对我国不同组织的员工，采用三阶段研究设计收集样本数据。结构方程模型的分析结果表明，在控制高绩效工作系统的情况下，优势型人力资源系统感知与工作

繁荣正相关，并且自尊部分中介了优势型人力资源系统感知与工作繁荣
之间的关系。

2. 理论基础与研究假设

（1）优势型人力资源系统感知与工作繁荣

由于在工作繁荣中的员工倾向于有更高水平的主观健康、积极的态
度和绩效（Kleine et al., 2019），工作繁荣对于员工和组织均具有重要
的意义。鉴于此，组织应当采取有效的管理策略促进员工体验到工作繁
荣。本研究认为，优势型人力资源系统感知与工作繁荣正相关。

首先，先前的研究表明，给员工提供更多的情境资源是提升员工工
作繁荣的必要途径（Hildenbrand et al., 2018）。Halbesleben 等（2014）
认为，资源是指员工所感知到的有助于其目标达成的任何东西。由于优
势型人力资源系统感知能够帮助员工达成各种各样的工作目标，如任务
绩效和创新行为（Ding et al., 2022a/b），我们能够把优势型人力资源系
统看作一种重要的情境资源。因此，当员工感知到他们的组织执行优势
型人力资源系统时，将会体验到更高水平的工作繁荣。

其次，优势型人力资源系统通过设计并执行优势型人力资源实践
（如优势型招聘和绩效评价）塑造了一个欣赏和重视员工优势的积极氛
围（Ding et al., 2022a/b）。这样的积极氛围能使员工感受到较高水平
的组织优势使用支持（Van Woerkom and Meyers, 2015）。由于 Guan 和
Frenkel（2020）的研究证实了组织优势使用支持感能够显著提升员工工
作繁荣，所以，优势型人力资源系统感知与员工工作繁荣正相关。

最后，优势型人力资源系统向员工传递了一个重要的信号，即组织
鼓励员工在工作中发挥自身的特长（Van Woerkom and Meyers, 2015）。
当员工感知到这样的信号时，其更可能表现出更多的优势使用行为
（Ding and Yu, 2021a）。已有的研究揭示，在工作中做自己擅长的事情的
员工更容易体验到工作繁荣。因此，基于上述的推理，提出如下假设。

假设 1：优势型人力资源系统感知与工作繁荣正相关。

（2）自尊的中介作用

自尊是指个体对于作为一个人，他 / 她自己价值的主观判断（Donnellan

et al., 2011）。重要的是，自尊未必反映一个人的客观的才能和能力，甚至也不一定会反映出其他人对自己的评价。而且，自尊普遍被认为能够概念化"一个人是足够好的感受"；另外，高水平自尊的个体未必认为他们就比其他人优秀（Rosenberg, 1965）。总的来讲，自尊是自己对于自己的价值判断。Simpson 和 Boyle（1975）认为，自尊可分为三种具体的类型：一般自尊（对于自己的一般评价）、具体的自尊（在一个情境或角色中的自尊，如工作）和具体任务的自尊（胜任一个具体的活动）。

Orth 和 Robins（2014）在他们的研究中指出，自尊在人的成长过程中或一生中并不是固定不变的，而是随着年龄的增长，自尊呈倒"U"形。具体来讲，一个人的自尊在年轻时会不断提升，直到 51 岁时达到顶峰；随后，自尊水平会随着年龄的增长不断下降。从整体来看，在 51 岁前自尊的增长速度要慢于 51 岁后自尊的下降速度。Donnellan 等（2012）与 Kuster 和 Orth（2013）的纵向研究表明，70%~85% 的自尊的变异是由特质因子来解释的，状态或测量误差仅仅解释了自尊的 15%~30% 的变异。从这一研究结论可知，从长远来看，自尊是一种相对稳定的个体特质。

自尊与绩效之间的关系受到广大研究者的关注。Gardner 和 Pierce（1998）针对 145 个两阶段的有效样本数据进行分析，结果表明，基于组织的自尊是一个较强的绩效预测变量。大量的理论观点为这一结论提供了解释。例如，自我一致性理论认为，高自尊的个体被激励维持高水平的自尊（Korman, 1976）。因此，他们付出更多的努力获得高水平的绩效，进而强化他们高水平的自尊感。相反，对于低水平自尊的个体来讲，他们会通过付出更少的努力来维持他们的低水平自尊。自 Gardner 和 Pierce（1998）的研究之后，越来越多的研究证实了基于组织的自尊与工作绩效之间的积极关系。例如，Gardner 等（2004）发表的文章通过另外一项田野实验再次发现基于组织的自尊有助于提升员工绩效。Bowling（2010）进行了一项元分析，结果表明，基于组织的自尊不仅与工作绩效有着积极的关系，而且还能显著提升员工的组织公民行为，降低员工的离职意愿。Liu 等（2013）基于 219 个来自中国银行的上下级配对数据揭示了基于组织的自尊与工作绩效之间的积极关系。Chan

等（2013）基于中国制造业的员工样本的研究也得到了同样的结论。Pan 等（2014）拓宽了基于组织的自尊对绩效影响的范围，他们的研究表明，基于组织的自尊能显著促进员工的投入行为、责任行为、主动行为、创新行为、帮助行为与和谐性行为。

自尊与工作投入之间的关系可以用工作要求—资源理论来解释。工作要求—资源理论认为，个体资源类似于工作资源主要能够通过激发员工的动机机制促进员工工作投入（Bakker and Demerouti, 2017）。学者们一致认为，员工的自尊或基于组织的自尊能够被看作重要的个体资源，原因在于三个方面：第一，自尊有助于降低工作要求，Ahmad 和 Begum（2020）研究发现，基于组织的自尊与情绪耗竭显著负相关；第二，自尊能够促进个体达成工作目标（Moussa, 2012）；第三，自尊能够激发员工个体成长、学习和发展（Hirata and Kamakura, 2018; Rouquette et al., 2021）。因此，从工作要求—资源理论的视角来看，自尊能够显著提升员工的工作投入。自尊与工作投入之间的积极关系也已经得到大量实证研究的证实。Xanthopoulou 等（2009）进行的一项日记研究表明，基于组织的自尊有助于激发员工的工作投入。Mauno 等（2007）进行的一项横跨两年的纵向研究设计发现，基于组织的自尊能够很好地预测时间滞后的工作投入的三个维度，即活力、奉献和专注。

本书认为，自尊有助于提升员工工作繁荣。首先，根据资源保存理论的研究可知，当员工获得更多的资源时，他们更可能体验到高水平的工作繁荣（Hildenbrand et al., 2018）。由于自尊可以被看作个体资源的一个具体类型（Li et al., 2022），依据前述逻辑，高水平自尊的员工也会有高水平的工作繁荣。其次，自尊有助于激发员工的内在动机（Wigfield et al., 1991）。有着较强内在动机的员工倾向于在工作中投入更多（Ghosh et al., 2020），更愿意从自己和他人的过去经验中学习。鉴于工作投入的活力维度和学习是工作繁荣的两个组成部分，所以，自尊有助于提升员工工作繁荣。最后，高水平自尊的员工通常体验到更多的积极情感（Wang et al., 2018; Wood et al., 2003）。根据积极情感的拓展和构建理论可知，积极情感能够拓展个体的瞬间思维行动范围，然后构建他们持久的个体资源（Fredrickson, 2001），进而带来员工工作繁荣的

提升（Heintzelman and Diener, 2019）。

尽管作为个体特质的自尊通常被看作相对固定的（Orth and Robins, 2014），但大量的证据表明，自尊也可能提升。例如，多重的社会认同已经被发现能够提升个体的自尊（Benish-Weisman et al., 2015），辱虐型领导会降低下属的自尊（Bani-Melhem et al., 2021）。本研究认为，优势型人力资源感知将会增强员工的自尊。一方面，优势型人力资源系统有助于提升员工优势使用（Ding and Yu, 2021a）。在工作中使用自己优势的员工在完成各种各样的工作任务方面更加自信，并且总会表现很好（Bakker and Van Woerkom, 2018），这会进一步提升员工对于自己作为一个人的价值的主观评价（Orth and Robins, 2014）。另一方面，优势型人力资源系统能使员工意识到每一个人都有自己的优势，并且组织重视、欣赏他们的优势，这有助于提升员工对于自我价值的判断。因此，根据这两点，我们可推断优势型人力资源系统感知能够提升员工的自尊。

更为重要的是，资源保存理论的研究表明，来自工作、主管或组织的情境资源能够激活员工的个体资源，然后影响员工的态度、动机和行为（Hildenbrand et al., 2018; Hobfoll, 2002; Ten Brummelhuis and Bakker, 2012）。例如，Van den Heuvel 等（2013）发现，变革信息作为一个情境资源能够积极影响作为个体资源的员工意义建构，进而改善员工的适应性态度和行为。类似的逻辑有，优势型人力资源系统感知作为一个情境资源很可能激活作为个体资源的员工自尊，进而让员工体验到更高水平的工作繁荣。具体而言，当员工感知到他们的组织执行了一系列旨在促进他们优势使用的相互作用的人力资源实践时，他们会认为他们对于组织有着重要的价值，进而提升自己的工作繁荣。因此，基于以上的推理，提出如下假设。

假设 2：自尊在优势型人力资源系统感知与工作繁荣之间起到中介作用。

3. 研究方法

（1）样本与数据收集

来自我国不同行业（如能源行业、金融行业和制造业）的员工参与了本研究。在线的电子问卷被用于在三个阶段收集数据，时间间隔为两周。我们邀请 18 名非全日制 MBA 学生参与研究，并让每名学生分别至少邀请 20 名同事参与其中。为了保证问卷的匿名性，每名参与者将会得到一个固定的编码，这个编码也被用于三个阶段数据的匹配。同时，我们也承诺对参与者相关的信息进行保密，并且与参与者相关的任何数据仅用于学术研究。在第一阶段，邀请参与者完成由人口统计学特征变量和优势型人力资源系统感知量表组成的问卷，共收到 311 份问卷。在第二阶段，我们邀请在第一阶段回复的参与者完成自尊量表，共收到问卷 276 份，相对于第一阶段而言，回复率为 88.75%。在第三阶段，我们邀请参与者完成工作繁荣量表，共收到问卷 251 份，相对于第二阶段而言，回复率为 90.94%。最终，共获得 217 份有效的三个阶段匹配数据。其中，49.30% 的参与者是男性，50.70% 是女性。在受教育程度方面，66.40% 的参与者最高学历为本科及以下，33.60% 的最高学历为硕士。在岗位层次方面，1.80% 的参与者是高层管理者，7.80% 是中层管理者，14.70% 是基层管理者，75.70% 是普通员工。此外，参与者的平均年龄为 32.83 岁，标准差为 6.88；参与者的平均组织年限为6.48 年，标准差为 5.76。

（2）测量

由于自尊和工作繁荣量表最初是英文版本的，我们遵循翻译—回译程序（Brislin, 1970）得到这两个量表的中文版本。优势型人力资源系统感知、自尊和工作繁荣量表的所有题项均采用李克特五点量表进行评价，从 "1= 非常不同意" 到 "5= 非常同意"。

1）优势型人力资源系统感知。采用 Ding 等（2022）开发的 15 题项量表对优势型人力资源系统感知进行测量。其中一个题项为 "组织根据员工的特长设计并执行培训项目"。这个量表的 Cronbach's α 系数为 0.97。

2）自尊。与 Li 等（2022）的研究相一致，我们采用了 Rosenberg（1965）量表的 5 个题项测量自尊。其中一个题项是 "我觉得我有很多好的品质"。这个量表的 Cronbach's α 系数为 0.89。

3）工作繁荣。采用 Porath 等（2012）开发的 10 题项量表测量工作繁荣。其中一个题项是 "我有能量和精神"。这个量表的 Cronbach's α

系数为 0.90。

4）控制变量。与先前关于工作繁荣前因的研究保持一致，本研究将员工的性别、年龄、受教育程度和组织年限作为控制变量，因为这些变量已经被发现与工作繁荣显著相关（Carmeli and Spreitzer, 2009; Niessen et al., 2012）。更为重要的是，高绩效工作系统感知已经被证实是员工工作繁荣的重要前因（Jo et al., 2020）。因此，为了检验优势型人力资源系统感知对于员工工作繁荣的增量预测效度，将高绩效工作系统感知作为控制变量，并且在第一阶段对其进行测量。Kulik 等（2016）开发的 8 题项量表被用于测量高绩效工作系统感知。其中一个题项是"合格的员工有机会晋升到更高薪水和 / 或更高责任的职位"。这个量表的 Cronbach's α 系数为 0.92。此外，根据 Becker（2005）的建议，我们分别执行了包含控制变量和不包含控制变量的数据分析，分析结果并不会对我们的结论产生影响。为了更为全面地呈现数据分析的信息，报告包含控制变量的数据分析结果。

4. 数据分析结果

（1）区分效度检验

使用 AMOS 软件进行验证性因子分析，以检验优势型人力资源系统感知、高绩效工作系统感知、自尊和工作繁荣的区分效度。分析结果详见表 8-2。

表 8-2　验证性因子分析结果

测量模型	χ^2	df	χ^2/df	RMSEA	CFI	TLI	IFI
四因子测量模型（基准模型）	1177.61	649	1.82	0.06	0.92	0.92	0.92
三因子测量模型[1]	1616.92	652	2.48	0.08	0.86	0.85	0.86
二因子测量模型[2]	2107.46	654	3.22	0.10	0.79	0.77	0.79
单因子测量模型[3]	2874.55	655	4.39	0.13	0.67	0.65	0.68

注：[1]优势型人力资源系统感知与高绩效工作系统感知合并为一个因子；[2]自尊、优势型人力资源系统感知与高绩效工作系统感知合并为一个因子；[3]所有变量合并为一个因子。

从表8-2中可看出，四因子测量模型的拟合度较好，并且优于其他选择性的测量模型。因此，这四个变量具有较好的区分效度。

（2）共同方法偏差检验

尽管在收集样本数据时，我们从过程控制方面采用了三阶段的数据收集方法以尽可能避免共同方法偏差，但是，仍需要从统计控制方面对共同方法偏差进行检验。为此，遵从Podsakoff等（2003）的建议，采用了一个未被测量的共同潜在因子法评价本研究的共同方法偏差程度。一个潜在共同因子被创造并且被载荷于优势型人力资源系统感知、高绩效工作系统感知、自尊和工作繁荣的所有题项上。由共同方法因子和四个研究变量构成的五因子测量模型的拟合度（ χ^2 = 1145.73, df = 648, χ^2/df = 1.77, RMSEA =0.06, CFI = 0.93, TLI =0.92, IFI = 0.93）比由四个研究变量构成的四因子测量模型的拟合度要好。但是，共同方法因子仅解释了13.47%的变异，小于Williams等（1989）建议的25%。因此，本研究数据并不存在严重的共同方法偏差。

（3）描述性统计与相关分析

表8-3报告了主要研究变量的均值、标准差和相关系数。从表8-3中可看出，优势型人力资源系统感知与高绩效工作系统感知（ r =0.62, p <0.01）、自尊（ r =0.39, p < 0.01）和工作繁荣（ r =0.43, p <0.01）显著正相关；自尊与工作繁荣显著正相关（ r = 0.40, p < 0.01）。这些结果为本研究假设提供了初步的证据。

表8-3 均值、标准差与相关系数

变量	均值	标准差	1	2	3
1.高绩效工作系统感知	3.92	0.72	——		
2.优势型人力资源系统感知	3.91	0.68	0.62**	——	
3.自尊	3.93	0.53	0.40**	0.39**	——
4.工作繁荣	4.01	0.45	0.37**	0.43**	0.40**

注：** 表示 p <0.01。

（4）假设检验

结构方程模型被用于检验研究假设。Bootstrapping（2000次样本

抽取）分析以及 95% 的偏差校正置信区间被用于决定直接路径和间接路径的显著性。假设 1 推测优势型人力资源系统感知与工作繁荣正相关。为了验证这个假设，我们构建了一个结构方程模型（模型 1），其中优势型人力资源系统感知、高绩效工作系统感知、性别、年龄、受教育程度与组织年限预测工作繁荣。鉴于优势型人力资源系统感知与高绩效工作系统感知有着较强的相关性，并且年龄与组织年限有着较强的相关性，我们在模型中使其相关。分析结果显示，模型 1 的拟合度很好（ χ^2 = 1191.73, df = 621, χ^2/df = 1.92, RMSEA =0.07, CFI =0.91, TLI = 0.90, IFI = 0.91），解释了 22.50% 的工作繁荣的变异，并且在控制高绩效工作系统感知（ β =0.20, CI: [−0.01, 0.44], p >0.05）的情况下，优势型人力资源系统感知与工作繁荣显著正相关（ β =0.30, CI: [0.10, 0.50], p <0.01）。因此，假设 1 得到验证。

假设 2 推断自尊中介优势型人力资源系统感知与工作繁荣之间的关系。为了检验这一个研究假设，我们在模型 1 的基础上，通过引入中介变量自尊创建了模型 2。分析结果显示，模型 2 的拟合度较好（ χ^2 = 1387.72, df = 805, χ^2/df = 1.72, RMSEA =0.06, CFI =0.92, TLI =0.91, IFI = 0.92），解释了 17.60% 的自尊变异和 26.40% 的工作繁荣变异。自尊在优势型人力资源系统感知与工作繁荣之间的中介效应是显著的（ β = 0.07, CI: [0.02, 0.14], p < 0.01）。由于在加入中介变量自尊之后，优势型人力资源系统感知与工作繁荣之间的关系仍显著（ β =0.25, CI: [0.03, 0.44], p <0.05），因此，自尊部分中介了优势型人力资源系统感知与工作繁荣之间的关系。

5. 研究结论

本研究发现，优势型人力资源系统感知与工作繁荣正相关，并且自尊部分中介了优势型人力资源系统感知与工作繁荣之间的关系。这一研究结论为优势活动理论的命题 1 和命题 2 提供了初步的证据，即优势管理活动（优势型人力资源系统）有助于提升员工幸福感（工作繁荣），并且优势管理活动（优势型人力资源系统）能够激发积极的认知过程机制（员工自尊），对员工幸福感产生影响（工作繁荣）。

（二）优势型人力资源系统感知与知识共享行为：积极情感与主动性人格的作用

1. 概要

本研究利用情感事件理论，探讨优势型人力资源系统感知与员工知识共享行为之间的关系，并考察积极情感的中介作用和主动性人格的调节作用。来自我国不同组织的 998 份两阶段的匹配数据和路径分析方法被用于验证我们的研究假设。分析结果表明，在控制高承诺工作系统感知的情况下，优势型人力资源系统感知仍与员工知识共享行为正相关，积极情感部分中介了优势型人力资源系统感知与知识共享行为之间的积极关系，并且主动性人格增强了优势型人力资源系统感知与积极情感之间的积极关系和积极情感在优势型人力资源系统感知与知识共享行为之间的中介作用。

2. 理论基础与研究假设

（1）情感事件理论

情感事件理论（Affective Events Theory，AET）指出，个体所处的工作环境特征，会带来一系列的工作事件，个体对工作事件的感知会引起个体的情感反应，进而影响个体的态度和行为；此外，工作事件导致情感反应的过程受到个体特质的影响，个体特质也能直接影响个体的情感反应（Weiss and Cropanzano, 1996; Wegge et al., 2006）。情感反应能够通过两条路径影响个体的行为：一是情感反应能够直接影响个体的行为；二是情感反应首先对个体的工作态度（如工作投入、情感承诺、组织公民行为等）产生影响，进而通过工作态度间接地影响个体行为。根据情感反应对行为影响的不同路径，情感事件理论将个体行为分为两类（Weiss and Cropanzano, 1996），前者被称为情感驱动行为，例如，领导在工作场合对下属进行赞美，随后下属产生愉快或喜悦的情感反应，次日因为表扬而带来的快乐驱动着员工为及时完成任务加班；后者被称为态度驱动行为或判断驱动行为，例如，员工在工作中日积月累的消极情感导致其工作满意度、工作投入水平较低，进而带来员工的离职行为

（Weiss, 2002）。此外，工作环境特征还能直接对工作满意度产生影响，个体通过工作环境特征的现实状况与预期的状况进行对比，从而形成对工作是否满意的判断，但是，这一过程受到情境的调节作用（Wegge et al., 2006）。情感事件理论逻辑关系如图8-4所示。

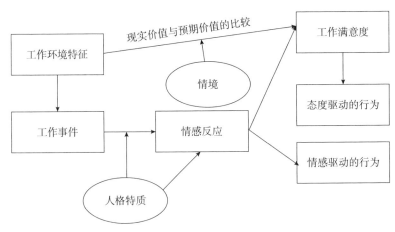

图8-4　情感事件理论逻辑关系

资料来源：Wegge 等（2006）。

为了更加清晰地理解情感事件理论，还需要把握以下三个方面的内容：

第一，情感事件理论详细阐述了情感反应和工作满意度之间的联系与区别。情感事件理论最基本的假设是，工作满意度应该被理解为对于工作的评价性判断。虽然这一理解与许多其他的关于工作满意度的定义相一致，但情感事件理论进一步指出，对于工作的评价性判断不应当与员工在工作中体验到的情感相混淆，因为情感有其导致因素和影响结果，而评价性判断则没有。具体来讲，一方面，情感状态由许多心理因素构成，这些心理因素会产生很多影响效应，但未必对工作满意度产生影响。另一方面，对于事物或事件的评价性判断通常受到有关该事物或事件的信念和情境因素的影响，但这些因素也未必能够使个体产生情绪反应（Weiss, 2002）。此外，积极和消极的情感，如生气和自豪，从本质上来讲有着不同的起因和影响效应（Payne and Cooper, 2001），从而导致积极和消极的情感之间有着很弱的相关性。这就意味着，如果工作中的积极和消极情感被看作工作满意度的范畴，那么，一些重要的信息将被忽视。这并不是说工作满意度所体现的对事物的评价性判断不重要，相反，由于它们对于个体绩效和组织生产率等有着重要的影响（Judge et al., 2001），它们反而是非常重要的。因此，尽管工作中的情感和工作满意度是相关的，但两者是分离的构念，不应当被看作交叉性的（Weiss, 2002）。由情感事件理论可知，工作满意度仅仅部分受到先前情感体验的影响，大量的实证研究为这一观点提供了证据。具体而言，实证研究表明，在工作中先前的积极情感提升了工作满意度水平，而先前的消极情感降低了工作满意度水平（Fisher, 2002; Grandey et al., 2002; Wegge et al., 2006）。

第二，情感事件理论认为，工作特征（如自主性、主管支持、工作超载）通过两种不同的方式对工作满意度产生影响。一是这些工作特征可能在认知过程中起到初始激发功能，更进一步来讲，就是个体通过对工作特征与自我价值、动机和期望等是否相匹配（现实情况与期望情况进行对比）形成对工作的评价，这强调的是工作满意度的认知理论（Weiss and Cropanzano, 1996）。二是工作特征对工作满意度的判断影响可能是通过影响具体事件的发生，进而激起不同的情感反应而产生的。因此，工作特征影响工作满意度的判断不仅通过认知路径，还通过情感路径（Wegge et al., 2006）。

第三，情感事件理论还指出，不仅情感反应会对工作满意度产生影响，个体人格特质也会对工作满意度产生重要的影响。与情感反应相比，个体的人格特质相对比较稳定。个体的人格特质一方面在工作事件与情感反应之间起着重要的调节作用，如消极情感特质比较高的个体可能对消极刺激或事件比较敏感，从而有可能产生更多的消极情感反应，反之亦然；另一方面可对工作满意度产生作用，其会通过影响员工对工作事件的情感反应间接地对工作满意度产生作用（段锦云等，2011）。

从上述分析可知，情感事件理论对情感反应的前因以及对态度和行为的影响进行了深入阐述，大量的实证研究为该理论的关系机制提供了证据。例如，Game（2007）研究证实，工作环境特征能显著地对情感

反应和工作态度产生影响；Fisher（2002）通过选取工作特性和角色冲突两个工作环境特征，研究证实了"工作环境特征—情绪反应—工作态度或绩效"这一关系机制；王桢等（2015）在研究变革型领导（工作环境特征）与工作投入（工作态度）之间的关系时，也证实个体特征（情绪智力）在由变革型领导所引起的员工感知到的工作事件与积极情感之间起到显著的调节作用。不仅大量的研究为情感事件理论提供了证据，同时，学者们还运用该理论进行了很多实证研究。例如，Carlson等（2011）利用该理论研究工作家庭充实与工作绩效之间的关系机制，他们认为，工作家庭充实作为重要的工作事件会遵循情感事件理论的"工作事件—情感反应—工作态度—行为或绩效"链条对工作绩效产生影响。两个样本的实证分析研究（一是包含240名员工的同源数据样本，二是包含189个上下级配对数据样本），均证实工作家庭充实会显著通过积极情感的中介作用提升员工的总体工作满意度，最终带来一般工作绩效水平的提升。类似地，Matta等（2014）也使用情感事件理论探究了重要的工作事件对反生产工作行为的影响机制，研究结果发现，重要的工作事件对消极的情感反应有着直接和间接的影响，而且消极的情感反应进一步中介重要的工作事件与所有形式的日常反生产工作行为之间的关系，以及基于事件的公平感知与日常朝向组织的反生产工作行为之间的关系。

根据上述内容可知，情感事件理论对于解释员工的行为具有重要的意义。

（2）优势型人力资源系统感知与知识共享行为

知识共享行为指的是个体采取的与组织中的其他人分享自己知识的行为（Yi, 2009），其是角色外行为的一种类型（Liao, 2021）。知识共享行为作为知识管理的重要过程之一，不仅对员工自身有益，还对组织有益（Hung et al., 2011），因为知识共享能够提升员工的胜任力（Naim and Lenka, 2017）和绩效（Zhu, 2017），激发员工的创新行为（Radaelli et al., 2014），让员工体验到较强的生活满意度（Jiang and Hu, 2016），提升组织学习和效能（Yang and Chen, 2007），并降低员工的离职意愿（Reychav and Weisberg, 2009）。因此，组织应当采取各种各样的措施激励员工与组织中的其他员工分享自己的知识。已有的研究表明，员工知识共享受到组织资源的影响，如组织知识能力（Yang and Chen, 2007）和高承诺工作系统（Chiang et al., 2011），不仅受到领导风格的影响，如变革型领导（Park and Kim, 2018）和授权型领导（Xue et al., 2011），还受到员工特征的影响，如内在归因（Lekhawipat et al., 2018）和利他性（Obrenovic et al., 2020）。但是，我们还不知道是否优势型人力资源系统感知有助于提升员工知识共享行为。

本研究推测优势型人力资源系统感知与知识共享行为正相关可以从三个方面的原因解释这一关系。

首先，根据情感事件理论可知，工作事件能够影响员工对于工作的态度，进而影响员工行为（Weiss and Cropanzano, 1996）。优势型人力资源系统允许员工以最适合他们自己的方式完成工作任务，这有助于改善员工的工作满意度（Ding et al., 2022; Owens et al., 2019）。鉴于工作态度如工作满意度和组织承诺能显著预测知识共享行为（Umar et al., 2021），所以，知识共享行为被看作态度驱动的行为。因此，优势型人力资源系统感知对于工作满意度的积极影响将会带来员工知识共享行为的增加。

其次，大量的研究已经表明，知识共享行为受到内在动机影响（Chen et al., 2018a; Tangaraja et al., 2015）。也就是说，当员工因为喜欢一项工作而做这项工作并且做这项工作过程中也非常快乐时，他们会表现出更多的知识共享行为。由于优势型人力资源系统重视员工的兴趣或优势与工作要求相匹配（Ding and Yu, 2021a），所以，体验到高水平优势型人力资源系统的员工会有着强烈的内在动机（Bakker and Van Woerkom, 2018），进而驱动员工与组织中的同事分享他们的知识。

最后，当员工感知到组织欣赏他们的优势并且重视他们对于组织的贡献时，员工的组织支持感将会提升（Ding et al., 2022）。由于组织支持感在促进员工知识共享行为方面起着重要的积极作用，所以，优势型人力资源系统感知将有助于激发员工与同事分享他们的知识。总之，根据以上论述，我们提出以下假设。

假设 1：优势型人力资源系统感知与员工知识共享行为正相关。

（3）积极情感的中介作用

积极情感是当前情感研究领域中的重要概念。从过往的文献研究看，积极情感与消极情感相比，其相关的实证研究较少，原因在于积极情感在数量上很少而且相当分散（De Rivera et al, 1989），情绪的基本科学分类中积极情感和消极情感的比例约为 1:3 或 1:4（Ekman, 1992）。但是，随着积极心理学的兴起，学者们开始不断强调个体的积极心理状态对与个体相关的结果的积极影响。

积极情感是指个体与环境交互过程所产生的愉悦的感受，如快乐、兴奋、热情和满足（Clark et al., 1989; Cohen and Pressman, 2006），不同类型的个体可能在积极情感方面表现出差异，例如，钟明天等（2011）指出，D 型人格的积极情感水平显著低于非 D 型人格的积极情感水平。学者们研究发现，体验并且表现出积极情感状态，如兴奋、热情和开心，有助于促进整合过程（Forgas, 1998; Kramer et al., 1993）。在 Carnevale 和 Isen（1986）的研究中，他们发现让参与者阅读幽默的卡通图片并且给他们小礼物能够激起参与者的积极情感，尽管这种积极情感反应比较小，但是，这些表现出积极情感的参与者与控制组的相比，更可能传达他们的重点，更精确地感知彼此的兴趣，而且能够实现更高水平的合作收益。随后的研究也得到类似的结果（Baron, 1990; Kramer et al., 1993），例如，积极情感谈判者比非积极情感谈判者更擅长讨价还价，进而创造更多的价值（Anderson and Thompson, 2004）。

积极情感与其他非常接近的情感状态（如感官愉悦）之间的区别通常比较模糊。尽管不同的学者对于情感的定义有所差异，但他们一致认为，情感应当被概念化为多种反应倾向的综合，包括肌肉紧张、激素释放、心血管变化、面部表情、注意力和认知等，这些反应往往在相对较短的时间内表现出来。通常情绪始于个体对某些先前事件的个人意义的评价，Lazarus（1991）把这叫作"适应性的遭遇"或"人与环境的关系"。这种评价过程有意识或无意识地引起精神、身体和主观意识方面的反应。感官愉悦包括诸如饥饿或口渴的满足以及对不愉快状态的补救（如寒冷、疼痛或过度噪声）的体验。Cabanac（1971）提出，只要刺激有助于缓解自身的消极感受（如过热时冷却、饥饿时进食），就会产生感官愉悦。感官愉悦与积极情感共享愉快的主观感受，可能包括生理变化，但情感也需要评估一些刺激或其含义。情感和感觉经常同时出现：一顿美餐可以满足饥饿感，也可以带来满足感。积极情感也可能在没有身体刺激的情况下发生（如收到好消息的喜悦或对新想法的兴趣）。学者们（Berridge and Robinson, 2003）在神经学层面找到了类似区别的证据：积极情感包括被动"喜欢"成分和由多巴胺介导的动机"缺乏"成分。

积极情感与积极心境也非常类似，但情感又不同于心境，因为情感是个体对环境的意义评价，有一定的客体对象，存续时间较短，是意识的前兆；相反，心境是没有客体对象的，持续时间较长，是意识的后期表现（Oatley and Jenkins, 1996; Rosenberg, 1998）。这两者之间的区别往往体现在理论层面上，在实际生活和工作当中很少区分。在实践研究时，经常采用同样的方法对两者进行研究。许多实验研究技术涉及呈现一个积极的刺激物，让参与者对一个不相关的任务做出积极的心态反应。在这些研究中，各种积极情感和积极心境的表现可能带来同样的结果。但是，对于具体情感（如感恩、自豪）的积极状态反应（如咨询、喜悦）的研究需要更加精确地区分心境和情感。通常来讲，积极情感有助于促进个体带来积极的行为（Cacioppo et al., 1993）。从这个视角来看，积极情感体验能够促进个体融入他们的环境当中并通过参加活动适应环境。这种积极情感和活动参与之间的关系为积极性抵消提供了有力的解释。如果没有这种抵消作用，通常情况下个体无法受到激励去融入环境。但是，其他与积极情感类似的状态也可能具有同样的效应。例如，感官愉悦促使人们接近并继续消费目前生物学上有用的刺激（Cabanac, 1971）。

Fredrickson（1998）在综合前人有关情感研究的成果基础上提出了积极情感的拓展构建理论，该理论是目前积极情感研究领域中影响非常大的理论，大量的实证研究为该理论的观点提供了充足的证据。拓展构建理论的核心观点是：欢乐、兴趣、满足和爱等，这些积极情感不仅具有一致的拓展个体瞬间的思想—行动范畴特点（如拓展注意力的范围、认知的范围和行动的范围），而且还具有一致的构建个体资源的特点，这些个体资源包括物质资源、智力资源和社会资源，更重要的是，这

些资源比其他暂时的情感状态所带来的收获更加持久。积极情感的这种拓展构建效应使得个体更容易在婚姻、友谊、收入、工作绩效和健康方面获得成功。Lyubomirsky 等（2005）通过面板数据、纵向数据和实验数据三个研究方案对快乐与成功之间的关系机制进行深入探讨，结果发现，积极情感可能是许多与幸福相关的理想特征、资源和成功的原因。

尽管大量的研究探讨过积极情感的影响效应，但是，有关积极情感与员工知识共享行为之间关系的研究还非常缺乏。本研究认为，积极情感会促进员工知识共享行为。两个方面的原因为这一推断提供了支持。一方面，现有的研究已经表明，分享知识给其他人会损耗个体的资源（Ahmad and Karim, 2019）。换言之，有更多资源的员工更倾向于表现出知识共享行为（Kim et al., 2018; Lee, 2018）。由于积极情感能通过拓展和构建过程让员工获得更多的个体资源（Fredrickson, 2001），所以，体验到较强积极情感的员工更有可能与他们的同事分享知识。另一方面，积极情感已经被发现有助于激发员工的帮助行为（Mullen and Skitka, 2009）。Jeon 等（2011）指出，帮助其他人的员工更可能执行知识共享行为。

鉴于积极情感对于个体具有重要的意义，研究者也对如何激发员工的积极情感给予了很多关注。例如，个体的特质如外倾性（Wilt et al., 2012）、自我效能感（Zhang, 2016）和经验的开放性（Mitte and Kämpfe, 2008）已经被证明是积极情感的预测变量。此外，情感事件理论指出，在工作中的事件能够激发员工的情感反应，如积极情感（Wegge et al., 2006）。大量的实证研究为这一点提供了证据。例如，先前的研究已经发现，变革型领导（Ding and Lin, 2020）和组织社会活动（Good et al., 2022）作为具体的工作事件，有助于激发员工的积极情感。类似地，我们认为优势型人力资源系统感知也能够激发员工的积极情感。

就像先前指出的那样，优势型人力资源系统的目的是促进员工在工作中发挥自身的特长（Ding and Yu, 2021a）。当员工使用自身的优势时，他们会体验到许多积极的心理状态，如兴奋、有趣和热情高涨（Peterson and Seligman, 2004）。这些心理状态恰是积极情感的具体表现。许多实证的研究也证实，员工优势使用与积极情感显著正相关（Bakker et al., 2019; Littman-Ovadia et al., 2017; Wood et al., 2011）。此外，各种各样基于优势的方式，如优势型心理氛围（Van Woerkom and Meyers, 2015）和优势干预（Meyers and Van Woerkom, 2017; Seligman et al., 2005）已经被指出与员工积极情感有着积极的关系。因此，我们有充足的理由相信优势型人力资源系统感知将会积极影响员工积极情感。

更为重要的是，情感事件理论指出，工作事件能够通过激发员工的情绪反应影响员工的行为（Weiss and Cropanzano, 1996）。基于这一逻辑，Cui 等（2022）发现，教练型领导行为作为一类工作事件，有助于引起下属的情绪反应，进而导致下属建设性偏差的增加；Chen 和 Chiu（2008）研究表明，主管支持作为具体的工作事件，能够通过激发员工情感过程，促进员工的组织公民行为。类似地，组织优势使用支持感将会引起员工的积极情感反应，进而激发员工表现出更多的知识共享行为。总之，基于以上的推理和实证研究结果，可提出以下假设。

假设 2：积极情感中介优势型人力资源系统感知与知识共享行为之间的积极关系。

（4）主动性人格的调节作用

主动性人格是指个体在各种活动或情境中采取主动性行为的一种稳定的性格倾向（Seibert et al., 2001a）。主动性人格的个体倾向于做出更多的努力控制他们的环境，促使环境发生变化（Bateman and Crant, 1993）。已有的研究表明，主动性人格是一个单维度的构念（Seibert et al., 2001a），并且与被动性人格的员工相比，主动性人格的员工更可能获得高水平的工作绩效（Chong et al., 2021），压力容忍能力更强（Parker and Sprigg, 1999），体验到更强的工作满意度（Li et al., 2010）和职业成功（Seibert et al., 1999），表现出更多的组织公民行为（Bergeron et al., 2014）、创新行为（Giebels et al., 2016）、担责行为和反馈寻求行为（Han et al., 2019）。

除了研究主动性人格的影响效应外，学者们也对主动性人格所起的调节作用进行了探讨。一方面，主动性人格可能起着消极的调节作用。

例如，基于领导替代理论，Velez 和 Neves（2018）研究发现，主动性人格能够替代伦理型领导的影响效用，具体而言，伦理型领导与下属消极情感之间的消极关系对于低水平主动性人格的下属而言是显著的，但是，这一消极关系对于高水平主动性人格的下属并不显著。另一方面，主动性人格也可能起着重要的积极调节作用，在情感事件理论的框架下更是如此。例如，Kang 等（2022）最近执行的一项研究发现，当新来者的主动性人格高时，谦卑型领导与新来者的自豪感之间的积极关系更强；相反，当新来者的主动性人格低时，谦卑型领导与新来者的自豪感之间的积极关系更弱。

基于情感事件理论，本研究认为，主动性人格会提升优势型人力资源系统感知与积极情感之间的积极关系。情感事件理论指出，人格差异在员工对工作事件的反应中发挥着重要的作用（Glasø et al., 2011），具体而言，在具有较强积极人格如主动性人格的个体能够从积极的工作事件中获益更多，尤其是在积极情感方面（Cui et al., 2022），因为这些个体对积极的工作事件有着更高水平的敏感度（Elliot and Thrash, 2002）。根据这个逻辑，与低水平主动性人格的员工相比，当员工的主动性人格水平较高时，优势型人力资源系统感知与积极情感之间的积极关系将会更强，主要是因为，主动性人格水平较高的员工对于优势型人力资源系统所产生的积极工作事件更加敏感，能够更好地理解优势型人力资源管理的政策和实践，进而促进员工在工作中更好地使用自己的优势，并最终体验到高水平的积极情感（Wood et al., 2011; Meyers and Van Woerkom, 2015）。

此外，根据优势型人力资源系统的定义可知，培养员工优势使用是优势型人力资源系统的主要目的（Ding and Yu, 2022）。优势使用具有主动性行为的特征（Van Woerkom et al., 2016a），并且能够被看作主动性行为的一种具体类型。由于主动性人格是主动性行为的最为重要的影响因素（Wu et al., 2018a），并且有时能够替代主动性行为（Batistič et al., 2016），所以，当主动性人格水平高的员工认为他们的组织设计并执行优势型人力资源系统时，会感受到更高水平的人力资源政策或实践与他们的性格倾向之间的匹配感，进而促使员工体验到更强的积极情感。总之，根据以上的论述，我们提出以下假设。

假设3：主动性人格能够提升优势型人力资源系统感知与积极情感之间的积极关系。

具体而言，优势型人力资源系统感知与积极情感之间的积极关系对于高水平主动性人格的员工来讲更强，对于低水平主动性人格的员工来讲较弱。

截至目前，我们已经假定优势型人力资源系统与知识共享行为正相关，积极情感中介优势型人力资源系统与知识共享行为之间的关系，并且主动性人格能够提升优势型人力资源系统感知与积极情感之间的积极关系。通过整合这些假设，我们可以进一步提升一个有调节的中介作用模型（Edwards and Lambert, 2007）。具体而言，优势型人力资源系统感知能够使主动性人格水平高的员工体验到更高水平的积极情感，像这样高水平的积极情感会导致员工更多的知识共享行为。因此，我们提出以下假设。

假设4：主动性人格能提升积极情感在优势型人力资源系统与知识共享行为之间的中介作用。

具体而言，主动性人格水平越高，积极情感在优势型人力资源系统与知识共享行为之间的中介作用越强。

本研究的理论模型如图8-5所示。

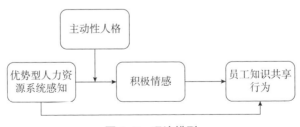

图8-5 理论模型

3. 研究方法

（1）样本与数据收集

本研究采用便利抽样的方式招募工作在我国不同组织的员工参与。

数据收集主要通过华北电力大学的非全日制 MBA 学员完成。参与本研究的 MBA 学员与研究 1 的 MBA 学员没有交叉。本研究共邀请了 76 名学员参与并要求每名学员邀请至少 20 名同事。采用两阶段研究设计收集数据，时间间隔约为两个星期。每名学员完成一个两阶段匹配的数据，任课老师将给予其课外作业一个分值，最多获得二十个分值。在收集数据之前，我们承诺数据的保密性和参与调查的自愿性。为了获得两阶段的匹配数据，我们让 MBA 学员使用"姓名＋数字"的形式为每个参与者分配一个固定的问卷编码。

在第一阶段，参与者完成了由人口统计学特征、优势型人力资源系统感知量表和主动性人格量表组成的问卷。在本阶段，共收到 1601 份问卷。大约两周之后，邀请参与者完成积极情感和知识共享行为量表。此阶段，收到 1415 份问卷，相对于第一阶段而言，回复率为 88.38%。基于起初分配的固定的编码，总共获得 998 份有效的匹配数据。样本特征如表 8-4 所示。

表 8-4　样本特征分布

人口统计学特征	类别	数量（人）	百分比（%）
年龄	25 岁及以下	124	12.42
	26~35岁	686	68.74
	36~45岁	140	14.03
	46~55岁	39	3.91
年龄	56~65岁	8	0.80
	65岁以上	1	0.10
性别	男	545	54.61
	女	453	45.39
受教育程度	本科以下	104	10.42
	本科	646	64.73
	硕士	227	22.75
	博士	21	2.10

人口统计学特征	类别	数量（人）	百分比（%）
工作层级	普通员工	744	74.55
	基层领导	157	15.73
	中层领导	78	7.82
	高层领导	19	1.90
组织年限	5年以下	564	56.51
	5~10年	278	27.86
	11~15年	96	9.62
	16~20年	21	2.10
	21~25年	5	0.50
	25年以上	34	3.41

（2）测量

1）优势型人力资源系统感知。采用与第1个实证研究相同的方式。该量表的 Cronbach's α 系数为 0.97。

2）主动性人格。我们采用 Seibert 等（1999）使用的 10 题项量表测量主动性人格。用李克特五点量表测量该变量，从"1 = 非常不同意"到"5 = 非常同意"。其中一个测量题项为"我一直在寻找新的方法来改善我的生活"。该量表的 Cronbach's α 系数为 0.94。

3）积极情感。采用 Watson 等（1988）提出的 10 题项量表测量积极情感。用李克特五点量表测量该变量（从"1 = 一点也不"到"5 = 总是"）。该量表的 Cronbach's α 系数为 0.96。

4）知识共享行为。采用 Lu 等（2006）开发的 8 题项量表测量知识共享行为。用李克特七点量表测量该变量，从"1 = 非常不同意"到"7 = 非常同意"。其中一个测量题项为"在日常工作中，我主动与同事分享与我的工作相关的知识"。该量表的 Cronbach's α 系数为 0.74。

5）控制变量。现有的研究表明，员工的性别、年龄和组织年限与知识共享行为相关（Kim and Ko, 2014; Kuvaas et al., 2012）。因此，本研究将这三个变量看作控制变量。性别编码：1 为男性，2 为女性；年

龄编码：1 为 25 岁以下，2 为 26~35 岁，3 为 36~45 岁，4 为 46~55 岁，5 为 56~65 岁，6 为 65 岁以上；组织年限编码：1 为 5 年以下，2 为 5~10 年，3 为 11~15 年，4 为 16~20 年，5 为 21~25 年，6 为 25 年以上。

此外，高承诺工作系统感知已经被证实与员工知识共享行为显著正相关（Chiang et al., 2011），并且高承诺工作系统与优势型人力资源系统均是人力资源系统的具体类型（Ding and Yu, 2021a; McClean and Collins, 2019）。因此，根据 Bono 和 McNamara（2011）的建议，我们也把高承诺工作系统感知看作控制变量。采用 Snell 和 Dean（1992）开发的 9 题项量表测量高承诺工作系统感知。其中一个测量题项是"我们的公司提供了各种各样的培训机会"。用李克特五点量表测量该变量，从"1 = 非常不同意"到"5 = 非常同意"。该量表的 Cronbach's α 系数为 0.96。

4. 数据分析结果

（1）验证性因子分析

在检验研究假设之前，我们进行验证性因子分析来检验优势型人力资源系统感知、主动性人格、积极情感、知识共享行为和高承诺工作系统感知之间的区分效度。分析结果详见表 8-5。从表中可以看出，五因子模型的拟合度最好，并且满足要求。所以，我们可判断这五个研究变量具有良好的区分效度。

表 8-5　验证性因子分析结果

测量模型	χ^2	df	χ^2/df	RMSEA	CFI	TLI
五因子测量模型（基准模型）	6139.308	1264	4.857	0.062	0.906	0.901
四因子测量模型[1]	10566.575	1268	8.333	0.086	0.820	0.812
三因子测量模型[2]	12853.122	1271	10.113	0.096	0.776	0.766
二因子测量模型[3]	16682.296	1273	13.105	0.110	0.702	0.690
单因子测量模型[4]	25482.822	1274	20.002	0.138	0.532	0.513

注：① 优势型人力资源系统感知与高承诺工作系统感知合并为一个因子；② 优势型人力资源系统感知、高承诺工作系统感知和主动性人格合并为一个因子；③ 优势型人力资源系统感知、高承诺工作系统感知、主动性人格合并为一个因子，且积极情感与知识共享行为合并为一个因子；④ 所有变量合并为一个因子。

由于本研究采用的是横截面研究设计，进行共同方法偏差检验是必要的。与研究 1 相一致，我们采用一个未被测量的潜在共同因子检验本研究数据的共同方法偏差。具体而言，一个共同方法因子被创造，并且将其载荷于优势型人力资源系统感知、主动性人格、积极情感、知识共享行为和高承诺工作系统感知的所有题项上。验证性因子分析结果表明，六因子测量模型并未表现出很好的拟合度，并且其拟合度不如不包含共同方法因子的五因子测量模型的拟合度好。因此，本研究数据并不存在严重的共同方法偏差。

　　（2）描述性统计与相关分析

　　表 8-6 报告了主要研究变量的均值、标准差和它们之间的相关系数。

表 8-6　均值、标准差和相关系数

变量	均值	标准差	高承诺工作系统感知	优势型人力资源系统感知	主动性人格	积极情感
高承诺工作系统感知	3.97	0.68	——			
优势型人力资源系统感知	3.91	0.76	0.69**	——		
主动性人格	3.95	0.66	0.75**	0.72**	——	
积极情感	3.67	0.74	0.41**	0.38**	0.43**	——
知识共享行为	5.06	0.83	0.35**	0.33**	0.36**	0.56**

注：** 表示 $p < 0.01$。

　　从表 8-6 中可以看出，优势型人力资源系统感知与主动性人格（$r = 0.72$，$p < 0.01$）、积极情感（$r = 0.38$，$p < 0.01$）和知识共享行为（$r = 0.33$，$p < 0.01$）显著正相关；积极情感与知识共享行为（$r = 0.56$，$p < 0.01$）显著正相关。这些研究结果为研究假设提供了初步的证据。

　　（3）假设检验

　　假设 1 推测优势型人力资源系统感知与知识共享行为正相关。为验证这一假设，进行了结构方程模型分析，Bootstrapping 抽取 5000 次，95% 的偏差—校正的置信区间决定路径的显著性。分析结果显示，本结构方程模型表现出了较好的拟合度（$\chi^2 = 3059.918$，$df = 555$，$\chi^2/df = 5.513$，RMSEA = 0.067，CFI = 0.92，TLI = 0.92）。优势型人力资源系统感知与知识共享行为之间的路径系数是显著的（估计值为 0.25，

95% CI: [0.10, 0.39])。因此，假设 1 得到支持。值得注意的是，高承诺工作系统感知与知识共享行为之间的路径系数也是显著的（估计值为 0.41，95% CI: [0.27, 0.56])。尽管高承诺工作系统感知与知识共享行为之间的路径系数大于优势型人力资源系统感知与知识共享行为之间的路径系数，但是差异分析结果显示，这两条路径并未表现出显著性的差异（差异值为 0.16, 95% CI: [−0.09, 0.43])。

为了验证假设 2、假设 3 和假设 4，我们构建了一个有调节的中介作用路径模型，其中优势型人力资源系统感知的中心化值预测积极情感和知识共享行为，积极情感预测知识共享行为，主动性人格的中心化值与主动性人格和优势型人力资源系统感知的交互项、控制变量分别预测积极情感，并且控制变量也预测知识共享行为。同样地，使用 Bootstrapping 分析，样本抽取 5000 次，95% 的偏差—校正的置信区间决定直接路径和间接路径的显著性。分析结果显示，这一有调节的中介作用路径模型表现出了优秀的拟合度（ $\chi^2 = 53.175$, df = 21, $\chi^2/df = 2.532$, RMSEA = 0.04, CFI = 0.99, TLI = 0.98)。直接路径系数如图 8-6 所示。

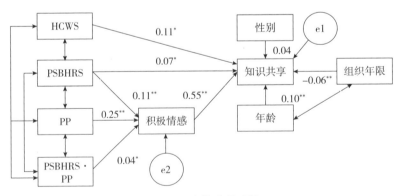

图 8-6　直接路径系数

注：① PSBHRS 为优势型人力资源系统感知，PP 为主动性人格，PSBHRS·PP 为优势型人力资源系统感知与主动性人格的交互项，HCWS 为高承诺工作系统感知；② ** 表示 $p < 0.01$，* 表示 $p < 0.05$。

积极情感在优势型人力资源系统感知与知识共享行为之间的中介作用是显著的（估计值为 0.06，95% CI: [0.02, 0.10])。因此，假设 2 得到验证。由于在引入中介变量积极情感之后，优势型人力资源系统感知与知识共享行为之间的直接路径仍然显著（估计值 = 0.07，95% CI：［0.00，0.08］），因此，积极情感部分中介优势型人力资源系统感知与知识共享行为之间的积极关系。

假设 3 推断主动性人格提升优势型人力资源系统感知与积极情感之间的关系。主动性人格与优势型人力资源系统感知之间的交互项是显著的（估计值为 0.04，95% CI：［0.00，0.08］）。为了更加清晰地呈现这个交互效应，图 8-7 刻画了交互效应。

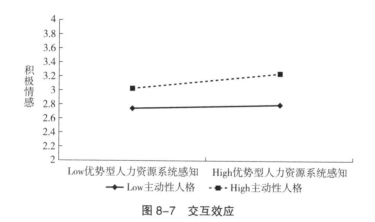

图8-7　交互效应

斜坡分析结果显示，当主动性人格水平较高时，优势型人力资源系统感知与积极情感之间的关系显著且更强（估计值为 0.15，CI：［0.07，0.23］）。但是，当主动性人格水平较低时，优势型人力资源系统感知与积极情感之间的积极关系并不显著（估计值为 0.07，CI：［-0.01，0.14］）。因此，假设 3 得到验证。

假设 4 推断主动性人格提升积极情感在优势型人力资源系统感知与知识共享行为之间的中介作用。分析结果显示，有调节的中介效应值是显著的（效应值为 0.02，$p < 0.05$，95% CI：［0.00，0.05］）。进一步来讲，积极情感的中介作用在主动性人格水平比较高时显著且更强（估计值为 0.08，$p < 0.01$，CI：［0.04，0.13］）。但是，当主动性人格水平较低时，积极情感的中介作用不显著（估计值为 0.04，$p > 0.05$，CI：［-0.01，0.08］）。因此，假设 4 得到支持。

5.研究结论

本研究为优势活动理论的命题 1、命题 3 和命题 8 提供了初步的证据。具体而言，优势型人力资源系统感知（优势管理活动）有助于促进员工知识共享行为（员工角色外绩效）；优势型人力资源系统感知（优势管理活动）能够通过激发员工的积极情感（情感机制）对员工知识共享行为（员工角色外绩效）产生积极影响；具有较高水平（与个体优势相关的）积极特质（主动性人格）的员工能从优势管理活动（优势型人力资源系统）中受益更多，例如，更高水平的积极情感，带来更多的知识共享行为。

（三）优势型领导与组织公民行为：组织认同的中介作用

1.概要

本研究主要从社会认同理论视角，探讨组织认同在优势型领导与组织公民行为之间的关系的中介作用。我们收集了三阶段的员工与同事的配对数据，跨层次分析结果显示，优势型领导与组织公民行为显著正相关，且组织认同能够显著中介优势型领导与组织公民行为之间的积极关系。

2.理论基础与研究假设

（1）优势型领导与组织公民行为

基于领导力理论和基于优势的方式，优势型领导构念被提出，并且在近些年为了最优化领导效能，优势型领导已经被广泛地应用于领导力开发（Ding et al., 2020; Gottlieb et al., 2012）。Ding 和 Yu（2020）将优势型领导定义为领导者所表现出的旨在促进领导者自身和下属优势识别、优势开发和优势使用的行为。其包含两个维度，基于下属优势的领导行为和基于领导者自身优势的领导行为。优势型领导构念的提出基于两个基本的假设：一是每个人均有自己的优势，这就是优势管理理论所指的普适性的优势观；二是优势是个体成长与发展的最大空间，这是优势管理理论所提出的优势行为优越性的本质原因。值得注意的是，优势型领导并未忽视自身和下属的缺点，而是采取有效的措施避免缺点所带来的消极影响，例如，通过优势互补打造高效的工作团队。

优势型领导作为具体的积极领导行为的一种类型，能够带来各种各样的积极结果，如高水平的幸福感、任务绩效和创新行为（Ding et al.，2020; Ding and Quam，2021; Rath and Conchie，2008）。但是，我们还不知道优势型领导是否能够带来下属更高水平的组织公民行为。因此，本研究的目的就是深入探讨这一问题。本研究认为，优势型领导与组织公民行为有着积极的关系。原因有二：一方面，帮助并促进下属识别、开发和使用他们自身优势的领导者有助于促进下属在工作中发挥自己的特长（Ding and Yu，2021b），高水平的优势使用将会带来员工更多的组织公民行为（Lavy and Littman-Ovadia，2017），因为利用优势的下属更容易获得执行自主性行为所需的个体资源（Stander and Mostert，2013）。另一方面，优势型的领导者能够让员工感受到较强的来自领导者的支持（Jarden et al.，2020）。Wang 等（2013）的研究已经证实，主管支持感是组织公民行为的显著预测变量。所以，优势型领导有助于促进员工组织公民行为。据此，提出以下假设。

假设 1：优势型领导与员工组织公民行为正相关。

（2）组织认同的中介作用

组织认同作为社会认同的一种类型，对员工的态度和行为有着重要的影响（Ashforth and Mael, 1989）。大量的实证研究已经证实，组织认同与组织公民行为显著正相关（Newman et al., 2016），其中一个非常重要的原因是，表现出高水平组织认同的员工更倾向于认为他们是组织中的重要一分子，与组织同呼吸、共命运，进而表现出更多的组织公民行为，促使组织获得更好的发展，最终为自己的组织认同感提供更有力的证据（Ellemers et al., 2004）。

为了更好地促进员工的组织认同，学者们已经开展了大量的研究（Rockmann and Ballinger, 2017）。本研究认为，优势型领导有助于促进组织认同。一方面，当优势型领导者让员工做他们擅长的工作，会激发员工的内在动机（Kong and Ho, 2016），进而使员工体验到更高水

平的工作意义感。当员工把他们的工作任务看作有意义的时候，他们更可能超越正式的工作职责帮助其他人完成工作任务（Cohen-Meitar et al., 2009）。另一方面，优势型领导者善于与员工建立良好的关系（Ding and Yu, 2020）。良好的领导——成员交换在提升员工的组织认同方面扮演着重要的积极角色。因此，我们可以认为，优势型领导者与组织认同有着积极的关系。

更为重要的是，本研究认为，组织认同将中介优势型领导与组织公民行为之间的关系。根据社会认同理论可知，积极的工作环境或工作资源有助于提升员工对于他们组织的认同，像这样的认同会影响员工的态度、行为和绩效（Bednar and Welch, 2020）。这一理论观点已经得到大量实证研究的支持。例如，Zhang 和 Chen（2013）研究表明，能够塑造一个积极氛围的发展型领导显著地通过提升员工的组织认同激发员工表现出更多的组织公民行为。由于优势型领导也能塑造积极的工作环境（Joo and Lim, 2013），因而被看作重要的工作资源。因此，优势型领导会激发员工对于他们组织的认同，进而促使员工表现出更多的对同事和组织有益的自主性、自愿性行为。总之，基于上述论述，我们提出以下假设：

假设 2：组织认同中介优势型领导与组织公民行为之间的关系。

3. 研究方法

（1）样本与数据收集

本研究以我国不同组织的员工为样本。笔者通过社交网络联系到 96 名朋友，寻求他们的帮助以收集数据。在告诉他们本研究的目的和过程之后，85 名朋友愿意在数据收集方面给予帮助。同时，我们要求每一个朋友尽可能邀请五名他们的同事也参与本研究，并且他们所邀请的同事与朋友自己有着共同的直接上级领导。我们承诺数据的保密性。为了获得匹配的数据，每一个朋友被要求分配给他／她所联系的同事一个固定的问卷编码。分三个阶段收集样本数据。在时间点 1，我们让参与者完成由人口统计学特征、团队或部门规模以及优势型领导量表组成的问卷。共收到 367 份问卷。在时间点 2，我们邀请在时间点 1 回复的参与者完成组织认同量表，318 名参与者回复了我们的调查，相对于时间点 1，回复率为 86.65%。在时间点 3，我们让在时间点 2 回复的参与者邀请与他们在同一部门或团队的同事评价他们的组织公民行为，共收到 263 份问卷。最终，我们获得 57 个团队或部门中 208 份有效的匹配数据。其中，51.4% 是女性，65.9% 的参与者的学历是本科及以下，参与者的平均年龄为 32.85，标准差为 6.98。

（2）测量

由于组织认同和组织公民行为量表最初是英文版本的，我们遵循翻译—回译程序（Brislin, 1970）得到这两个量表的中文版本。所有题项均采用李克特五点量表进行评价（从"1 = 非常不同意"到"5 = 非常同意"）。

1）优势型领导。采用 Ding 等（2022）开发的 7 题项量表对优势型领导进行测量。其中一个题项为"我的领导与我讨论，我怎样才能改善我的优势"。这个量表在个体层次上的 Cronbach's α 系数为 0.93。优势型领导的 Rwg 均值为 0.93，最小值为 0.76，最大值为 0.99，均大于 0.70。优势型领导的 ICC（1）和 ICC（2）的值分别为 0.30 和 0.61，达到可接受的水平（Bliese, 2000）。因此，可将个体层次上的优势型领导感知聚合到团队层次上。

2）组织认同。采用 Smidts 等（2001）开发的五题项量表测量组织认同。其中一个题项是"我非常高兴成为这个组织的一员"。这个量表的 Cronbach's α 系数为 0.93。

3）组织公民行为。采用 Bachrach 等（2007）使用的 10 题项量表测量组织公民行为。其中一个题项是"这名员工愿意冒着遭到反对的风险来表达关于什么对单位最有利的信念"。这个量表的 Cronbach's α 系数为 0.90。

4）控制变量。Shareef 和 Atan（2019）表明，员工的性别、年龄和受教育程度均会影响员工的组织公民行为。因此，我们把这三个变量看作控制变量。性别编码：1 为男性，2 为女性；受教育程度编码：1 为本科及以下，2 为硕士，3 为博士。参与者被要求填写他们的实际年龄。此外，由于团队规模可能会对参与者组织公民行为产生影响（Bogler and Somech, 2019），所以，我们也把团队规模作为控制变量。

4. 数据分析结果

（1）区分效度检验

使用验证性因子分析，检验个体层次的优势型领导感知、组织认同与组织公民行为之间的区分效度。分析结果显示，三因子测量模型（$\chi^2 = 467.33$, df = 206, $\chi^2/df = 2.27$, RMSEA = 0.08, CFI = 0.92, TLI = 0.91, IFI = 0.92）的数据拟合度比二因子测量模型（组织认同与组织公民行为合并为一个因子，$\chi^2 = 1176.50$, df = 208, $\chi^2/df = 5.66$, RMSEA = 0.15, CFI = 0.70, TLI = 0.67, IFI = 0.70）和单因子测量模型（$\chi^2 = 1864.06$, df = 209, $\chi^2/df = 8.92$, RMSEA = 0.20, CFI = 0.49, TLI = 0.43, IFI = 0.49）的拟合度都要好。因此，这三个变量具有较好的区分效度。

（2）共同方法偏差检验

尽管我们采用三阶段研究设计尽可能避免共同方法偏差，但是，仍需要从统计控制方面对共同方法偏差进行检验。为此，遵从 Podsakoff 等（2003）的建议，我们采用了一个未被测量的共同潜在因子法评价本研究的共同方法偏差程度。一个潜在共同因子被创造并且被载荷于优势型领导感知、组织认同和组织公民行为的所有题项上。由共同方法因子和三个研究变量构成的四因子测量模型的拟合度（$\chi^2 = 392.46$, df = 205, $\chi^2/df = 1.91$, RMSEA = 0.07, CFI = 0.94, TLI = 0.94, IFI = 0.94）比由二个研究变量构成的三因子模型的拟合度要好。但是，共同方法因子仅解释了 17.47% 的变异，小于 Williams 等（1989）建议的 25%。因此，本研究数据并不存在严重的共同方法偏差。

（3）描述性统计与相关分析

表 8-7 报告了主要研究变量的均值、标准差和相关系数。

（4）假设检验

为了检验优势型领导与组织公民行为的跨层次关系以及组织认同在其中的中介作用，我们使用 Mplus 7.0 软件通过贝叶斯估计进行跨层次路径分析。用 Monte Carlo 法（抽取 20000 次样本）估计跨层次中介效应的置信区间。性别、年龄、受教育程度、组织认同与组织公民行为是个体层次，团队规模与优势型领导为团队层次。

表 8-7 均值、标准差与相关系数

	变量	均值	标准差	性别	年龄	受教育程度	组织认同	组织公民行为	团队规模
个体层次	性别	1.51	0.50	—					
	年龄	32.85	6.98	−0.12	—				
	受教育程度	1.35	0.49	−0.00	−0.11	—			
	组织认同	3.65	0.77	−0.12	0.15*	0.04	—		
	组织公民行为	4.01	0.45	−0.00	0.11	0.05	0.47**	—	
团队层次	团队规模	9.04	5.77						—
	优势型领导	3.88	0.52						0.07

注：* 表示 $p < 0.05$，** 表示 $p < 0.01$。

假设 1 推断优势型领导与组织公民行为正相关。分析结果显示，优势型领导与组织公民行为之间的关系是显著的（$b = 0.20$，$SE = 0.03$，$p < 0.001$）。因此，假设 1 得到支持。假设 2 推断组织认同中介优势型领导与组织公民行为之间的关系。这一中介效应也是显著的（$b = 0.12$，$SE = 0.03$，$p < 0.001$，95% CI：[0.07, 0.17]）。因此，假设 2 也得到了研究数据的支持。

5. 研究结论

本研究发现，优势型领导与组织公民行为正相关，并且组织认同中介了优势型领导与组织公民行为之间的关系。这一研究结论为优势活动理论的命题 1 和命题 4 提供了初步的证据，即优势管理活动（优势型领导）有助于提升员工绩效（组织公民行为），并且优势管理活动（优势型领导）能够激发积极的态度过程机制（组织认同）对员工绩效产生影响（组织公民行为）。

（四）优势型领导与员工绩效：上下级关系的中介作用

1. 概要

本研究主要是检验优势型领导与下属工作绩效（任务绩效与创新行为）之间的关系，并考察上下级关系在其中的中介作用。我们使用结构

方程模型对 642 份自我报告的数据进行分析，结果表明，优势型领导与任务绩效和创新行为均显著正相关，并且上下级关系显著地部分中介优势型领导与任务绩效之间的积极关系，以及优势型领导与创新行为之间的积极关系。

2. 理论基础与研究假设

（1）优势型领导与员工绩效

就员工绩效而言，本研究采用了绩效的行为观点。Borman 和 Motowidlo（1993）将其分为任务绩效和情境绩效两大类。任务绩效包括两类行为：一类指直接将原材料转变为组织产品和服务的各项活动，例如，在零售商店销售商品，在制造厂操作生产机器，在学校给学生授课，在医院给患者做手术，在银行给客户兑现支票；另一类主要指服务和维护技术核心的活动，例如，补充原材料的供给活动，分发已生产出的产品活动，为了使技术核心能够有效地发挥其功能而进行的计划制订、协调、指导和人员调配活动（Motowidlo and Van Scotter, 1994）。由此来看，任务绩效与组织的技术核心有着直接的关系，要么是执行技术核心所涉及的程序，要么是为了服务或维护技术核心的要求所执行的活动。任务绩效行为也被定义为工作说明书中明确要求的行为（Shoss et al., 2012）。

相反，情境绩效行为并不是支持技术核心本身，而是支持技术核心发挥作用的更为广泛的组织、社会和心理环境。例如，自愿地执行工作本身没有正式要求的任务，帮助他人完成工作任务的行为，支持和捍卫组织目标的行为，当有人诋毁组织时主动为组织进行辩护的行为（Motowidlo and Van Scotter, 1994）。情境绩效行为也被看作工作说明书中未作明确要求并且员工自愿表现的对组织有利的行为（Devonish and Greenidge, 2010），如组织公民行为、创新行为和建言行为。

有关任务绩效和情境绩效的区分与三个基本的假设相关：第一，任务绩效行为在不同的工作之间变化很大，而情境绩效行为在不同工作之间的差异相对较小；第二，任务绩效行为与员工的能力相关，而情境绩效行为则与员工的人格、态度和动机相关；第三，任务绩效行为更多的是工作角色本身要求的角色内行为，而情境绩效行为多是自主性的角色外行为（Sonnentag and Frese, 2002）。

对于优势型领导与任务绩效之间的关系。先前的研究已经识别出了大量的任务绩效的影响因素。例如，人与环境的匹配（Lee et al., 2017）、积极的主管发展性反馈（Zheng et al., 2015a）和工作重塑（Weseler and Niessen,2016）均已经被证实与员工任务绩效正相关。因此，本研究认为，优势型领导也与任务绩效正相关。

首先，当领导者帮助下属发现他们的优势时，下属更可能在工作中有意识或无意识地使用他们的优势（Biswas-Diener et al., 2011），这有助于提升下属完成工作任务的能力，进而给下属带来较好的任务绩效。其次，了解自身优势并在工作中使用自身优势的下属能够感受到更高水平的幸福感（Quinlan et al., 2012）。像这样高水平的幸福感有助于激发下属完成各种各样工作任务的动机（Baker, 2004）。已有的实证研究也为优势型领导与任务绩效之间的积极关系提供了间接的证据。例如，Van Woerkom 和 Meyers（2015）研究发现，优势型心理氛围有助于提升员工任务绩效。鉴于优势型领导类似于优势型心理氛围均强调员工优势的重要性，因此，我们也可以推断优势型领导有助于提升员工任务绩效。综上所述，我们提出以下假设：

假设 1：优势型领导与下属任务绩效正相关。

创新行为是指在一个工作角色、群体或组织中，有目的地创造、引进或使用新的观点、思想或想法，进而有益于角色绩效、群体或组织的行为（Ramamoorthy et al., 2010）。创新行为由三个非连续的过程组成，即思想的产生、思想的促进和思想的实现（Janssen, 2000）。通常来讲，创新行为被看作角色外绩效的一种类型，也是一种具有风险性的行为（Bysted, 2013）。先前的研究已经发现，当组织的政策和实践鼓励员工专注于他们的优势时，包括优势识别、优势开发和优势使用，员工将会表现出更多的创新行为（Van Woerkom and Meyers, 2015）。类似地，我们认为当领导者为下属的优势识别、优势开发和优势使用提供支持和帮助时，下属也会表现出高水平的创新行为。两个方面的原因可以说明这一点：一方面，优势型领导通常会给下属更多的自主性，让下属使用自己的优势，进而激励下属在工作中表现出更多的优势使用行为

（Kong and Ho, 2016）。已有的研究证实，发挥特长的员工更可能提出创新性的想法（Lavy and Littman-Ovadia, 2017）。这个源于优势使用的结果是创新行为的主要驱动力（Li et al., 2017）。因此，我们有理由相信优势型领导与下属创新行为正相关。另一方面，优势型领导者所表现出的优势干预行为能够让下属体验到高水平真实的自我（Allan and Duffy, 2014），这有助于激发下属的内在动机（Linley et al., 2010）。由于具有较强内在动机的员工更可能在工作中创新，所以，优势型领导能够提升下属的创新行为。综上所述，我们提出以下假设。

假设 2：优势型领导与下属创新行为正相关。

（2）优势型领导与上下级关系

关系是指决定彼此之间的适当行为和对待的质量关系（Chen and Tjosvold, 2006）。关系构念扎根于中国情境中。当前的研究主要聚焦工作场所中的上下级关系。上下级关系已经被定义为上级和直接下属之间的关系，这个定义涉及以共同的利益为基础的社会连接感受（Wong et al., 2003）。大量的研究已经证实，上下级关系在人力资源管理和组织行为中具有重要的意义（Law et al., 2000; Zhang et al., 2015）。鉴于此，研究者做出许多努力去识别上下级关系的影响因素。例如，不同的领导风格包括伦理型领导均能显著改善上下级关系（Ko et al., 2017）。

当前的研究认为，优势型领导与上下级关系正相关。一方面，基于优势的咨询在提升员工职业进步（或职业探索）方面发挥着重要的积极作用（Littman-Ovadia et al., 2014）。而且，已有的研究也表明，发现并使用自己优势的员工更可能获得职业成功（Ryan, 2006）。由于职业进步已经被识别是一个重要的构建良好上下级关系的动机过程，所以，我们可以认为聚焦下属优势的领导者能够改善下属对于上下级关系的感知。另一方面，优势型领导在帮助下属识别、开发和使用他们自己的优势时需要与下属进行频繁且真诚的互动，这能够增强下属对于领导成员交换关系的感知（Els et al., 2016）。尽管上下级关系与领导成员交换关系是两个不同的概念，但已有的研究也表明，两者之间有着显著的积极关系，并且上下级关系与领导成员交换关系在内涵上有一定程度的交叉（Chen et al., 2009）。这就意味着，源于优势型领导的高水平领导成员交换关系可能会拓展到上下级关系上。因此，基于以上的推理，我们可以获得以下假设。

假设3：优势型领导与上下级关系正相关。

（3）上下级关系的中介作用

上下级关系已经被证实与不同类型的员工态度和行为显著正相关（Law et al., 2000），尤其是工作满意度（Chang and Cheng, 2014）。大量的研究发现，当员工的工作满意度水平较高时，他们更可能很好地完成工作任务（Edwards et al., 2008; Judge et al., 2001）。而且，最近的一项研究指出，有着高水平工作满意度的员工更愿意在工作中进行创新（Tang et al., 2019）。因此，我们认为，上下级关系与下属的任务绩效和创新行为均有着积极的关系。

根据社会交换理论可知，当一方提供给另一方好处时，高质量的社会交换关系将会被建立，另一方将会做出回馈的积极行为（Cropanzano et al., 2017）。许多研究表明，基于优势的干预能够给个体带来各种各样的好处，如高水平的幸福感（Gander et al., 2013）、心理资本和个体成长主动性（Meyers et al., 2015）。领导者所表现出的优势干预行为能够帮助下属获得各种各样的积极结果，进而促进下属感知到他们与上级主管有着良好的关系（Els et al., 2016）。基于回馈的原则，有着高水平上下级关系的下属会更加努力地履行他们的工作职责并表现出更多的创新行为，以回馈他们的上级主管。因此，我们可提出以下假设。

假设4：上下级关系中介优势型领导与下属任务绩效之间的关系。

假设5：上下级关系中介优势型领导与下属创新行为之间的关系。

本研究的理论模型如图8-8所示。

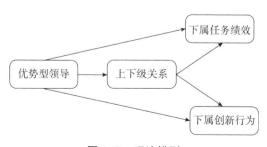

图8-8　理论模型

3. 研究方法

（1）样本与数据收集

所有的参与者都是来自我国不同企业的员工，如医院、金融企业、教育和培训企业。便利抽样的方式被用于收集研究数据。参与者完成了由人口统计学特征变量、优势型领导量表、上下级关系量表、任务绩效量表和创新行为量表构成的在线问卷。我们向参与者承诺所有的信息将严格保密，并确保匿名性。参与者也有权利在任何时候停止参与我们的调查。我们共获得 642 份有效的样本数据。这些样本中，49.10% 是男性，平均年龄是 33.12 岁，年龄的标准差为 7.46。对于受教育程度而言，5.10% 的参与者获得了博士学位，25.10% 的参与者最高学历为硕士学位，50.00% 的参与者最高学历为学士学位，19.80% 的参与者的学历低于学士学位。

（2）测量

由于上下级关系、任务绩效和创新行为量表最初是英文版本的，我们遵循翻译—回译程序（Brislin, 1970）得到这三个量表的中文版本。所有题项均采用李克特五点量表进行评价，从"1 = 非常不同意"到"5 = 非常同意"。

1）优势型领导。采用 Ding 等（2020）开发的 5 题项量表对优势型领导进行测量，在本研究中，我们主要探讨基于下属优势的优势型领导行为。其中一个题项为"我的领导与我讨论，我怎样才能改善我的优势"。这个量表的 Cronbach's α 系数为 0.90。

2）任务绩效。采用 Williams 和 Anderson（1991）开发的 5 题项量表测量下属的任务绩效。其中一个题项是"我能很好地履行分配给我的职责"。这个量表的 Cronbach's α 系数为 0.95。

3）创新行为。采用 Scott 和 Bruce（1994）开发的 6 题项量表测量员工创新行为。其中一个题项是"我经常产生创新的想法"。这个量表的 Cronbach's α 系数为 0.92。

4）上下级关系。采用 Law 等（2000）提出的 6 题项量表测量上下级关系。其中一个题项是"我和我的主管互相邀请到家里吃午餐或晚餐"。这个量表的 Cronbach's α 系数为 0.89。

5）控制变量。根据先前的研究（Kamdar and Van Dyne, 2007; Riaz et al., 2018），性别和组织年限可能影响任务绩效与创新行为。因此，我们把这两个变量看作控制变量。性别编码：1 为男性，2 为女性；组织年限编码：1 为 1 年以下，2 为 1~3 年，3 为 3~5 年，4 为 5~7 年，5 为 7~10 年，6 为 10~20 年，7 为 20 年以上。

（3）数据分析

用 SPSS22.0 和 AMOS21.0 分析数据。首先，我们计算了变量的均值、标准差和它们之间的相关系数。其次，进行验证性因子分析检验变量之间的区分效度以及共同方法偏差程度。最后，用结构方程模型分析检验我们的理论模型。

4. 数据分析结果

（1）描述性统计与相关分析

均值、标准差与相关系数如表 8-8 所示。优势型领导与上下级关系、任务绩效和创新行为具有显著的积极关系，上下级关系与任务绩效和创新行为也有着显著的积极关系，并且任务绩效与创新行为也呈正相关关系。这些积极的关系为我们的研究假设提供了初步的证据。

表 8-8　描述性统计与相关分析结果

变量	均值	标准差	性别	组织年限	优势型领导	上下级关系	任务绩效
性别	1.51	0.50	—				
组织年限	4.49	1.73	−0.05	—			
优势型领导	3.59	0.89	−0.05	0.05	—		
上下级关系	3.05	0.87	−0.06	−0.04	0.44**	—	
任务绩效	3.98	0.64	0.04	0.08	0.29**	0.28**	—
创新行为	3.68	0.70	−0.14**	0.11**	0.40**	0.48**	0.61**

注：样本量为 642 份；** 表示 $p < 0.01$。

（2）区分效度检验

使用验证性因子分析，检验优势型领导、上下级关系、任务绩效和创新行为之间的区分效度，分析结果见表 8-9。从表中可看出，四因子

测量模型的拟合度比其他三个测量模型的拟合度都要好。

表8-9　验证性因子分析结果

测量模型	χ^2	df	χ^2/df	RMSEA	CFI	TLI	IFI	NFI
四因子测量模型	736.54	203	3.63	0.06	0.95	0.94	0.95	0.93
三因子测量模型[1]	2102.01	206	10.20	0.12	0.82	0.80	0.82	0.81
二因子测量模型[2]	3648.16	208	17.54	0.16	0.68	0.65	0.68	0.67
单因子测量模型[3]	5413.96	209	25.90	0.20	0.52	0.47	0.52	0.51

注：样本量为642份。[1]：合并优势型领导和上下级关系；[2]：合并优势型领导与上下级关系，同时也合并任务绩效和创新行为；[3]：将所有变量合并为一个因子。

（3）共同方法偏差检验

考虑到本研究采用的是同一时间点的横截面数据收集方式，非常有必要检验本研究数据的共同方法偏差程度。为此，遵从 Podsakoff 等（2003）的建议，我们采用了一个未被测量的共同潜在因子法评价本研究的共同方法偏差程度。创造一个潜在共同因子并且载荷于优势型领导、上下级关系、任务绩效和创新行为的所有题项上。由共同方法因子和四个研究变量构成的五因子测量模型的拟合度（$\chi^2 = 476.49$, df = 181, $\chi^2/df = 2.63$, RMSEA = 0.05, CFI = 0.97, TLI = 0.97, IFI = 0.97, NFI = 0.96）比由四个研究变量构成的四因子测量模型的拟合度要好。但是，共同方法因子仅解释了24.52%的变异，小于 Williams 等（1989）建议的25%。因此，本研究数据并不存在严重的共同方法偏差。

（4）假设检验

结构方程模型被用于检验我们的研究假设。首先，优势型领导与下属任务绩效和创新行为之间的直接关系被检验。优势型领导与下属任务绩效和优势型领导与下属创新行为之间路径的标准化系数均是显著的（前者，$\beta = 0.30$, CI: [0.19, 0.40], $p < 0.01$; 后者，$\beta = 0.42$, CI: [0.31, 0.51], $p < 0.01$）。因此，假设1和假设2得到证实。

然后，我们采用 Bootstrapping 分析抽取样本1000次检验上下级关系的中介作用。中介模型的直接路径系数如图 8-9 所示。分析结果表明，本研究所提出的中介作用模型的拟合度较好（ $\chi^2 = 797.12$, df = 244, $\chi^2/df = 3.27$, RMSEA = 0.06, CFI = 0.95, TLI = 0.94, IFI = 0.95, NFI = 0.93）。更为重要的是，优势型领导与上下级关系有着积极的关系，假设 3 得到支持。此外，上下级关系与任务绩效和创新行为之间的关系均显著。优势型领导通过上下级关系与任务绩效之间的间接关系显著（效应值为 0.13，CI: [0.03, 0.13]）。因此，假设 4 得到支持。优势型领导通过上下级关系与创新行为之间的间接关系也显著（效应值为 0.24，CI: [0.13, 0.24]）。因此，假设 5 得到支持。

5. 研究结论

本研究发现，优势型领导与任务绩效和创新行为均显著正相关，并且上下级关系显著中介优势型领导与任务绩效之间的关系以及优势型领导与创新行为之间的关系。这些研究结论为优势活动理论的命题 1 和命题 5 提供了初步的证据，即优势管理活动（优势型领导）有助于提升员工绩效（任务绩效和创新行为），并且优势管理活动（优势型领导）能够激发积极的关系（上下级关系）对员工绩效产生影响（任务绩效和创新行为）。

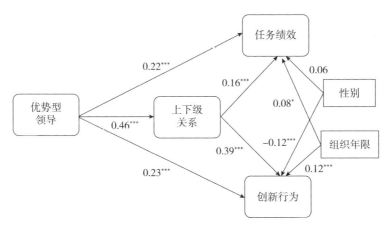

图 8-9　直接路径系数

注：*** 表示 $p < 0.001$，* 表示 $p < 0.05$。

（五）优势型领导感知与下属职业满意度：下属内在动机的中介作用

1. 概要

本研究利用自我决定理论，探讨优势型领导感知与下属职业满意度之间的关系，并考察内在动机的中介作用。使用来自不同行业的 597 名员工数据检验研究假设。分析结果显示，优势型领导感知与下属职业满意度显著正相关，并且内在动机中介优势型领导感知与下属职业满意度之间的关系。

2. 理论基础与研究假设

（1）自我决定理论[①]

自我决定理论是一个人类动机的宏观理论，它已经被成功应用于育儿、教育、医疗保健、体育活动、心理治疗、虚拟世界、工作激励和管理领域（Ryan and Deci, 2017）。具体来讲，自我决定理论表明，员工绩效和他们的幸福感受员工对于工作活动所持有的动机类型的影响。因此，自我决定理论区分了不同类型的动机，并且这些不同类型的动机将会带来不同的影响结果。

1）自主性动机和控制性动机。自主性动机指的是人们自愿投入某一活动的状态。一般来讲，自主性调节活动是内在动机驱动的活动。但是，在工作场所中，外在动机活动也可能是自主性动机活动。当个体理解他们工作的价值和目的，在执行工作的过程中感受到所有权和自主性，并且接受到清晰的反馈和支持，他们更可能有强烈的自主性动机，进而在工作中表现得更好，学习得更好，适应得更快。相反，当动机是控制性时，其会缩小员工努力的范围，带来短期的收获，对于随后的绩效和工作投入产生消极的溢出效应。

---

① Deci E L, Olafsen A H, Ryan R M. Self-determination theory in work organizations: The state of a science [J]. *Annual Review of Organizational Psychology and Organizational Behavior*, 2017, 4: 19–43.

一是内在动机。这是自主性动机的一个具体类型。内在动机指的是动机在于行为本身的活动。当个体有着高水平的内在动机时，他们对所参与的活动有着内在的兴趣，并且在这样的活动中感受到更多的快乐。内在动机是一个具有普遍性的人类现象，这已经在儿童的活动中得到证实，具体而言，儿童将在没有任何外部奖励和推动力的情况下满腔热情地参与一些活动。此外，在成人的活动中，如运动和职业方面的活动，内在动机也已经被证实，并且内在动机在工作场所中甚至会更加重要。当员工在工作中有着较强的内在动机时，他们更可能获得高质量的绩效和幸福感。自我决定理论包含 6 个微理论，认知评价理论（Deci and Ryan, 1980）就是其中的一个。认知评价理论认为，内在激励和外在激励未必是叠加的，外部的激励如奖励可能会损害员工的内在动机（Deci et al., 1999），原因在于奖励能够转移人们感受到的因果控制或感知到的胜任力，进而使得个体做一件事情是为了得到外部的奖励，而不是出于自身的兴趣和喜好。

二是外部动机。外部动机行为指的是做一项活动是为了获得可分离的结果，不管是有形的还是无形的。换言之，外部动机包含所有的工具性行为。这并不是说所有的外部动机都是不好的。自我决定理论始终认为，不同类型的外在奖励对于内在动机的影响不同，可能是积极的，也可能是消极的，甚至外在奖励也可能对内在动机没有任何影响。而且，非常重要的是，自我决定理论已经将外在动机区分为多种类型，每一种类型的外在动机在工作场所中均有所体现，这些不同类型的动机在自主性的程度方面有所差异，有的体现出较少的自主性，有的则意味着较多的自主性。

外在动机根据其行为调节的形式可分为外部规则的动机、内省规则的动机、认同规则的动机和整合规则的动机。外部规则的动机是由外部的奖励和惩罚决定的，是控制性动机，与内在动机恰恰相反。内省规则的动机是指一种调节方式已经被个体所接收但还未被个体所接受。内省规则的动机的例子包括权变的自尊，也就是说，为了让个体感受到自己有价值而强制个体表现出某一行为的规则形式。这样的一句话非常清晰地阐述了内省规则的动机：我工作是因为工作使我感觉到我是一个有价

值的人。内省规则的动机属于中等水平的控制性动机。认同规则的动机指的是，为了实现他们自己选择的目标，他们认同所表现出的行为的价值。对于认同规则的动机而言，人们会感受到较强的自主性，因为他们所表现出的行为与其个人目标和身份相一致。例如，如果护士非常重视病人的舒适和健康，并且理解他们完成不令人愉快的任务对病人健康和幸福感的重要意义，护士在执行这样的任务时（如给病人洗澡）会感受到相对高的自主性，尽管这样的任务并不是出于自己的内在兴趣。从一定程度上来讲，认同规则的动机与工作重塑中的认知重塑有着很大的相似性。一旦个体将这样的认同整合到自己的兴趣和价值中，整合规则的动机将产生。对于整合规则的动机而言，人们能够完全体会到他们所表现出的行为是他们自己的一部分，是真实的自我感受所驱动的，也是自我决定的行为。就像刚才所提到的护士的例子，如果达到整合规则的动机水平的话，护士不仅会认同他们的活动对于维持他们病人舒适和健康的重要性，而且护士也会将这些活动的规则整合到他们工作和生活的其他方面。整合规则的动机是完全的自主性动机。

2）基本心理需求。自我决定理论的基本观点是，各种各样的环境因素对员工动机和体验的影响在很大程度上被员工的基本心理需求所中介，这些基本心理需求包括：胜任力需求、关系或归属需求、自主性和自我决定需求。这些需求对于心理健康和幸福感来讲是必要的。因此，促进个体的基本心理需求的满足有助于激发个体的自主性动机，进而提升个体心理和身体的健康以及绩效。

3）优势型领导感知与员工职业满意度。职业满意度是指员工对于他们在职业方面收获的认知和情感评价（Jung and Takeuchi, 2018）。已有的研究发现，职业满意度能够带来各种各样的积极组织结果，如高水平的组织承诺、组织变革支持和低水平的流动意愿（Martins et al., 2002）。鉴于此，职业领域的研究者做出很多努力去识别职业满意度的影响因素。例如，Barnett 和 Bradley（2007）研究指出，组织对于职业发展的支持对职业满意度有着显著的预测作用。职业适应能力（McKenna et al., 2016）、工作重塑（Dubbelt et al., 2019）和使命感（Xie et al., 2016）也已经被发现与职业满意度正相关。但是，还没有研究探讨过优势型领导感知是否有助于提升员工的职业满意度。

本研究推测的优势型领导感知与员工职业满意度正相关。首先，从定义上来看，职业满意度包括员工对于他们职业方面收获的情感评价（Jung and Takeuchi, 2018）。也就是说，体验到更多积极情感的员工对他们的职业会更加满意（Park et al., 2021）。由于优势型领导感知能够激发员工优势使用（Ding and Yu, 2021a），并且员工优势使用与积极情感显著正相关（Wood et al., 2011），所以，优势型领导感知有助于提升员工的职业满意度。其次，追随优势型领导的员工总能在工作上充分发挥自身的优势（Ding and Yu, 2022），而发挥特长的员工往往更加自信（Bakker and Van Woerkom, 2018）。由于自信水平较高的员工有着高水平的职业满意度（Abele and Spurk, 2009），所以，优势型领导感知水平较高的员工更可能对他们的职业感到满意。最后，优势型领导能够构建良好的上下级关系（Ding and Yu, 2020）。领导与员工之间的关系质量已经被证实是职业满意度的显著预测变量（Joo and Ready, 2012; Langford, 2000; Liu et al., 2012）。因此，优势型领导感知将会提升员工的职业满意度。总之，根据上述的讨论，我们提出以下假设。

假设 1：优势型领导感知与员工职业满意度正相关。

（2）内在动机中介作用

内在动机是指个体所具有的寻求创新、挑战、探索和学习的固有倾向（Ryan and Deci, 2000）。高内在动机的员工喜欢解决复杂的问题（Tierney et al., 1999），有着高水平的创造力（Feng et al., 2018），更可能采取冒险性行为（Dewett, 2007），更愿意与他们的同事分享知识（Shao et al., 2017）。更重要的是，具有较强内在动机的员工在做职业决策方面更加自信，更倾向于探索各种各样的职业选择，这些积极结果有助于提升员工的职业适应力（Duffy and Blustein, 2005）。大量的实证研究已经表明，职业适应力是职业满意度重要的影响因素（Guan et al., 2015; Haibo et al., 2018; Zacher, 2014）。因此，有较强内在动机的员工对他们的职业更加满意。

除了研究内在动机的影响效应外，研究者还给予内在动机的前因很多关注。例如，Kuvaas 和 Dysvik（2009）的研究发现，员工感知

到的组织在他们发展方面的投资与员工的内在动机正相关；Boxall 等（2015）发现，员工内在动机能够被高参与工作过程所激发；Zhang 和 Bartol（2010）研究指出，授权型领导与员工内在动机有着积极的关系。尽管如此，很少有研究关注优势型领导感知与员工内在动机之间的关系。本研究认为，优势型领导感知与员工内在动机正相关。

根据自我决定理论可知，个体有着固有的自主性、胜任力和关系需求（Deci and Ryan, 2013）。当这些需求得到满足时，个体将会获得较强的内在动机（Dysvik et al., 2013）。优势型领导感知将有助于满足员工的这些需求。首先，优势型领导为员工提供了在工作中使用他们自身优势的空间，也就是说，优势型领导让员工以适合自己的方式完成工作任务（Ding and Yu, 2021a），这将会满足员工对于自主性的需求。其次，优势型领导重视员工的优势，这会让员工感受到更多的领导关怀和认可，从而形成良好的上下级关系。Ding 和 Yu（2020）执行的一项实证研究也证实了优势型领导感知与上下级关系正相关。所以，优势型领导感知能够满足员工对于关系的需求。最后，优势型领导善于发挥员工的特长（Ding and Yu, 2021b）。在工作中发挥特长的员工能够体验到高水平的自我效能感，这将满足员工对于胜任力的需求。因此，优势型领导感知会激发员工的内在动机。更为重要的是，自我决定理论的研究指出，由于员工的基本心理需求得到满足而产生的高水平内在动机将会反映在员工的态度和认知上（Deci et al., 2017），基于这一逻辑，由优势型领导感知所激发的员工内在动机会提升员工的职业满意度。总之，根据上述推理，我们提出以下假设。

假设2：内在动机中介优势型领导感知与员工职业满意度之间的关系。

本研究的理论模型如图 8-10 所示。

图 8-10　理论模型

3. 研究方法

（1）样本与数据收集

我们通过华北电力大学 40 名非全日制 MBA 学员辅助收集数据，并要求每一名学员至少邀请 20 名同事参与本研究。用电子问卷在两个时间点收集数据，时间间隔为两周。在问卷的指导语中，我们承诺对与参与者相关的信息进行严格保密，并且研究数据仅用于学术研究。我们分配给每一位参与者一个固定的问卷编码，用于匹配两阶段的数据。在时间点 1，要求参与者完成由人口统计学特征和优势型领导感知量表构成的问卷，共 827 名参与者回复了我们的调查。两周之后，我们邀请在时间点 1 回复的参与者完成内在动机和职业满意度量表，共收到 724 份问卷，相对于时间点 1，回复率为 87.55%。最后，我们共得到 597 份有效的匹配数据。其中，58.79% 的参与者是男性，88.94% 的参与者获得了学士学位，75.71% 的参与者是普通员工，没有任何领导职务。参与者的平均年龄为 31.41 岁，标准差为 6.80；平均组织年限为 6.75 年，标准差为 6.38。

（2）测量

由于内在动机和职业满意度量表最初是英文版本的，我们遵循翻译—回译程序（Brislin, 1970）得到这两个量表的中文版本。所有题项均采用李克特五点量表进行评价（从 "1 = 非常不同意" 到 "5 = 非常同意"）。

1）优势型领导感知。采用 Ding 和 Yu（2022）开发的 10 题项量表测量员工的优势型领导感知。其中一个题项是 "我的上级使我的优势与需要完成的工作任务相匹配"。该量表的 Cronbach's α 系数为 0.95。

2）内在动机。采用 Tierney 等（1999）开发的 5 题项量表测量内在动机。其中一个测量题项为 "我喜欢为复杂问题寻找解决方案"。该量表的 Cronbach's α 系数为 0.91。

3）职业满意度。采用 Greenhaus 等（1990）开发的 5 题项量表测量职业满意度。其中一个测量题项为 "我对自己在职业生涯中取得的成功感到满意"。该量表的 Cronbach's α 系数为 0.94。

4）控制变量。当研究职业满意度的前因时，先前的研究将员工的性别、年龄、受教育程度和组织年限看作控制变量（Aryee and Luk, 1996; Barnett and Bradley, 2007; Han, 2010; Kong et al., 2016）。Bono 和 McNamara（2011）指出，控制变量应当与因变量相关。职业满意度与性别（$r = -0.02, p > 0.05$）、年龄（$r = -0.01, p > 0.05$）、受教育程度（$r = -0.02, p > 0.05$）和组织年限（$r = 0.08, p > 0.05$）均没有显著的相关关系。我们也在包括这些控制变量和不包括这些控制变量的两种情况下分析了研究数据，研究结论是一样的。与先前的研究相一致（Rahaman et al., 2022），正式的数据分析中没有包含这些控制变量。

4. 数据分析结果

（1）验证性因子分析

在检验研究假设之前，我们进行了验证性因子分析，以检验优势型领导感知、内在动机和职业满意度三者之间的区分效度。初始的三因子测量模型的拟合度并不是太好（$\chi^2 = 1107.19$, df = 167, $\chi^2/df = 6.63$, RMSEA = 0.10, CFI = 0.91, TLI = 0.90）。根据修正指数，对初始的模型进行修正。具体而言，将优势型领导的题项 2 和题项 3 的残差相关，将题项 8 和题项 9 以及题项 8 和题项 10 分别相关。修正后的三因子测量模型的拟合度很好（$\chi^2 = 698.57$, df = 164, $\chi^2/df = 4.26$, RMSEA = 0.07, CFI = 0.95, TLI = 0.94）。修正后的三因子测量模型比二因子（内在动机与职业满意度合并为一个因子，$\chi^2 = 1730.58$, df = 166, $\chi^2/df = 10.43$, RMSEA = 0.13, CFI = 0.86, TLI = 0.84）和单因子（所有变量合并为一个因子，$\chi^2 = 5161.81$, df = 167, $\chi^2/df = 30.91$, RMSEA = 0.22, CFI = 0.54, TLI = 0.48）测量模型的拟合度都要好。因此，优势型领导感知、内在动机和职业满意度之间具有较好的区分效度。

由于本研究采用的是横截面研究设计，进行共同方法偏差检验是必要的。我们采用一个未被测量的潜在共同因子检验本研究数据的共同方法偏差。具体而言，创造一个共同方法因子，并且将其载荷于优势型领导感知、内在动机和职业满意度的所有题项上。验证性因子分析结果表明，由共同方法因子和三个研究变量构成的四因子测量模型的拟合度（$\chi^2 = 689.28$, df = 163,

$\chi^2/\mathrm{df} = 4.23$, RMSEA = 0.07, CFI = 0.95, TLI = 0.94）比由三个研究变量构成的三因子测量模型的拟合度好。但是，共同方法因子仅解释了13.76%的变异，小于 Williams 等（1989）建议的25%。因此，本研究数据并不存在严重的共同方法偏差。

（2）描述性统计与相关分析

表8-10 报告了研究变量的均值、标准差和它们之间的相关系数。

表8-10　均值、标准差与相关系数

变量	均值	标准差	优势型领导感知	内在动机
优势型领导感知	3.90	0.79	—	
内在动机	3.66	0.76	0.33**	—
职业满意度	3.55	0.85	0.31**	0.66**

注：** 表示 $p < 0.01$。

（3）假设检验

用多元回归分析以及 Bootstrapping 分析（抽取 5000 次）检验研究假设，并且用偏差—校正的置信区间判断间接效应的显著性。分析结果如表8-11 所示。

表8-11　回归分析结果

变量	内在动机	职业满意度	
	模型1	模型2	模型3
常数项	2.42***	2.26***	0.56***
优势型领导感知	0.32***	0.33***	0.11**
内在动机			0.70***
R^2	0.11	0.10	0.44
F	72.66***	62.70***	234.86***

注：表中为非标准化的系数。** 表示 $p < 0.01$；*** 表示 $p < 0.001$。

从模型2 中可看出，优势型领导感知能显著预测员工职业满意度（$r = 0.33$, $p < 0.001$）。所以，假设1 得到验证。在加入中介变量之后，模型3 显示，内在动机的系数是显著的（$r = 0.70$, $p < 0.001$），并且优势型领导感知的系数也显著（$r = 0.11$, $p < 0.01$）。为了进一步检验内在

动机的中介作用，我们执行了 SPSS 中 PROCESS（Model 4）分析。结果显示，优势型领导感知与员工职业满意度的间接效应是显著的（效应值为 0.22，95%CI：[0.16, 0.29]），并且优势型领导感知与员工职业满意度的直接效应也是显著的（效应值为 0.11，95%CI：[0.04, 0.18]）。所以，假设 2 得到验证，且员工内在动机部分中介优势型领导感知与职业满意度之间的关系。

5. 研究结论

本研究为优势活动理论的命题 1 和命题 6 提供了初步的证据。具体而言，优势型领导感知（优势管理活动）有助于提升员工职业满意度（员工幸福感）；优势型领导感知（优势管理活动）能够通过激发员工的内在动机（动机机制）对员工职业满意度（员工幸福感）产生积极影响。

（六）优势型领导感知与员工心理幸福感：员工优势使用的中介作用

1. 概要

本研究主要利用能力—动机—机会（AMO）模型，探讨优势型领导感知与员工心理幸福感之间的关系，并考察员工优势使用在其中的中介作用。使用三阶段研究设计收集了 308 份有效的员工匹配数据。带有 Bootstrapping 分析的多元回归分析结果显示，在控制员工核心自我评价的情况下，优势型领导感知仍与员工心理幸福感显著正相关，并且员工优势使用部分中介了优势型领导感知与员工心理幸福感之间的积极关系。

2. 理论基础与研究假设

（1）AMO 模型 [①]

工业心理学家认为，绩效是培训与选拔（能力）的函数，社会心理

---

① Marin-Garcia J A, Tomas J M. Deconstructing AMO framework: A systematic review [J]. *Intangible Capital*, 2016, 12(4): 1040–1087.

学家认为动机是获得高绩效的重要影响因素。Vroom（1964）从交互的视角指出，能力和动机都是非常重要的，并且绩效是能力和动机的交互函数，可用公式表达为 P = f（A · M）（Blumberg and Pringle, 1982）。从这个公式中可看出，影响个体绩效的因素主要是个体方面的因素，其并不能解释外部环境的影响效应。为了解决这个问题，Blumberg 和 Pringle（1982）通过拓展动机和能力的概念并引用一个新的绩效影响因素即"机会"，提出了一个新的模型。也就是说，绩效是个体能力（包括年龄、知识、受教育程度和能量水平等）、个人意愿（包括动机、工作满意度、人格、价值观和期望）和机会（包括工作条件、工具、材料、领导行为、程序和时间）的函数。只有这三个要素同时出现，个体才能获得较高水平的绩效，用公式表达为 P = f（O · C · W）（Blumberg and Pringle, 1982）。任何一个要素水平低都将会降低员工绩效表现。

　　AMO 模型起初是由 Bailey（1993）提出的。Bailey（1993）认为，确保员工的自主性努力需要三个要素：第一，员工必须具有必要的技能；第二，员工需要合适的动机；第三，雇主必须提供给员工参与的机会（Appelbaum et al., 2000）。基于这个观点，利用高绩效工作系统的概念，Appelbaum 等（2000）提出了 AMO 模型，A（Ability）代表个体能力，M（Motivation）代表个体动机，O（Opportunity to Participate）代表参与的机会，这三个要素放在一起将会提升员工绩效。AMO 模型除了被用于解释员工的绩效之外，也可被用于解释员工的行为。也就是说，当员工有能力、有动机并且有机会执行某一特定的行为时，员工实际会表现出更多的这一行为。

　　（2）优势型领导感知与员工心理幸福感

　　已有的研究表明，优势型领导有助于提升员工的工作投入和生产率（Burkus, 2011; Rath and Conchie, 2008）。但是，很少有研究对优势型领导与员工心理幸福感之间的关系进行研究。本研究认为，优势型领导感知与员工心理幸福感有着积极的关系。一方面，优势型领导所表现出的优势型领导行为，如让员工的优势与其工作任务相匹配、投资更多的时间与精力在他们的优势上，能够营造一种积极的氛围，像这样的氛围有助于提升员工的心理幸福感，如积极情感（Van Woerkom and Meyers,

2015）。另一方面，在领导者与下属互动的过程中，员工会感受到高质量的领导成员交换关系（Thun and Kelloway, 2011），这为培养员工心理幸福感奠定了重要的基础（Bernerth and Hirschfeld, 2016）。最近的一项实证研究也初步证实，优势型领导感知在提升员工心理幸福感方面发挥着重要的积极作用（Ding and Yu, 2020）。因此，基于上述的推理和实证研究结果，提出以下假设。

假设 1：优势型领导感知与员工心理幸福感正相关。

（3）员工优势使用的中介作用

大量的研究表明，员工优势使用不仅在促进员工工作投入（Littman-Ovadia et al.,2017）和工作绩效（Dubreuil et al., 2014）方面非常有效，而且在降低员工感知到的工作要求（如工作负荷和情绪要求）方面（Van Woerkom et al., 2016c），也具有重要的作用。重要的是，使用优势的员工也能够体验到高水平的心理幸福感（Wood et al., 2011），因为当员工在工作中发挥特长时，他们会感受到更高水平的真诚自我和高水平的活力以及胜任力（Bakker and Van Woerkom, 2018），这些由员工优势使用带来的积极结果与员工心理幸福感有着密切的关系（Luo and Hancock, 2020）。

鉴于优势使用对于员工的重要意义，许多研究者开始尝试识别员工优势使用的影响因素。例如，Van Woerkom 等（2016b）研究发现，组织优势使用支持感有助于提升员工优势使用。本研究认为，优势型领导感知也能促进员工优势使用。根据 AMO 模型可知，领导者能够通过提升员工的能力、激发员工的动机以及为员工提供执行某一行为的机会促进员工表现出更多的既定行为（Appelbaum et al., 2000）。优势型领导能够通过帮助员工识别和开发他们的优势提升员工使用优势的能力（Ding et al., 2020），能够通过聚焦自己和员工的优势塑造一种激发员工使用优势的动机的氛围（Key-Roberts, 2014），能够为员工优势使用提供重要的机会（Rath and Conchie, 2008）。因此，我们可以推测，优势型领导感知与员工优势使用有着积极的关系。进一步讲，由于基于优势的方式已经被证明能够通过促进员工优势使用培养员工的积极主观体验（Kilcullen et al., 2018），所以，我们可推断，优势型领导感知能够通过促进员工优势使用提升作为积极主观体验的一种具体类型的员工心理幸福感（Weber et al., 2013）。总体来看，我们提出以下假设。

假设2：员工优势使用中介优势型领导感知与员工心理幸福感之间的关系。

3. 研究方法

（1）样本与数据收集

本研究作为一个大项目的一部分，收集了来自我国不同组织员工的数据。我们联系了26名工作在不同组织的华北电力大学的校友，邀请他们及其同事参与本研究，共招募了520名参与者。在三个时间点使用电子问卷收集数据，时间间隔为一个月。我们向参与者承诺对他们的信息进行严格保密，并且所有的数据仅用于学术研究。每一个参与者均被分配一个固定的编码，用于三阶段数据的匹配。

在第一阶段，我们让参与者完成由人口统计学特征变量和优势型领导感知量表构成的问卷。共399名参与者回复了我们的调查，回复率为76.73%。一个月后，让参与第一阶段调查的参与者完成员工优势使用量表。在第二阶段，收到371份问卷，相对于第一阶段而言，回复率为92.98%。在第三阶段，我们邀请参与者完成心理幸福感量表。共收到334份问卷，相对于第二阶段而言，回复率为90.03%。最终，我们得到308份匹配数据。其中，54.5%的参与者是男性，95.5%的参与者拥有学士学位，76.9%的参与者工作在当前的组织超过5年，一半的参与者是领导，包括基层、中层和高层领导。这些参与者来自30个行业，能源行业的参与者最多，占比31.2%。此外，参与者的平均年龄为34.79岁，标准差为7.06。

（2）测量

由于员工优势使用和心理幸福感量表最初是英文版本的，我们遵循翻译—回译程序（Brislin, 1970）得到这两个量表的中文版本。所有题项均采用李克特五点量表进行评价（从"1＝非常不同意"到"5＝非常同意"）。

1）优势型领导感知。Ding等（2020）已经开发了一个8题项的优势型领导感知量表。这个量表由两个维度构成：基于下属优势的优势

型领导和基于领导自身优势的优势型领导。其中一个测量题项为"我的领导善于发挥我的特长"。为了提升该量表的内容效度，本研究基于Govindji 和 Linley（2007）、Arakawa 和 Greenberg（2007）的建议，又增加了 2 个测量题项：一是"我的领导知道我的优势是什么"，二是"我的领导使我的优势与需要完成的任务相匹配"。这 10 个题项的量表共解释了 64.89% 的优势型领导感知变异，因子载荷最小值为 0.67，最大值为 0.85。这个量表的 Cronbach's α 系数为 0.94。

2）员工优势使用。采用 Van Woerkom 等（2016a）开发的 SUDC 问卷中的 5 个题项测量员工优势使用。其中一个题项是"我在工作中利用我的优势"。这个量表的 Cronbach's α 系数为 0.95。

3）心理幸福感。采用 Zheng 等（2015b）开发的 6 题项量表测量心理幸福感。其中一个题项是"我总体上对自己感觉良好，我很自信"。这个量表的 Cronbach's α 系数为 0.92。

4）控制变量。先前的研究已经表明，员工性别、年龄和受教育程度可能会影响员工的心理幸福感（Creed et al., 2009）。对于当前的研究而言，年龄（$r = -0.04$, $p > 0.05$）和受教育程度（$r = -0.06$, $p > 0.05$）与员工心理幸福感并没有显著的关系。但是，性别与员工心理幸福感显著负相关（$r = -0.16$, $p < 0.01$）。根据 Hentrich 等（2017）的建议，我们仅将性别看作控制变量。性别编码：1 为男性，2 为女性。此外，员工人格特质已经被证实是心理幸福感的重要影响因素（Marsh et al., 2006）。由于已有的研究表明，员工核心自我评价对心理幸福感有显著影响（Creed et al., 2009），所以，本研究将核心自我评价看作控制变量。我们采用 Judge 等（2003）开发的 12 题项量表测量员工的核心自我评价。这个量表的 Cronbach's α 系数为 0.81。

4. 数据分析结果

（1）验证性因子分析

使用验证性因子分析，检验优势型领导感知、员工优势使用、心理幸福感和核心自我评价之间的区分效度。为了减少因多重题项测量所造成的膨胀性测量误差，我们为核心自我评价创造了三个随机的题项

包，根据优势型领导的两个维度为其创造了两个题项包。分析结果如表
8-12 所示，四因子测量模型的数据拟合度比其他选择性测量模型的拟
合度都要好。因此，这四个变量具有较好的区分效度。

表 8-12 验证性因子分析结果

测量模型	χ^2	df	χ^2/df	RMSEA	CFI	TLI	IFI
四因子测量模型（基准模型）	166.18	98	1.70	0.05	0.98	0.98	0.98
三因子测量模型①	398.33	101	3.94	0.10	0.92	0.90	0.92
二因子测量模型②	868.36	103	8.43	0.16	0.78	0.75	0.78
单因子测量模型③	2104.12	104	20.23	0.25	0.43	0.34	0.43

注：①优势型领导感知与核心自我评价合并为一个因子；②优势型领导感知、员工优势使用与核心自我评价合并为一个因子；③所有变量合并为一个因子。

鉴于本研究的横截面数据特征，有必要采取措施检验本研究数据的
共同方法偏差程度。遵从 Podsakoff 等（2003）的建议，我们采用了一
个未被测量的共同潜在因子法评价本研究的共同方法偏差程度。创造一
个潜在共同因子并且载荷于优势型领导感知的两个题项包、核心自我评
价的三个题项包和员工优势使用与心理幸福感的所有题项上。由共同方
法因子和四个研究变量构成的五因子测量模型的拟合度（$\chi^2 = 135.70$，
df = 97，$\chi^2/df = 1.40$，RMSEA = 0.04，CFI = 0.99，TLI = 0.99，IFI = 0.99）
比由四个研究变量构成的四因子测量模型的拟合度要好。但是，共同
方法因子仅解释了 16.56% 的变异，小于 Williams 等（1989）建议的
25%。因此，本研究数据并不存在严重的共同方法偏差。

（2）描述性统计与相关分析

表 8-13 报告了主要研究变量的均值、标准差和相关系数。

表 8-13 均值、标准差与相关系数

变量	均值	标准差	性别	核心自我评价	优势型领导感知	员工优势使用
性别	1.45	0.50	—			
核心自我评价	3.42	0.52	−0.10	—		
优势型领导感知	4.05	0.67	−0.02	0.30**	—	
员工优势使用	4.15	0.74	−0.04	0.13*	0.22**	—
员工心理幸福感	4.00	0.57	−0.16**	0.39**	0.33**	0.22**

注：** 表示 $p < 0.01$，* 表示 $p < 0.05$。

（3）假设检验

使用多元回归分析以及 Bootstrapping 分析（抽取 5000 次）检验研究假设，并且用偏差—校正的置信区间判断间接效应的显著性。分析结果如表 8-14 所示。从模型 2 中可看出，在控制员工核心自我评价的基础上，优势型领导感知仍能显著预测员工心理幸福感（$r = 0.20$，$p < 0.001$）。所以，假设 1 得到验证。在加入中介变量后，模型 3 显示，员工优势使用的系数是显著的（$r = 0.10$，$p < 0.05$），并且优势型领导感知的系数也显著（$r = 0.18$，$p < 0.001$）。为了进一步检验员工优势使用的中介作用，我们进行了 SPSS 中 PROCESS 分析。结果显示，优势型领导感知与员工心理幸福感的间接效应是显著的（效应值为 0.02，95%CI: [0.00, 0.05]），并且优势型领导感知与员工心理幸福感的直接效应也是显著的（效应值为 0.17，95%CI: [0.08, 0.26]）。所以，假设 2 得到验证，且员工优势使用部分中介优势型领导感知与心理幸福感之间的关系。

表 8-14 回归分析结果

变量	优势使用	心理幸福感	
	模型1	模型2	模型3
常数项	3.01^{***}	2.25^{***}	1.95^{***}
性别	-0.04	-0.14^{*}	-0.13^{*}
核心自我评价	0.09	0.33^{***}	0.32^{***}
优势型领导感知	0.22^{***}	0.20^{***}	0.18^{***}
员工优势使用			0.10^{*}
R^2	0.05	0.21	0.23
F	5.56^{**}	27.27^{***}	22.30^{***}

注：表中为非标准化的系数。* 表示 $p < 0.05$；** 表示 $p < 0.01$；*** 表示 $p < 0.001$。

5. 研究结论

本研究发现，优势型领导感知与心理幸福感正相关，并且员工优势使用中介了优势型领导感知与心理幸福感之间的关系。这一研究结论为优势活动理论的命题 1 和命题 7 提供了初步的证据，即优势管理活动（优势型领导感知）有助于提升员工幸福感（心理幸福感），并且优势管理活动（优势型领导感知）能够激发积极的行为过程机制（员工优势使用），对员工幸福感产生影响（心理幸福感）。

（七）优势型心理氛围与工作繁荣：要求—能力匹配与优势思维的作用

1. 概要

本研究通过整合人岗匹配理论、特质激活理论和工作繁荣的社会嵌入模型，研究了优势型心理氛围与工作繁荣之间的关系及其机制，具体而言，我们考察了要求—能力匹配的中介作用和优势思维的调节作用。采用两个时间点收集到的 348 份匹配数据验证研究假设。分析结果显示，优势型心理氛围与工作繁荣正相关，要求—能力匹配显著中介了优势型心理氛围与工作繁荣之间的积极关系，并且优势思维提升了优势型心理氛围与要求—能力匹配之间的积极关系和要求—能力匹配在优势型心理氛围与工作繁荣之间的中介作用。

2. 理论基础与研究假设

（1）人岗匹配理论 [①]

学者们对人岗匹配的概念有着不同的理解。以人与工作匹配为基础的理论或模型可追溯到 Parsons（1909）、Williamson（1939）和 Strong（1955）的著作中。当前职业选择领域的理论模型一直都非常重视个体特征与他们职业之间的匹配（Brown and Brooks, 1996）。例如，工作适应理论的一个基本宗旨就是当个体的技能、知识、能力、偏好、价值观与具体的工作要求相匹配时，个体就达到了工作适应状态（Dawis and Lofquist, 1984）。除了职业领域外，人岗匹配模型在组织心理学中也已

---

① Brkich M, Jeffs D, Carless S A. A global self-report measure of person-job fit [J]. *European Journal of Psychological Assessment*, 2002, 18(1): 43–51.

被验证。许多研究表明，人岗匹配与工作绩效（Caldwell and O'Reilly, 1990）、工作满意度和职业成功（Bretz and Judge, 1994）显著相关。Steers 和 Mowday（1981）研究表明，在理解员工流动过程时，一个需要考虑的重要变量是，一个人对于工作的价值观和期望在多大程度上得到满足。基于这些概念，人岗匹配被定义为在多大程度上个体的偏好、知识、技能、能力、需求和价值观与工作要求相匹配（Brkich et al., 2002）。

人岗匹配可以分为两种类型（Cable and Judge, 1996）。第一种类型是要求与能力匹配，指的是个体的知识、技能和能力与工作要求之间的匹配程度；第二种类型是需求与供给匹配，指的是工作能够在多大程度上满足员工的需求和偏好（Cable and DeRue, 2002）。

（2）特征激活理论

特质激活理论指出，人格特质是指以某种特定的方式行事的潜在倾向，个体特质的表达是对与特质相关的情境线索的反应，而且特质的表达能够获得内在的满足感（Tett and Burnett, 2003）。Eysenck 等（1985）认为，特质和情境就好比硬币的两面，彼此之间不能分离，Kenrick 和 Funder（1988）也指出，只有在相关的情境下特质才能影响行为。潜在特质在行为方面的表达是对与特质相关的情境线索的反应，同时产生内在的奖励。Tett 和 Guterman（2000）研究发现，当情境为特质的表现提供合适的线索时，特质与行为之间的相关性会更高，也就是说，特质是否能够影响与其相关的行为受到情境相关性的影响，情境相关性为特质的行为表达提供了线索。这些情境线索主要包括三个方面：一是任务水平的线索，包括每天的工作职责，如在消费者服务工作上解决消费者的问题；二是社会水平的线索，是指与同事之间的关系；三是组织水平的线索，包括组织文化、组织氛围和政策（Tett and Guterman, 2000）。多重的情绪线索以及它们之间的交互提升了理解特质—情境匹配的难度。此外，Tett 和 Burnett（2003）也指出，这些情境线索也可能直接对个体的行为产生影响。特质激活理论的内容逻辑关系如图 8-11 所示。接下来我们对三个层次的情境线索如何影响特质与工作结果之间的关系进行详细阐述。

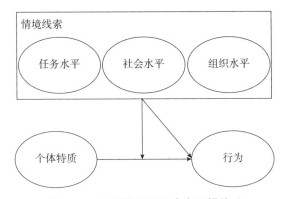

图 8-11 特质激活理论内在逻辑关系

资料来源：Tett 和 Burnett（2003）。

1）任务水平。任务水平作为一种重要的情境线索变量，在特质与工作结果之间起到重要的调节作用。工作特征主要包括工作自主性、工作常规性、工作控制和工作要求等。对于工作自主性来讲，研究发现，工作自主性越高，责任感、外倾性和宜人性与工作绩效的相关性越显著（Barrick and Mount, 1993）；类似地，杜鹏程等（2018）在探讨核心自我评价对员工创新行为的影响时也发现，工作自主性能够增强核心自我评价对员工创新行为的积极影响。王忠等（2014）针对 233 名知识型员工进行研究，认为工作自主性还会进一步地激活员工创造力人格对创新绩效的积极影响。还有学者在同时研究工作自主性和常规性后指出，当工作自主性高且工作常规性低时，个体的犹豫特质越低，工作绩效越高；而对于常规性较高的工作而言，犹豫和工作绩效之间的关系不显著（Diefendorff and Mehta, 2007）。Parker 等（2009）对工作控制和工作要求的调节效应进行检验，研究结果显示，较高自我要求的个体感知到较高水平的工作控制时，个体更容易受到更多线索的激活，表现出较高水平的工作投入和奉献；较高非自我要求的个体感知到较高水平的工作要求时，在健康问题方面将会表现出更多的抱怨；此外，他们的研究还发现，对于低水平的非自我要求的个体而言，高水平的工作控制能够降低压力对工作投入的负向影响。

2）社会水平。社会水平情境线索所发挥的激活作用主要来源于个体与其他同事之间的关系。Ghitulescu 等（2018）研究发现，员工与指

导老师之间的关系在主动性人格与创新成就之间起到显著的调节作用，具体来说，当女性员工与女性导师之间进行配对时，员工的主动性人格对创新成就的影响要比其他配对方案的影响强。Gevers 和 Peeters（2009）认为，特质的差异性可分为团体内的差异和团体间的差异，当团体成员之间的特质差异较小时，高责任感与个体对团队的满意度之间呈现显著的正相关；当团体成员之间的特质差异较大时，低外倾性与个体对团体的满意度之间呈现显著的负相关。将团体满意度分为绩效和非绩效两个维度后，进一步的研究发现，个体水平差异性与团体成员对团队非绩效的满意度之间存在显著的负相关，而与团体绩效满意度却无显著相关性；团体水平差异性与两种满意度均存在显著的负向关系，团体水平的平均特质越高，团体水平绩效越好。创造力作为个体和情境复杂互动的重要结果变量，很多学者在这方面进行了探索。Sung 和 Choi（2009）实施的纵向研究发现，外部动机较高时，经验开放性与创造力具有显著的正向关系；外部动机较低时，宜人性能够显著预测创新绩效。除动机因素外，还有学者研究指出，团队学习行为会调节不同目标导向与创造力之间的关系（Hirst et al., 2009），具体来讲，学习目标导向的个体更多的是关心如何熟练地掌握技能，而较少受到外部动机的影响；绩效目标导向的个体则更看重自己的成就能够得到别人的认可，以期超越别人，进而得到回报并免受责难。当团体学习行为较高时，学习目标导向与创造力之间有着非线性的关系，与高程度和低程度的学习目标导向相比，中等程度的学习目标导向对创造力的预测能力最强；当团体学习行为较低时，学习目标导向对创造力有着显著的线性作用。此外，Hirst等（2009）研究发现，只有当团体学习行为较高时，绩效目标导向的接近取向子维度才能显著积极预测创造力，而团体学习行为在绩效目标导向的规避取向子维度与创造力之间的调节作用不显著。

3）组织水平。大量的研究证实，组织水平中的氛围、组织支持以及领导风格将在个体特质与态度、行为和绩效之间起到显著的调节作用。McCormick 等（2018）研究指出，创新氛围在主动性人格对个体主动性行为的影响中起到调节作用。学者们对人格特质在消极行为中的表现是否受到情境的影响也进行了探讨，例如，刘文彬等（2014）通过对组织伦理氛围在"大五"人格的行为表现中的作用进行研究发现，当组织伦理氛围较强时，责任心对组织指向的反生产行为的负向作用更强，同时其也会增强宜人性对人际指向的反生产行为的负向作用。王震、孙健敏（2012）在研究核心自我评价对员工职业成功的影响时发现，两者之间的关系受到组织支持感的调节，员工感知到的组织支持程度越强，核心自我评价对员工职业成功的正向作用越强。张华磊等（2014）认为，授权型领导将会激活核心自我评价对研发人员跨界行为的影响，实证研究结果表明，授权型领导水平较高时，研发人员的核心自我评价对跨界行为的正向作用更强。彭坚等（2016）研究也发现，当仁慈型领导程度较低时，积极追随特质与任务绩效和情感承诺无显著的关系，对领导成员交换关系的正向作用也比较弱；而仁慈型领导程度较高时，积极追随特质对任务绩效、情感承诺和领导成员交换关系的积极影响显著增强。洪如玲、于强（2017）指出，领导的主动性人格也是重要的情境变量，他们通过对某大型保险公司电话销售部 640 位员工数据的分析研究发现，领导的主动性人格越强，员工的主动性人格对工作自主性的影响越大。

（3）优势型心理氛围与工作繁荣

本研究认为，优势型心理氛围有助于激发员工工作繁荣。三个方面的原因为这一点提供了支持。

第一，优势型心理氛围代表着员工对于他们组织的管理实践在多大程度上专注于他们优势的感知（Van Woerkom and Meyers, 2015）。当员工的优势型心理氛围水平高时，员工会有较高水平的组织优势使用支持感，进而促进员工表现出更多的优势使用行为（Van Woerkom et al., 2016b）。在工作中发挥优势的员工有着高水平的韧性（Martínez-Martí and Ruch, 2017）和工作投入（Van Woerkom et al., 2016b），以及低水平的抑郁症状（Gander et al., 2013），这些积极的结果均与工作繁荣紧密相关（Spreitzer et al., 2005）。已有的实证研究也证实了优势使用与工作繁荣之间的积极关系（Harzer, 2020; Moore et al., 2022）。

第二，优势型心理氛围旨在促进员工认识到他们的优势，激励员工进一步开发他们的能力，并且通过发展计划增强员工的优势（Van

Woerkom and Meyers, 2015）。这些积极的活动有助于培养员工的自我效能感（Ding and Quan, 2021）。具有高水平自我效能感的员工更倾向于设定高水平的目标，然后主动地学习更多的知识和技能并且付出更多的努力实现这些目标，进而员工体验到的学习和活力水平也会得以提升（Simbula et al., 2011; Van Woerkom et al., 2016b）。

第三，通过认可员工做得好的活动和欣赏员工的优势（Van Woerkom and Meyers, 2015），优势型心理氛围能使员工感受到组织重视他们的贡献，并且关心他们的幸福感，这会提升员工的组织支持感（Kurtessis et al., 2017）。最近的一项元分析结果显示，在工作繁荣的各种前因当中，组织支持感是对工作繁荣最有影响力的预测变量（Kleine et al., 2019）。因此，根据以上论述，提出以下假设。

假设 1：优势型心理氛围与工作繁荣正相关。

（4）要求—能力匹配的中介作用

由上述内容可知，人岗匹配涉及员工的知识、技能和能力（KSA）在多大程度上与工作要求相匹配，或者是员工的需求与工作能够提供的东西相匹配（Carless, 2005）。由于 Spreitzer 等（2005）在工作繁荣的社会嵌入模型中指出，满足任务要求有助于工作繁荣，当前的研究把满足任务要求概念化为员工 KSA 与工作要求之间的匹配，即要求—能力匹配。大量的研究表明，当要求—能力匹配水平较高时，员工更可能获得高水平的工作绩效（Caldwell and O'Reilly, 1990），体验到高水平的工作满意度（Brkich et al., 2002）、工作意义感（Chen et al., 2014）和工作投入（Bui et al., 2017），并且执行更多的主动性职业行为（Sylva et al., 2019）、创新行为（Choi et al., 2017）和组织公民行为（Farzaneh et al., 2014）。此外，对于要求—能力匹配较好的员工而言，他们更加自信（Peng and Mao, 2015）和快乐（Ilies et al., 2019）。本研究认为，要求—能力匹配与工作繁荣正相关。

首先，根据工作繁荣的社会嵌入模型（Spreitzer et al., 2005）可知，当员工的 KSA 满足任务要求时，员工将成功地完成他们的工作任务，然后体验到更强烈的成就感，进而使员工充满活力。而且，满足任务需要使员工感受到更多自主性和胜任力，感受到更多自我发展的机会，这些结果将会激发员工的学习感受。其次，当员工的 KSA 与任务要求相匹配时，员工倾向于把他们的工作看作有意义的（Chen et al., 2014）。像这样的在工作中产生的积极感受有助于提升员工的工作繁荣（Spreitzer et al., 2005）。现有的文献也已经证实，有意义的工作是员工工作繁荣的显著预测变量（Bassi et al., 2013; Guan and Frenkel, 2020; Kim and Beehr, 2020）。最后，Spreitzer 等（2005）的研究表明，积极的情感资源是工作繁荣的重要驱动力。先前的研究发现，要求—能力匹配能够产生较强的积极情感（Gabriel et al., 2014）。因此，基于上述讨论，我们提出如下假设。

假设 2：要求—能力匹配与工作繁荣正相关。

除了研究要求—能力匹配的影响效应外，学者也对要求—能力匹配的影响因素进行了探讨。Lu 等（2014）的研究表明，工作重塑能够显著提升员工的要求—能力匹配；Bui 等（2017）发现，变革型领导与要求—能力匹配有着积极的关系；职业兴趣和人格也被证实与要求—能力匹配显著相关（Ehrhart and Makransky, 2007）。尽管如此，我们还不知道优势型心理氛围是否会影响要求—能力匹配。从优势型心理氛围的定义来看，组织执行各种各样的优势型管理实践、政策和程序是为了激发员工充分利用他们的优势。当员工的优势使用水平较高时，员工将体会到更强烈的优势与工作任务之间的匹配感（Harzer and Ruch, 2016）。事实上，优势型心理氛围通过允许员工做他们擅长的事情本质上强调了要求—能力匹配（Van Woerkom and Meyers, 2015）。而且，有着高水平优势型心理氛围的员工认为，他们有更大的空间以最适合自己的方式完成工作任务，这能够激发员工主动塑造他们的工作任务，以使其与自己的优势相匹配（Bakker and Van Woerkom, 2018）。Kooij 等（2017）的干预研究发现，针对优势的工作重塑能够积极地预测要求—能力匹配。因此，基于上述观点，我们提出以下假设。

假设 3：优势型心理氛围与要求—能力匹配正相关。

先前的研究发现，优势型心理氛围对于员工和组织有着积极的影响，如提升创新绩效、任务绩效和组织公民行为（Chang et al., 2022; Van Woerkom and Meyers, 2015）。但是，我们很少研究优势型心理氛

围发挥作用的机制。基于人岗匹配理论，我们认为，要求—能力匹配中介优势型心理氛围与工作繁荣之间的关系。有关人岗匹配理论的研究指出，当组织管理活动有助于实现员工的 KSA 和工作要求相匹配时，员工将会感受到高水平的要求—能力匹配，进而培养员工的积极主观体验（Okatege, 2016）。例如，Choi 等（2017）发现，良好的领导成员交换关系有助于促进要求—能力匹配，进而提升员工幸福感。与这一逻辑相一致，强调员工优势与工作任务相匹配的优势型心理氛围将会提升员工要求—能力匹配，进而促使员工体验到高水平的工作繁荣。总之，基于上述观点，我们提出以下假设。

假设4：要求—能力匹配中介优势型心理氛围与工作繁荣之间的关系。

（5）优势思维的调节作用

优势思维指的是个体对于自身和他人优势的态度与信念（Ding and Liu, 2022）。具有高水平优势思维的个体清楚地了解自身的优势，并能够在日常的工作和生活中不断地开发和使用自身的优势。此外，具有高水平优势思维的个体总是欣赏和赞扬他人的优势，在与他人沟通的过程中会主动地将注意力聚焦在他人的优势上，并能够学习他人的优势。尽管优势思维与成长型思维、谦卑特质和优势行为有着显著的相关性，但它们之间也有着区别。第一，尽管成长型思维和优势思维均是思维的具体类型，但前者强调的是，个体是如何看待自己的智力和能力等特征的，成长型思维水平较高的个体总是把自己的智力和能力等特征看作可以改变的；而优势思维则聚焦于个体自己和他人的优势。第二，谦卑型的个体对于自己的优势有着清晰的认识，并且欣赏其他人的优势（Owens et al., 2013）。从这一点来看，谦卑特质类似于优势思维。但是，两者的主要区别在于，谦卑特质强调个体对于他们自己和其他人优势的认知，而优势思维则强调个体对于自身优势、优势开发和优势使用的态度，如总是投入更多的时间与精力开发和使用自己的优势，乐于向他人的优势学习。第三，优势行为指的是个体为了实现自身的成长与发展而主动识别、开发和使用自身优势的行为，而优势思维更强调对于优势的态度和信念，不仅关注自身优势，而且还聚焦他人的优势。总之，优势思维是一个相对独立的概念，具有其内涵的独特价值。值得注意的是，思维与人格特质相类似，在影响个体的态度、情感、行为和绩效方面发挥着类似的作用（Andresen and Bergdolt, 2021; Heslin et al., 2019; Neff et al., 2007）。因此，优势思维能够被看作一种重要的个体特质。

根据特质激活理论可知，与个体某一特质相关的情境线索如工作特征、社会环境和组织管理实践能够促进这一特征的表达（Tett et al., 2021）。大量的实证研究也证实了这一点。例如，Chiang 等（2015）研究指出，与外倾性水平较低的员工相比较，外倾性水平较高的员工所体验到的高绩效工作系统与信息交换之间的积极关系更为紧密；Scharp 等（2019）发现，当员工有着高水平的经验开放性人格时，每天的玩趣工作设计通过工作投入的中介作用对创造力的影响更强。与此相类似，我们认为，优势思维将会提升优势型心理氛围与要求—能力匹配之间的积极关系。

一方面，高水平优势思维的员工在工作中渴望发挥他们的特长，并且会主动地寻求能够使用他们自身优势的机会（Ding and Liu, 2022）。优势型心理氛围向员工传递了一个重要的信号，即组织鼓励员工在工作中发挥特长并给他们提供发挥优势的机会（Van Woerkom and Meyers, 2015）。当优势型心理氛围水平高时，高优势思维的员工对于优势使用的需求将会得到满足，进而激发员工表现出更多的优势使用行为。由于优势使用与要求—能力匹配有着密切的联系（Bakker and Van Woerkom, 2018），优势型心理氛围将会激发高水平优势思维的员工感受到高水平的要求—能力匹配。另一方面，低水平优势思维的员工较少寻求发挥自身特长的机会（Roarty and Toogood, 2014）。甚至在同样的优势型心理氛围水平下，较低水平优势思维员工也不会利用自身的优势达到与较高水平优势思维员工同等的程度，因为低水平优势思维的员工并不把他们的优势看作他们个体成长与发展的最大空间（Jones-Smith, 2011）。换言之，优势型心理氛围对于低水平优势思维的员工并不能很好地发挥其应有的作用，因为优势型管理实践所传递的线索与低水平的优势思维不兼容。因此，根据上述推理，我们提出以下假设。

假设 5：优势思维有助于增强优势型心理氛围与要求—能力匹配之间的积极关系。

具体而言，员工的优势思维水平越高，优势型心理氛围与要求—能力匹配之间的积极关系越强。

截至目前，我们已经假定，要求—能力匹配中介优势型心理氛围与工作繁荣之间的积极关系，并且优势思维增强优势型心理氛围与要求—能力匹配之间的关系。通过整合这些假设，我们可以提出一个有调节中介作用的模型。具体来讲，优势型心理氛围能让高水平优势思维的员工体验到更高水平的要求—能力匹配，进而像这样高水平的要求—能力匹配会带来更高水平的工作繁荣。因此，我们得到如下假设。

假设6：优势思维有助于增强要求—能力匹配在优势型心理氛围与工作繁荣之间的中介作用。具体而言，员工的优势思维水平越高，要求—能力匹配在优势型心理氛围与工作繁荣之间的中介作用越强。

本研究的理论模型如图8-12所示。

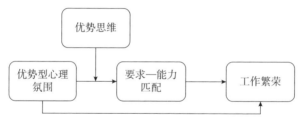

图8-12　研究理论模型

3. 研究方法

（1）样本与数据收集

本研究采用电子问卷收集数据，在问卷的指导语中，我们承诺，对所有的与参与者相关的信息严格保密并仅用于学术研究，本研究是自愿参与的。我们在两个时间点收集研究数据。我们邀请了24名来自IT和能源公司的非全日制MBA学员参与研究，并要求他们每人邀请至少20名同事参与本研究。我们为每一个参与者分配一个固定的问卷编码，以便匹配两阶段的数据。在时间点1，要求参与完成由人口统计学特征、优势型心理氛围量表和优势思维量表构成的问卷，共收到459份问卷。两周后，我们让在时间点1回复的参与者完成要求—能力匹配和工作繁荣量表，共有 377 名参与者响应了我们的调查，相对于时间点 1，参与率为 82.14%。最终，我们获得了 348 份有效问卷。其中，70.11% 的参与者是男性，93.39% 的参与者获得了学士学位，78.16% 的参与者是普通员工，没有任何领导岗位，21.84% 是领导者，包括基层领导、中层领导和高层领导。参与者的平均年龄为 31.16 岁，标准差为 6.42；参与者的平均组织年限为 5.63 年，标准差为 5.68。

（2）测量

由于优势型心理氛围、要求—能力匹配和工作繁荣量表最初是英文版本的，我们遵循翻译—回译程序（Brislin, 1970）得到这两个量表的中文版本。所有题项均采用李克特五点量表进行评价（从"1 = 非常不同意"到"5 = 非常同意"）。

1）优势型心理氛围。采用 Van Woerkom 和 Meyers（2015）开发的 12 题项量表测量优势型心理氛围。其中一个题项是"我得到机会做我擅长做的事情"。该量表的 Cronbach's α 系数为 0.96。

2）优势思维。我们采用 Ding 和 Liu（2022）开发的 12 题项量表测量员工的优势思维。其中一个测量题项为"我认为每一个人都有自己的优势"。该量表的 Cronbach's α 系数为 0.95。

3）要求—能力匹配。采用 Cable 和 DeRue（2002）提出的 3 题项量表测量要求—能力匹配。其中一个题项是"我的工作要求和我个人技能之间的匹配非常好"。该量表的 Cronbach's α 系数为 0.88。

4）工作繁荣。工作繁荣的测量与研究 1 保持一致。该量表的 Cronbach's α 系数为 0.96。

5）控制变量。先前的研究表明，员工的性别、年龄、受教育程度和组织年限可能与工作繁荣相关（Paterson et al., 2014; Rahaman et al., 2022）。遵循 Becker（2005）的建议，我们首先检验了这四个变量与工作繁荣之间的相关系数。分析结果表明，工作繁荣与性别（$r = -0.10$, $p > 0.05$）、年龄（$r = -0.03$, $p > 0.05$）、受教育程度（$r = 0.02$, $p > 0.05$）和组织年限（$r = 0.02$, $p > 0.05$）均没有显著的关系。然后，我们检验这四个变量是否会对我们的分析结果产生影响。在包含控制变量和不包含控制变量两种情况下，我们对研究假设进行检验，得出的结论

是一致的，且与已有的研究保持一致（Rahaman et al., 2022），在正式的分析中，不包含这些变量。

4. 数据分析结果

（1）验证性因子分析

我们首先进行了验证性因子分析，以检验优势型心理氛围、优势思维、要求—能力匹配和工作繁荣之间的区分效度。为了降低多重题项所带来的膨胀测量误差，我们分别为优势型心理氛围和优势思维创造了三个随机的题项包，根据工作繁荣的两个维度为其创造了两个题项包。分析结果见表 8-15。从表中可看出，四因子测量模型的拟合度最好，并且满足要求。所以，我们可判断出这四个研究变量具有良好的区分效度。

表 8-15　验证性因子分析

测量模型	χ^2	df	χ^2/df	RMSEA	CFI	TLI	SRMR
四因子测量模型（基准模型）	95.47	38	2.51	0.07	0.98	0.98	0.05
三因子测量模型[①]	382.22	41	9.32	0.16	0.91	0.88	0.07
二因子测量模型[②]	956.61	43	22.25	0.25	0.75	0.68	0.12
单因子测量模型[③]	1852.10	44	42.09	0.34	0.51	0.39	0.21

注：①要求—能力匹配与工作繁荣合并为一个因子；②要求—能力匹配与工作繁荣合并为一个因子，且优势型心理氛围与优势思维合并为一个因子；③所有变量合并为一个因子。

由于本研究采用的是横截面研究设计，进行共同方法偏差检验是必要的。我们采用一个未被测量的潜在共同因子法检验本研究数据的共同方法偏差。具体而言，创造一个共同方法因子，并且将其载荷于优势型心理氛围、优势思维和工作繁荣的 8 个题项包和要求—能力匹配的 3 个题项上。验证性因子分析结果表明，五因子测量模型的拟合度较好（$\chi^2 = 66.35$, df = 37, $\chi^2/df = 1.79$, RMSEA =0.05, CFI =0.99, TLI =0.99, SRMR =0.03），并且优于由优势型心理氛围、优势思维、要求—能力匹配和工作繁荣构成的四因子测量模型。但是，共同方法因子仅解释了 18.40% 的变异，小于 Williams 等（1989）建议的 25%。因此，本研究数据并不存在严重的共同方法偏差。

（2）描述性统计与相关分析

表 8-16 报告了主要的研究变量的均值、标准差和它们之间的相关系数。

表 8-16　均值、标准差和相关系数

变量	均值	标准差	优势型心理氛围	优势思维	要求—能力匹配	工作繁荣
优势型心理氛围	3.94	0.80	—	0.66**	0.39**	0.40**
优势思维	4.18	0.57		—	0.31**	0.34**
要求—能力匹配	3.68	0.78			—	0.66**
工作繁荣	3.72	0.72				—

注：** 表示 $p < 0.01$。

（3）假设检验

我们采用带有 Bootstrapping 分析（重复抽样 5000 次）的多元回归分析和 Hayes 的 Process 检验研究假设，并且用 95% 的偏差—校正的置信区间判断直接效应和间接效应的显著性。分析结果如表 8-17 所示。

表 8-17　多元回归分析结果

变量	要求—能力匹配		工作繁荣		
	模型1	模型2	模型3	模型4	模型5
截距项	2.19***	1.66***	2.29***	1.45**	1.07***
优势型心理氛围	0.38***	0.31***	0.36***		0.15**
要求—能力匹配				0.62**	0.56***
优势思维		0.18*			
交互项		0.08**			
F-value	61.38***	24.53***	65.90***	272.90***	149.79***
R^2	0.15	0.18	0.16	0.44	0.47

注：交互项为优势型心理氛围与优势思维的交互项；* 表示 $p < 0.05$，** 表示 $p < 0.01$，*** 表示 $p < 0.001$。

假设 1 推断，优势型心理氛围与工作繁荣正相关。根据表 8-17 中的模型 3 可知，优势型心理氛围能够显著预测工作繁荣（ $\beta = 0.36$，

p <0.001, 95% CI: [0.26, 0.48])。因此，假设 1 得到支持。

假设 2 推断，要求—能力匹配与工作繁荣正相关。根据表 8–17 中的模型 4 可知，要求—能力匹配能够显著预测工作繁荣（β =0.62，p <0.01, 95% CI: [0.53,0.70])。所以，假设 2 得到支持。

假设 3 推断，优势型心理氛围与要求—能力匹配正相关。根据表 8–17 中的模型 1 可知，优势型心理氛围能够显著预测要求—能力匹配（β =0.38, p <0.001, 95% CI: [0.27,0.50])。所以，假设 3 得到支持。

假设 4 推断，要求—能力匹配中介优势型心理氛围与工作繁荣之间的关系。根据表 8–17 中的模型 5 可知，要求—能力匹配在优势型心理氛围与工作繁荣之间的中介效应是显著的（要求—能力匹配，β = 0.56，p < 0.001, 95% CI: [0.47, 0.64]；优势型心理氛围，β = 0.15, p < 0.01, 95% CI: [0.07, 0.24])。为了进一步检验假设 4，我们执行了 Hayes 的 Process（Model 4）分析。结果显示，要求—能力匹配在优势型心理氛围与工作繁荣之间的中介效应也是显著的（效应值为 0.21，标准误差为 0.03, 95% CI: [0.15, 0.29])。因此，假设 4 得到支持。

假设 5 推断，优势思维有助于提升优势型心理氛围与要求—能力匹配之间的关系。在检验这个假设之前，我们首先计算优势型心理氛围与优势思维的中心化值；然后，创造了一个两者之间的交互项。如表 8–17 中的模型 2 所示，优势型心理氛围与优势思维的交互项系数是显著的（β =0.08, p <0.01, 95% CI: [0.02, 0.14])。因此，假设 5 得到支持。斜坡分析结果显示，当优势思维水平较高时（效用值为 0.33，标准误差为 0.06, t = 5.73, p <0.001, 95% CI: [0.21, 0.44])，优势型心理氛围与要求—能力匹配之间的关系要比优势思维水平低时（效应值为 0.16，标准误差为 0.06, t = 2.75, p <0.01, 95% CI: [0.05,0.28])强。

假设 6 推断，优势思维有助于提升要求—能力匹配在优势型心理氛围与工作繁荣之间的中介作用。我们采用 Hayes 的 Process（Model 7）验证这个假设。分析结构显示，有调节的中介指数是显著的（指数值 =0.05, SE =0.02, 95% CI:[0.01, 0.08])。斜坡分析结果表明，优势思维水平高时（效应值 =0.18, SE =0.04, 95% CI: [0.11, 0.26])，要求—能力匹配的中介作用要比优势思维水平低时（效应值 =0.09, SE =0.03，

95% CI: [0.02, 0.16]）更强。

5. 研究结论

本研究为优势活动理论的命题 1、命题 2 和命题 8 提供了初步的证据。具体而言，优势型心理氛围（优势管理活动）有助于促进员工工作繁荣（员工幸福感）；优势型心理氛围（优势管理活动）能够通过提升员工要求—能力匹配感知（认知机制）对员工工作繁荣（员工幸福感）产生积极影响；具有较高水平（与个体优势相关的）积极特质（优势思维）的员工能从优势管理活动（优势型心理氛围）中受益更多，例如，更高水平的要求—能力匹配，可带来更高水平的工作繁荣。

优势型组织文化

一、组织文化的内涵

这里谈到的组织文化涉及的范围比较广，包括民营企业、国有企业、政府机关、非营利组织等组织的文化。Schein（1985）根据文化所涉及的范围或层次不同，将文化分为四种类型，即宏观文化（Macrocultures）、组织文化（Organizational Cultures）、亚文化（Subcultures）和微观文化（Microcultures），每一种文化的范围如表9-1所示。

表9-1　文化分类

文化类型	范围
宏观文化	国家、民族和宗教团体，全球存在的职业
组织文化	民营企业、国企、非营利组织、政府单位
亚文化	在组织中的职业群体
微观文化	组织内部或外部的微系统

Schein（1985）认为，文化是指一个特定群体在学习解决其外部适应和内部整合问题时发明、发现或发展的基本假设模式，如果这些假设模式运作良好，将会被认为是有效的，进而将其教给新员工，作为感知、思考和感受与这些相关的问题的正确方式。文化同时存在于三个层

次，最外层是人工制品，在人工制品下层的是价值观，核心层是基本假设。假设代表了对现实和人性的理所当然的信念；价值观是被认为具有内在价值的社会原则、哲学、目标和标准；人工制品是基于价值观和假设的可见与有形的活动结果。值得注意的是，基本假设是理解和改变一个文化的关键所在。

Hatch（1993）基于 Schein 的组织文化模型，从动态的视角，提出了组织文化动态模型，这一模型对 Schein 的组织文化模型做出了两个基本的改变。一方面，通过整合符号—解释视角和 Schein 的组织文化模型，引入了符号这一新元素。另一方面，消除文化元素（假设、价值观、人工制品和符号）的中心性，这样就把静态的文化模型转化成了动态的文化模型。组织文化动态模型如图 9-1 所示。这一动态模型旨在回答假设、价值观、人工制品和符号是如何构成文化的，连接它们的过程是怎样的，而 Schein 的组织文化模型则是解释文化是如何改变或如何被改变的。Hatch 的文化动态模型承认，文化的静态和变化是同一过程的结果。

Hatch 的文化动态模型（见图 9-1）认为，文化是由显示、实现、象征和解释四个过程构成。

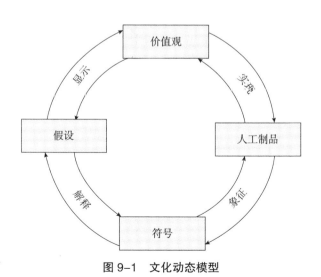

图 9-1　文化动态模型

文化动态模型中的每一个过程均包括两种类型，主动型或前景型过

程和回溯型或回顾型过程。前者描述的是顺时针的过程，后者描述的是逆时针的过程。顺时针来看，显示过程将假设转化为价值观，价值观通过人工制品来显示，人工制品需要通过符号来表达，符号又是对假设的最为直观的解释。逆时针来看，价值观是会反过来塑造组织的基本假设，假设是符号的最为本质的解释，符号体现了不同重要程度的人工制品，人工制品确认或维持组织的价值观。

尽管 Schein 和 Hatch 对组织文化的内涵进行过详细的描述，但学术界对组织文化的内涵仍未达成共识。石伟教授结合文化人类学、组织行为学的研究将组织文化定义为，组织在其内外环境中长期形成的以价值观为核心的行为规范、制度规范和外部形象的总和。组织文化包含三个层次，即物质层、行为层和精神层。物质层主要包括产品、服务、组织环境、组织名称、标志、标准字、组织专用印刷书体、标准色彩、组织标语口号等；行为层包括组织领导者的行为、组织模范人物的行为和组织成员的行为，这些行为是组织的经营作风、精神面貌和人际关系的动态体现；精神层包括组织精神、组织目标、组织运营哲学、组织道德、组织价值观念等。

阿伦·肯尼迪和特伦斯·迪尔在《西方企业文化》一书中，提出企业文化应当包含企业环境、价值观、英雄人物、习俗和仪式以及文化网络五个要素。其中，企业环境是企业文化的影响因素，价值观是企业文化的灵魂，英雄人物是企业文化的人格化，习俗和仪式是企业文化的载体，文化网络是企业文化的传播渠道（彭新武，2018）。

Robbins 和 Judge 提供了一个被广泛认同的组织文化的定义：组织文化是指组织成员共有的一套意义共享的体系，它使组织独具特色，区别于其他组织。这个意义共享的体系包含七个组织看重的关键特征，这些特征反映了组织文化的本质。这七个特征分别是：①创新与冒险；②注重细节；③结果取向；④人际取向；⑤团队取向；⑥进取心；⑦稳定性。①

---

① 斯蒂芬·P.罗宾斯，蒂莫西·A.贾奇.组织行为学［M］.李原，孙健敏，译.北京：中国人民大学出版社，2008.

二、组织文化的形成过程

组织文化的形成是一个复杂的过程，其源头是组织的创建者。组织创建者在建立一个组织的同时，在其人格的影响下也开始塑造这个组织的文化，但这只是组织文化形成过程的起点。当组织克服了各种成长和生存的危机，为组织的外部适应和内部整合提出解决方案时，组织文化才得以形成。外部适应和生存问题主要涉及生产什么产品、投入多少资金在商业中、谁是组织经营成功的关键等；外部整合问题主要包括观点或思想来自哪里、如何管理一个增长的业务和权力如何分配与匹配等。

尽管每一个组织的发展历史有所不同，但组织文化的形成均遵循着共同的过程：首先，组织的创建者对成立一个组织有一个想法；其次，基于这样一个好的（可行且值得冒一些风险）想法组建一个群体；再次，创建的群体开始协作行动，通过筹集资金、获得专利、合并等方式创建一个组织；最后，根据组织创建者的需要引进其他人进入该组织，组织开始发挥作用，发展自己的历史。在这些过程中，组织创建者将对组织如何解决外部生存和内部整合问题产生重要的影响，因为组织创建者提供了创建组织最原始的想法，他/她对于如何实现自己的想法将会因先前的文化体验和人格特征有所偏好。一般来讲，组织创建者对组织将会"做什么"以及"如何做"有着强烈的想法。特别是，他们对这个世界的本质、他们的组织在这个世界上所扮演的角色、人性的本质等持有坚定的假设（Schein, 1983）。

需要注意的是，在组织创建者创建一个组织之后，初步形成的组织文化仍需要一些管理活动进行维系，进而保持组织文化的活力。这些活动主要包括三个方面：甄选、高层管理者和社会化（George et al., 1999; Harrison and Carroll, 1991）。

首先，甄选。甄选是组织引进新员工过程中的一个重要评价环节。甄选是通过各种有效的评价手段对候选人的经验、技能、知识、人格倾向、兴趣和爱好等进行评估，进而挑选出符合组织要求的候选人。一般而言，从内容上来看，甄选强调三个方面的匹配：一是员工技能、能

力、知识和经验等与岗位要求的匹配（能力与要求匹配）；二是员工需求与组织供给之间的匹配（需求与供给匹配）；三是员工价值观与组织文化的匹配（人与组织匹配）。大多数的组织比较强调前两种类型的匹配。对于能力与要求匹配而言，在甄选过程中主要通过评价员工过去的工作经历、所获得的成就、受教育程度、证书、智力测试和评价中心等方式筛选出满足要求的员工。对于需求与供给匹配而言，在实际的甄选过程中，主要体现在组织能否满足员工对于薪酬、户口、住宿、岗位分配、工作地点和组织所有权性质的期望。对于人与组织匹配而言，主要是通过组织自己开发或组织外部开发的成熟的员工价值观或组织文化匹配测量工具来甄选适合的员工。在组织文化的维系过程中，强调新进员工的价值观与组织文化的匹配非常重要。随着职位层级的提升，人与组织的匹配会变得更加重要。一旦新进员工不认可组织的文化，其在日常的工作活动中会很难与同事协调工作，处处充满着不满意，不仅会影响工作进度与质量，而且还会给其他同事带来不必要的麻烦；不仅员工自身在工作中不快乐，而且还会给组织带来众多消极的影响。当新进员工认可组织文化，其会在工作中很快地适应当前组织的工作环境或氛围，在工作中时时刻刻践行组织的文化理念，不仅员工能够快速成长，而且组织文化还能够通过员工的行为、思想和观念等方式得以延续。

其次，高层管理者。高层管理者对于组织的维系、保持组织的活力非常重要。在甄选部分，我们已经强调，要重视人与组织的匹配。尤其是高层管理者更要重视其与组织的匹配。实践经验告诉我们，对于高层管理者而言，大多数人并不太在意组织能给多少薪酬、能提供什么待遇，而在乎自己的价值观是否与组织文化相匹配，甚至说自己做人做事的风格与组织一把手能否相容，正所谓"道不同不相为谋"。一旦高层管理者进入组织，其一言一行会对组织内的其他员工尤其是他们的下属产生重要的影响。根据社会学习理论可知，人们会对重要他人的行为进行模仿、学习。高层管理者如果能将组织文化理念内化为自己的行为指导思想，从而在工作实践中充分体现组织的文化，与高层管理者相关的众多其他员工也会认同组织文化，践行组织文化；倘若高层管理者不认同组织的文化，其行为方式在很大程度上也会与组织文化的要求相冲突，不仅不利于其下属或关联员工理解、践行组织文化，而且还可能将他们引入与组织文化相违背的轨道上，最终严重抑制组织文化的维系，降低组织文化的活力，甚至与组织文化相背离的其他文化将会盛行。

最后，社会化。组织社会化是指员工适应新工作和组织角色的主要过程，其在员工适应和学习过程中扮演着重要的角色。Chao 等（1994）提出，组织社会化应当包含六个方面的内容：

第一，任务执行熟练度。学会完成被要求的工作任务是社会化的关键部分。如果员工没有足够的工作技能完成所承担的工作任务，无论如何激励员工都注定是失败的。尽管工作执行（如培训项目、先前的经验和受教育程度）与组织社会化有关，识别员工需要学习什么以及如何才能更好地掌握所需的知识、技能和能力仍是组织社会化的重要基础工作。

第二，人。社会化涉及与组织成员建立成功且令人满意的工作关系。找到正确的人或者是从他／她那里能够了解组织、工作群体和工作的人在社会化中扮演着关键的角色。这些工作关系是由组织成员的个体特征来塑造的。人格特征、群体动态、工作之外的兴趣相似性和结构化的已经被定义的组织关系，将会影响个体的社交技能和行为在多大程度上被组织内的其他成员所接受。

第三，政治[①]。在组织政治中的社会化关系到个体能否成功获得组织中正式和非正式工作关系与权力结构方面的信息。认识到谁比谁有更大的权力的个体往往更能进行有效的学习、更好地适应新的工作或组织。Feldman（1981）指出，探索群体内部冲突的解决方案是社会化的一个关键内容。Schein（1971）认为，新员工必须为他们的新角色学习有效的行为模式，这一观点意味着组织社会化包含政治维度。

第四，语言。这一维度描述的是个体所具有的关于职业技术语言方面的知识以及组织内部独特的缩写、俚语和行话。Maccoby（1984）指出了在儿童社会化中语言开发的重要性。她认为，掌握语言能够让儿童

---

① 这里的政治主要是指组织中的政治现象。

理解父母的指导、解释和推理。同理，掌握组织内部所特有的语言有助于新员工更好地理解来自组织的信息，更好地与组织内部成员进行沟通交流。

第五，组织目标和价值观。大多数的关于组织社会化的定义均包含这一维度。Schein（1971）认为，社会化包括理解维持组织完整性的规则或政策。组织目标和价值观的学习也包括无法言语的、非正式的和隐性的目标与价值观，这些目标与价值观备受有权力的人所推崇（Fisher，1986）。Feldman（1981）也明确强调了学习群体规范和价值观在新员工理解无法言语的规则、规范和非正式网络方面的重要性。

第六，历史。Ritti 和 Funkhouser（1987）描述了一个组织的传统、习俗和仪式是如何被用于传递文化知识的，进而促进组织成员的社会化。这个历史的知识和有关组织特殊成员个人背景的知识能够帮助新员工了解哪一类行为在具体的人际交往和当前的组织中是合适的或不合适的（Schein, 1971）。

三、优势型组织文化的特征

根据优势管理理论可知，充分释放员工潜能、发挥员工优势是实现员工高质量发展进而促进组织的高质量发展的必要路径。组织为使用优势管理理论指导组织的管理实践，进而实现组织的可持续发展，需要创造优势型组织文化。优势型组织文化有三个重要特征：

第一，秉持"以人为本"的管理思想。以人为本的管理思想在当代组织管理实践中已经被反复强调，尤其是在人际关系学派兴起之后，组织管理者逐渐意识到"对员工的关心"是提升组织经营效能的重要途径。随后出现的马斯洛需求层次理论更是将以人为本的管理思想推向了高潮。但是，截至目前，大多数的组织管理实践仅停留在满足员工的生存需要、安全需要、社交需要和尊重需要上，很少有组织真正从满足自我实现需要方面来完整地体现以人为本的管理思想。由于优势管理理论通过强调发挥员工优势来满足员工自我实现的需要，所以基于优势管理理论构建的优势型组织文化是以人为本管理思想的最高级体现。另外，优势管理理论旨在促进员工高质量发展。员工高质量发展不仅关注有助于组织利益的员工卓越绩效，而且还关注员工在工作中的积极主观体验，这也体现出以人为本的管理思想。

第二，关注员工优势。优势型组织文化是通过各种组织文化载体包括故事、仪式、物质象征和语言等营造一种重视员工优势的氛围，并且让员工切实地感受到他们的优势是组织所欣赏和看重的。对于员工优势的关注包括三个方面，即对员工优势识别、优势开发和优势使用的关注。由于大多数员工对自己的优势并不是特别清楚，所以关注员工优势的识别就显得尤为重要。根据优势管理理论可知，员工的优势并不是完全静态的，优势也具有动态性的特征，这就要求组织在员工优势开发方面进行投资。真正让员工获得卓越绩效的驱动力是员工优势使用，只有员工在工作中能够充分发挥其优势，员工才可能获得卓越的表现，仅仅拥有完成工作任务所需要的优势并不会直接带来员工绩效。总之，优势型组织文化向组织内的员工传递了"员工优势至上"的信号。

第三，重视员工卓越贡献。优势型组织文化非常强调员工的卓越贡献。这一点是个体优势内涵的重要体现。个体优势已经被定义为能够给个体带来绩优表现的个体内在的能力、技能、智力、特质和外在的机会与条件等。这里的绩优表现主要是指员工卓越绩效。从常见的胜任力模型角度来看，组织在人力资源管理方面，重视员工能力与工作要求的匹配，要求员工能够胜任工作。胜任力模型也要能区分表现好的员工和表现不好的员工。尽管如此，胜任力模型并没有专门强调对于员工卓越绩效的要求。基于优势管理理论而构建的优势型组织文化非常重视员工的贡献。对于员工贡献的重视，现代管理学之父德鲁克先生在其著作《卓有成效的管理者》中也有强调。优势型组织文化更是传递了一种重视员工卓越贡献的信号，因为组织中的每一位员工均会对组织的经营与发展做出一定的贡献，但真正能够促进组织高质量发展、保持组织可持续发展的是员工所做出的突出贡献或卓越贡献，如员工开发出新的领先技术、制造出新的产品。

四、塑造优势型组织文化的步骤

在组织管理中，充分发挥优势管理理论对激发员工和组织高质量发展的潜能，塑造优势型组织文化是非常必要的。为了顺利并且成功地塑造优势型组织文化，组织管理者可遵循以下八个步骤实施优势型组织文化变革。

第一，得到"一把手"支持。从组织文化的形成过程中可发现，组织的创建者在塑造组织文化中发挥着重要的作用，也就是说，在塑造优势型组织文化的过程中，组织的"一把手"决定着优势型组织文化能否塑造成功，得到组织"一把手"的全面、大力支持是塑造优势型组织文化的第一步。

第二，营造紧迫感。对于已经运行的组织而言，塑造优势型组织文化的过程实际上是一次文化变革的过程，在组织中营造紧迫感的氛围是必要的过程。让组织内的员工深刻认识到文化变革势在必行，不进行变革将会严重影响组织的发展与生存。组织的领导者在营造紧迫感方面起着重要的作用。组织中的各层领导者尤其是高层领导者要通过正式和非正式会议向员工反复传递文化变革具有必要性的信息，从意识层面上培养员工对于文化变革的接受度和认可度。组织领导者在营造紧迫感的过程中除了利用组织的正式沟通渠道，还要充分发挥非正式群体和非正式沟通渠道的积极作用。

第三，成立文化变革领导小组。俗话说"火车跑得快，全靠车头带"。成立一个由不同身份成员构成的文化变革领导小组是文化变革顺利开展和进行的重要保障。组长建议由组织的"一把手"担任，这有助于体现组织对于变革的重视，同时也能引起组织内部成员对于变革工作的重视。小组成员的组成应当多元化，既包含领导者又包含非领导者，既包含主营业务的员工也包含非主营业务的员工。尽可能地选择在某一群体中具有影响力的员工进入文化变革领导小组。除此之外，小组成员的构成也应当满足法律、法规和政策制度等方面的要求。

第四，制定优势型组织文化变革方案。计划是组织管理工作中的重要职能，组织文化变革作为组织中的一类重要工作，也要制订计划。这有助于保障变革顺利进行，为管理工作指明方向，为评价变革任务的成效提供标准。变革方案应当包括变革的原因、目的、计划与步骤、责任与权力、各个阶段的成果等，尤其是要有明确的时间节点。

第五，执行变革方案。在制定好优势型组织文化变革方案之后，就是要高效地执行方案。在执行变革方案时，不仅需要参与变革的员工具备执行变革的能力，而且还要表现出高水平的执行力；不仅要让有关人员承担具体的变革责任，还要给予其相应的权力和资源。同时，由于组织经营的内外部环境具有很强的动态性特征，变革方案的灵活性可能会使已定的变革方案发生适当的变化，这也要求执行变革方案的员工要具有动态的执行力。此外，在变革的过程中，变革领导小组要尽最大努力排除变革过程中存在的障碍，保障变革方案顺利实施；要传播变革设想，让组织中的各种利益相关者清晰地了解组织变革的方向。

第六，及时获得变革成果。组织变革会给员工带来心理上的不安全感，几乎每一位员工都会担心自身的利益受到损害。为了及时消除员工在心理上对于变革的抵触，在变革的过程中要及时获得成效，切实使得员工的总体利益得到保护，甚至得到提升。如果变革过程比较漫长，并且短时间内并未让员工看到或感受到此次变革所带来的好处，后续的变革工作将会很难顺利推进。因此，变革领导小组要及时获得变革成果，取得变革成效。

第七，继续改变不适应新的组织文化的组织因素。在获得阶段性成果之后，组织需要进一步根据变革的进度和实际情况，不断改变不适应优势型组织文化的管理制度、政策和办法，尤其是进一步改变原有的与优势型组织文化不相匹配的思维观念。尽管组织变革并不是一蹴而就的，不可能一时间将所有的不适应新组织文化的因素排除干净，但组织管理者要根据需要排除的因素的重要性程度，逐步克服不适应优势型组织文化的因素。

第八，不断巩固变革成果。随着变革过程不断推进，变革内容不断深入，组织的优势型文化将会逐渐凸显，最终得到员工的普遍认同，大

多数员工也将会一致性地认为"优势管理理论"是组织管理的核心指导思想，专注员工优势是组织的核心价值观。最后所形成的优势型组织文化要从物质、行为、制度和精神层面得以体现。

优势型人力资源管理实践

一、优势型招聘

（一）优势型招聘基本简介

优势型招聘是一种将优势管理思想引入招聘系统中的引进人才的方式。招聘一般包括七个步骤：征集人员需求，确定人员需求，招聘信息发布，收集简历并初步筛选，人员测评，面试，决定录用人员并发放录用通知。这七个步骤具有连续性，前一个步骤实施的质量决定了后一个步骤的质量，这就要求组织在招聘活动中，要从征集人员需求阶段严格把控工作质量。优势型招聘并不是完全摒弃传统的胜任力模式下的招聘，而是将两者有机地融合，从而形成高质量的雇佣决策。不论是优势型招聘还是胜任力模式下的招聘，均具有各自的功能和作用，尤其是体现在人员评价方面。技术性胜任力评价主要用于评价候选人是否能做一项工作，也就是说，候选人所具有的技能和知识是否与工作的要求相匹配；而优势评价主要是评价候选人是否想要做一项工作，是否具备做好这项工作所需要具备的天生的才能和优势，以及是什么因素激发他们做这项工作。

优势型招聘的一项核心基础工作是创建"优势和激励因素"。有两种被普遍使用的方法来完成这一工作。一是分析法，是指通过在工作场所中的实际观察和结构化访谈识别出一个工作角色中所有高成就者所具有

的优势（包括动机和价值观）。二是数据库方法，是指根据既定的优势词条库，通过访谈或调查的形式识别出高绩效者所具有的优势因素。这两种方法各有利弊。前者的好处在于：①考虑到了人们一般不知道自身优势这一事实；②有高水平的面板效度和信度；③针对特定的组织情境。

其缺陷在于耗费时间长、成本高。

后者的好处在于成本低、耗时短、易操作；其不足在于，可能会遗漏关键的优势因素。

大量的实践表明，优势型招聘能够给组织带来多方面的好处：

> 让"正确的人"在工作岗位上，改善了个体和组织绩效
> 因为员工更快乐，员工投入得以增加，进而带来高水平的客户满意度
> 通过候选人的积极体验，提升组织的声誉
> 因为较少的时间和金钱浪费在招聘"错误的员工"或不能长久留任的员工上，所以节省了很多成本
> 很少需要投入培训弥补员工的不足
> 降低因处理不适合他们角色的员工问题所带来的挫败感
> 提升招聘过程的严谨度和精确性
> 公平对待缺乏工作经验的年轻候选人
> 使组织充满能量和热情

（二）招聘广告

组织为招聘到正确的员工，需要将招聘广告发送出去，让潜在的候选人知道本组织在招聘员工。招聘广告可分为两种类型：一是排除型广告，二是选入型广告。

排除型广告的一个例子（英国护理人员的广告摘录）：

在这些重要的角色中，生活经验比工作经验更重要。您对老年人的需求感同身受，并理解以尊严和尊重对待我们的居民的重要性。

我们将为您提供所需要的所有支持、培训和发展，以帮助您在社会护理方面享受极其令人满意的职业。这项工作可能具有挑战性，但回报是无法衡量的。

如果您认为您可以帮助我们的养老院成为我们的居民真正可以称为家的地方，我们很乐意听取您的意见。

您将需要轮流在晚上、周末和银行假日工作。

这则广告有几个问题。除了比较模糊的陈述如"您对老年人的需求感同身受，并理解以尊严和尊重对待我们的居民的重要性"外，有关哪一类人能够做好这项工作的信息非常少。一些人可能与这一陈述相匹配，但这并不意味着他们能优秀地完成这项工作。这则广告没有吸引力，是一则简单的描述性的招聘广告。发布这则招聘广告的组织能够获得大量的申请者，但这些申请者要么没有真正了解这项工作需要什么条件，要么不知道他们是不是这项工作所需的"正确的人"。

下面是一则美国著名零售商店的销售经理岗位的招聘广告摘录：

销售经理的职责是获取和培养在人际交往能力方面能展现品牌的销售和服务专业人士。销售经理创造了感觉有能力照顾客户的员工。销售经理每天负责领导、支持和激励他们的卖家，为他们的客户提供卓越的服务体验。

成功的候选人应当是足智多谋、思想开放、受到挑战的启发、自我启动和灵活的，有能力将自己有意地插入可教的时刻，有一定水平的领导力并表现出积极的态度。

他们也能够跨职能领域进行协作以取得成果，并且最好拥有四年制大学学位。

就这则招聘广告而言，第一段表明了组织需要销售经理做什么；第二段描述了组织需要哪一类型的人，但使用的大部分的词语是模糊的，不同的人有着不同的解释。足智多谋、思想开放、自我启动和灵活能用不同的方式进行定义。"有能力将自己有意地插入可教的时刻"这句

话非常有趣和晦涩，并没有告诉候选人他们实际上必须做什么以及如何做。这则广告充其量只会吸引那些有销售管理经验和学位并且认为自己符合描述的人。他们是否适合这个销售经理岗位取决于组织是否清楚每个描述的含义。

与上面两则招聘广告相比，下面这个关于护士的优势型招聘广告更能够吸引"正确的人"：

做出改变是最能驱动你的吗？你是一个有爱心、公平的人吗？你认为每个人都是平等的吗？

做正确的事对你来说真的很重要吗？如果你认为有问题，你是那种敢于直言不讳的人吗？

你是一个非常可靠、勤奋、有高标准、喜欢把工作做得很好的人吗？你是否以总是加倍努力而闻名？

如果这听起来像你并且你喜欢承担作为护士的责任，具有责任感，我们很乐意听取你的意见。

以下是我们的一位护士对这份工作的评价："对我来说，这份工作就是关心一切——病人、同事、做好工作……并保持你的高专业标准。"

这则招聘广告使用通俗的语言描述了什么样的人善于当护士。如果你看到这则广告，你知道是否这项工作适合你。一位护士的引述让人深入了解了他的动机，因此阅读广告的人可以问自己："这听起来像我吗？"

当然会有一些人不确定他们是否符合描述，或者只是希望他们符合。但是，清楚地描述在工作中茁壮成长的人的类型将鼓励合适的人申请，并阻止那些不适合的人申请。随着更多合适的人申请，"排除型"方法就变得不必要了。招聘人员正在寻找那些满足工作规范的候选人，而不是寻找他们不适合的方式。

（三）优势型面试

优势型面试的目的是确定候选人是否具有工作所需的天生的优势。

面试官通过这样的面试试图发现候选人是否天生擅长这个角色，喜欢做这个角色并因此而充满活力。但是，胜任力模式下的面试则是基于候选人过去的绩效表现，评价候选人是否能够做一项工作。优势型面试至少有以下五个方面的好处：

> 对于受访者和面试官来说，这是一个引人入胜的过程，因为它更自然，不那么呆板

> 候选人不能以与基于胜任力的面试相同的方式准备优势型面试，因此，面试官更有可能真实地了解候选人

> 候选人喜欢这样的面试，并且通过这样的面试候选人能够了解真实的自己

> 不成功的候选人更了解他们为什么不成功

> 这对组织的声誉有好处，因为候选人通常都有非常积极的体验

根据潜在雇主所采取的优势型招聘的方式，优势型面试可分为两种类型。第一，问题基于专为相关职位制定的优势因素（因此面试官确切地知道该职位中表现出色的人实际上具有哪些优势）。第二，面试官通常试图发现候选人有哪些优势，以及它们是否与他们认为相关工作所需的优势相同。在这两种情况下，面试官都是为了发现某人是否拥有这份工作的先天优势，是否会喜欢它并会在工作中体验到高水平的繁荣，而不是仅仅关注候选人能否做这项工作。

在优势型面试中，面试官并不会根据候选人是否快速地回答问题或给人留下深刻印象来判断候选人。面试官在面试过程中旨在寻找一个人是否具有他们正在寻找的优势的证据。面试官认为每一名候选人都有其价值。两个具有相同优势的候选人可能表现出不同的行为方式。一个候选人可能回答问题很快，另一个可能很慢；一个候选人可能在短时间内给面试官留下深刻印象，另一个则不会给面试官留下深刻印象。重要的是，候选人是否具有面试官正在寻找的优势。给候选人最好的建议是及时表现出真实的自己，如果候选人伪装出某些特定的行为，会被面试官识破。一般来讲，优势型面试很难进行预先准备；面试时长一般保持在

45 分钟至 1 个小时。

（四）成功执行优势型招聘的关键因素

组织要想成功执行优势型招聘，需要充分考虑以下关键因素：

第一，建立明确的需求。组织明确知道为什么执行优势型招聘，有着具体的、紧迫的问题需要解决。通常情况下，组织并不知道他们做了什么使得在关键岗位上的员工取得了卓越的成绩。一些组织有着较高的员工离职率，这将损耗组织的时间和金钱。也就是说，组织可能面临着各种各样的问题。例如，组织努力吸引和保留关键岗位上的真正优秀的人；组织内的员工工作投入度低，影响了客户服务质量；组织担心他们的员工无法达到所期望的组织绩效水平。为了解决这些问题组织实施了优势型招聘。

第二，有合适的高层领导者。决定采用优势型招聘的高层领导者基本上都是赞同这项预算并且对这项工作成功执行承担责任的领导者。这些领导者是有勇气的人。他们凭直觉知道什么是正确的，即使面对反对，也不害怕做出变革性的决定。他们也是那种努力做正确的事情并努力实现他们认为适合自己组织的事情的人。他们往往是直截了当的类型，说话直白。

第三，获得合适的人的支持。成功并且持续地执行优势型招聘的组织很大一部分是因为高层管理者渴望解决上述提到的问题。其他组织使用优势型招聘所获得的成功经验让他们认识到，使用这样的方式也可能会帮助他们解决类似的问题。高层管理者（如主管人事工作的领导班子成员和其他重要利益相关者）对于使用优势型招聘的承诺和兴趣，是成功使用优势型招聘解决组织问题的必要条件。要想在实施优势型招聘的过程中获得合适的人的支持，需要向相关人员呈现有关投资与收益方面的具体数据和数字，充分表明使用优势型招聘所带来的好处。

第四，任命合适的推行优势型招聘的领导者。任命一到两名员工主导优势型招聘的执行是非常重要的。既可任命人力资源管理人员也可任命业务运作人员。被任命的员工最好是高管和具有较大影响力的员工。未必是全日制的员工，也可以任命外部专家或咨询团队。重点在于，被任命的人要对执行优势型招聘作出承诺，并且相信、认可优势型招聘的功能和作用。

第五，树立成功的典型案例。在推行一个新的管理方式时，及时树立成功的典型案例是必要的，因为这不仅向其他员工传递了该方式能够给员工和组织带来好处的信息，而且还道出了获得成功的具体做法，为其他员工复制这样的成功提供了实践参考。优势型招聘能够提升人才引进质量，让员工获得快速的成长与发展。可从当前表现卓越的员工入手，提炼典型的优势型招聘的成功案例。

二、优势型绩效评价 [1]

（一）优势型绩效评价内涵

优势型绩效评价旨在识别、重视和开发员工的优势，关注员工如何使用他们独特的优势为组织做出贡献。这并不是说问题型的绩效评价 [2] 不再重要，或者经理仅仅是积极的，而是说更多的努力要放在发现员工的优势上，给员工提供最大的机会让员工依据自身的优势去完成工作中的各项任务。在一些情况中，补短板对于实现可以接受的绩效水平来说还是有必要的，但在其他情况下，更为明智的做法是接受每位员工都有自己的特长，通过不同的员工进行优势互补，进而实现最优化的绩效水平。

人力资源经理经常主导他们组织的绩效评价，希望通过绩效评价给组织带来各种各样的好处（如绩效的提升、创造上下级沟通的机会、人

---

[1] Bouskila-Yam O, Kluger A N. Strength-based performance appraisal and goal setting[J]. Human Resource Management Review, 2011, 21(2): 137–147.

[2] 问题型的绩效评价意味着，绩效评价的目的是识别员工的不足，通过绩效改进措施弥补员工的不足，进而提升员工的未来绩效水平。

事的决策数据）。但是，这些好处未必一定能够获得，甚至绩效评价可能是破坏性的。为了克服绩效评价潜在的负面因素，Bouskila-Yam 和 Kluger（2011）提出了一种新的绩效评价方式，即优势型绩效评价，该绩效评价方法运用了六个工具和原则：前馈面谈、反省最好的自我、快乐研究、优势开发、3:1 原则、双赢原则。

1. 前馈面谈

前馈面谈（Feedforward Interview，FFI）是欣赏式面谈在理论上的发展成果，欣赏式面谈是欣赏式质询理论和方法的构成要素。欣赏式质询的基本思想是聚焦组织做得好的方面，而不是专注于弥补组织做得不好的方面。欣赏式质询的第一个阶段包括欣赏式面谈，其被看作欣赏式质询的重要构成部分。更为重要的是，欣赏式面谈是欣赏式质询取得成功必不可少的程序，也是区分欣赏式质询和其他组织变革方式的核心要素。欣赏式面谈的目的是将员工体验的积极方面纳入重点。欣赏式面谈包括两个重要的步骤：一是引出具体的成功故事，这个故事是员工在过去工作中的经历，并且该成功故事能够让员工感受到最好的自我；二是根据这个故事探索让员工感受到最好的自我的条件。Kluger 和 Nir（2010）在欣赏式面谈的基础上提出了 FFI，并将其作为一种工具运用在人力资源管理活动中。

FFI 是一个具有多重目的的谈话形式，旨在提升员工绩效，改善主管和下属之间的协作。也就是说，FFI 解决了当前绩效评价的重大缺陷，FFI 是构建积极的关系，不是摧毁积极的关系，是为绩效改进提供支持的。FFI 有助于激发积极的情感，培养良好的纽带关系，为共享信息建立一种心理安全感。FFI 通常被用于五个组织活动中，即绩效反馈、工作选拔面试、职业规划会议、客户满意度调查和基于优势的战略开发。

执行 FFI 需要遵循以下三个步骤：

第一，引出一个成功的故事。在这之前，面谈者应先向被面谈者表达以下信息，"我确信在工作中你有积极的感受，也有消极的感受。今天，我将仅仅关注你工作体验的积极方面"。然后，问被面谈者四个问题：①你能告诉我一个关于你在工作中有着最好自我体验的故事吗？在这件事情中，你感觉到很幸福并且很顺利，甚至在你还不知道这件事情的成功结果之前你就对这件事情很满意。②你是否乐意再次体验类似的过程？③这个故事的巅峰时刻是什么？那一刻你是怎么想的？④那一刻你的感受如何（包括你的情绪和生理反应）？

第二，发现你的个人成功密码。问被面谈者三个问题：①这个成功的故事需要什么条件，如你做了什么，需要你具备什么样的能力和优势？②其他人做了什么促使这件事情的成功？③组织提供了什么条件使得这件事成功？

第三，前馈问题。向被面谈者陈述以下内容："你刚刚描述的条件似乎是你取得成功的个人密码（在故事中插入关键成就，如工作中的快乐、最佳表现或杰出的领导力）。"然后，增加一个问题："如果是这样，请考虑你当前的行动、优先事项和近期（如下个季度）的计划，并考虑它们在多大程度上包含所有这些条件。"

在绩效评价之前成功使用 FFI，能够减少被面谈者对绩效评价以及来自不同主体反馈的反抗。一个实验研究表明，与控制组相比，前馈提升了被面谈者的积极情绪和学习的感知。

2. 反省最好的自我

RBS 是以基于优势的方法为依据的，它表明真正的优秀是独特性的函数。当被面谈者理解他们的独特才能或优势并在工作中使用这些才能或优势时，他们将表现得比较好。

在组织中，大部分个体成长的过程是基于短板模式。根据短板模式，一个人的弱点是其进步的最大机会。Robert 等（2005）认为，短板模式可能减弱个体从整体的最好自我的感受中做出他们最大贡献、表现出最好的自己以及获得幸福感的机会。

与短板模式相反，基于优势的个体开发认为，获得卓越的成就并不是弱点改进的函数，而是构建个体优势的函数。根据基于优势的方法，弱点不应当被忽视，而应通过发现具备某一优势的其他人进行优势互补或弥补不足，以达到对于绩效而言可以接受的程度。基于这个导向，Roberts 等（2005）提出了执行 RBS 的工具。

3. 快乐研究

多年来，快乐—生产率理论深受组织实践者和研究者的青睐。这个理论的吸引力带来大量有关快乐、希望、乐观、韧性、幸福感与生命中各个方面（包括婚姻、友谊、收入、工作绩效和健康）成功之间关系的研究。元分析结果表明，与不快乐的人相比，快乐的人更健康、更善于交际并且更能够表现创新性的行为。这一因果关系的方向是双向的，快乐—生产率不仅表明快乐能够带来成功，而且成功也能够使人更加快乐。虽然积极的心境或快乐并不能解决所有的绩效问题（对于许多任务，消极的心境能够使人们表现得更好），至少积极的心境能够让人们更具有创造性、更加开放，表现出较少的工作回避行为，获得更高水平的收入，表现出更多的组织公民行为。例如，积极情感与各种工作结果之间有着中等程度的相关性，面板数据研究的相关数据值为 0.29，实验研究结果表明，积极情感与创造力的相关系数为 0.30。与这些实证发现相一致的是，积极心境和绩效之间的关系也能够用拓展构建理论进行解释。根据拓展构建理论，积极情绪发送出繁荣的信号，使得人们在快乐的行为上进行更多的投资，进而拓展了个人的积极思想行为池。因此，优势型绩效评价强调产生积极的心境。但是，从一定程度上来讲，它又不忽视可能产生消极情绪的问题。

4. 优势开发

一些旨在增加幸福感和降低抑郁的实证研究发现，执行两周的优势开发训练能够显著提升快乐水平并降低抑郁水平，这种积极作用在六个月之后仍然有效。这个优势开发训练分为两个步骤：第一，写下三个每天发生的好的事情以及它们为什么发生；第二，每天发现一种新的方法去使用标签优势。这些积极的结果很大一部分发生在一周的实验干预之后仍能主动地坚持这种优势开发训练的个体中。

5. 3:1 原则

首先，这一原则的理论基础在于，积极的体验有助于增加个人接受消极但有用的反馈的意愿。自我调节理论与有关反馈信号有效性的研究也为这一原则提供了解释。具体来讲，快乐的人并不是仅仅体验积极的情绪。事实上，快乐的人倾向于有一个积极和消极情绪3:1（2.9:1）的平均比率。一个被用于这个比率的数学理论表明，随着这个比率大于11:1，这个系统将会崩溃。少量的消极情绪似乎支持人们的繁荣。

其次，研究也表明，第一次暴露自己积极心境的人更有能力且更有意愿了解他们自己的消极方面。一个类似的观点也被有关自我控制和自我损耗的相关研究所证实，其表明：为了表现出一个相反的行为，我们需要发现一种方式先补充资源，以应对相反行为对于资源的消耗。这就为3:1原则提供了证据支持。

最后，根据促进调节焦点理论可知，积极的反馈似乎有能力提升绩效，根据抑制调节焦点理论，消极的反馈似乎降低了绩效。具体来讲，Van Dijk和Kluger（2011）运用自我调节理论的匹配原则发现：第一，一些任务（比如要求创新的任务）被感知为促进任务，而另一些任务（那些需要警惕和关注细节的任务）被感知为抑制性任务。第二，像期望的那样，与消极的反馈相比，积极的反馈增加了从事促进任务员工自我报告的动机和真实绩效。但是，与积极的反馈相比，消极的反馈增加了从事抑制性工作员工的动机和绩效。这就意味着3:1原则不应当被盲目应用，而大量的积极干预应当带来促进性行为，如创造力、主动性、创造新产品和市场等，而消极反馈应当带来抑制性行为，如服从安全规则、准时、有序。

在使用3:1原则时，应当为抑制性行为提供消极的反馈。这与最近欣赏式质询和积极心理学中的技术相违背。但这样做有助于达到一种平衡，不仅考虑了积极反馈可能带来的消极影响，而且还考虑了忽视消极的绩效所带来的危险。

6. 双赢原则

在谈判领域的一些模型表明，在冲突中的人们有两个独立的考虑焦点：自己和他人。仅仅考虑自己利益的谈判者很可能寻求"赢—输"的

解决方案，而仅仅考虑他人利益的谈判者很可能采取"输—赢"的解决方案。谈判领域更可能努力寻求一种双赢的解决方案，展现出对于双方的关心。这一原则运用在优势型绩效评价中有两种方式：第一，将双赢的原则嵌入 FFI 中，因为在寻找故事时，过程和结果都要有益于讲故事的人；第二，双赢的原则被嵌入目标设定的过程中，具体来讲，经理为他们的下属设定目标，下属主动地完成他们的商业目标（公司和上级的利益），经理以能够促进下属幸福感的方式使下属的优势通过某种方式得以表达和使用。例如，一个下属是工程师，他也喜欢将公司中混乱的程序变得有序，他下半年的目标是创建一个由市场和产品设计人员构成的交叉功能式团队，他负责产品，以至于他能协调当前导致错误沟通的混乱的流程。如果这个活动被认为能够解决商业的需要，将是双赢的目标设定，因为工程师喜欢使用的优势和商业的需要均能够被实现。

（二）执行优势型绩效评价的步骤

为了顺利地执行优势型绩效评价，首要工作就是获得高层管理者的支持。通常情况下，在组织中引入优势型绩效评价是一种重要的组织管理变革。对于绩效评价而言，虽说其变革的主要推动者是人力资源管理部门，但为了顺利实现人力资源管理方面的变革，仍需要获得来自高层管理者的支持。人力资源管理部门与高层管理者达成一致意见后，需要遵循以下六个步骤实施优势型绩效评价：

1. 召开第一次上下级会议

该会议由两个部分构成：

第一部分：上级使用 FFI 方法与下属面谈，主要关注下属在工作场所中甚至是以前的工作场所中最好的"充满生机"的体验。在面谈之后，让下属写下能够使他们表现出最好的自己的条件。

第二部分：上级提供一个有关下属的 RBS 反馈，换言之，让上级告诉下属一个有关下属工作方面的成功故事，这个故事是上级欣赏的并且有着深刻印象的。具体来讲，上级回想一个有关下属工作的具体成功事件，包括细节，如"发生了什么""给上级留下了什么印象"；接着，上级对下属说："我将告诉你一件事，在这个事件中我非常欣赏你以及你的工作，我愿意让你听到这个事，不是为了降低你的贡献，而是让你享受这件事。"此外，指导上级强调这件事情最为重要的部分。

2. 填写网络问卷

下属首先填写问卷，从在 FFI 中发现的促进下属表现出最好自我的条件开始。这些条件被提出之后，上级得到来自系统的提醒并且回答上级版本的问卷。让上级简要地记录第一次会议（包括 FFI 和 RBS）所讨论的故事。上级和下属的问卷均聚焦能够让下属在工作中繁荣的条件。上级和下属一起评价促进在 FFI 中被告诉的故事的每一个条件是如何重要，目前这一条件如何存在。跟随 FFI 相关的问题，加上与 12 个（或者其他数字）想要的组织价值观相关的问题（如在商业中的勇气）构成两个被上级和下属评价的量表，如"每一个价值观在多大程度上被体现在 FFI 中和 RBS 的故事中？"和"每一个价值目前在多大程度上被体现在你的工作中？"下属和上级都被要求评价在故事中优势如何表达与在工作中优势如何表达之间存在的不一致性。要求下属和上级思考存在于故事中而在当前工作中不存在的优势，并让他们表明在当前工作中重新获得这些优势的方法，也让他们思考在故事中被强调的优势，以及想出在工作中运用这些优势的新颖方式。此外，让他们思考未来必须避免的一个行为。

第一部分 前馈面谈问卷

1. 在下面的第一列中，描述促成你成功的故事的条件。

2. 使用从 5 到 10 的等级对每一个条件对故事成功的贡献进行评分，其中 10 表示"关键和重大的贡献"，5 表示"重要但不关键的贡献"。

3. 使用从 0 到 10 的等级对每一个条件当前存在于你的工作中的程度进行评分，其中 10 表示"条件完全存在"，0 表示"条件当前不存在"。

优势型绩效评价问卷

促进故事成功的自身条件和外部条件	对于我的故事的贡献						当前在我的工作中存在的情况									
1.	5	6	7	8	9	10	1	2	3	4	5	6	7	8	9	10
2.																
3.																
……																

说明：本问卷适用于上级和下属。下属首先确定 FFI 中发现的促进其表现出最好自我的条件。一旦下属将这个信息发到网络，上级就能收到带有下属回答的问卷。问卷中的大多数问题对于上级和下属都是相同的。上级对特有的问题会在下面进行标注。

圈出你发现"对于我的故事的贡献"程度和"当前在我的工作中存在的情况"程度之间有着最大差距的条件。你能做些什么来缩小这个差距？

回答以下问题：（a）什么会阻止你缩小差距？（b）你会怎样克服这个障碍？（c）根据（b），你做什么能够找回有助于你成为最好自我的条件？

第二部分　优势评价

请根据在会议中产生的两个故事（一个是自己提出的，另一个是上级提出的），用两种方式评价下面的优势：这个优势多大程度上在你的工作中得到体现（从"1 = 不相关"到"7 = 极其相关"），这个优势多大程度上体现在你的故事中（从"1 = 不相关"到"5 = 非常相关"）。该部分的布局与上面的表格相类似。

优势

1. 提出原创想法以推广他 / 她所涉及的领域；

2. 愿意接受别人的想法；

3. 对不断变化的现实或复杂的情况表现出开放的态度；

4. 敢于发起变革并迎接挑战，同时承担可计算的风险；

5. 克服困难和障碍，在他 / 她负责的领域执行任务；

6. 用他 / 她的人格力量招募他人做事；

7. 在意识到他人需要帮助时积极提供帮助；

8. 关注他人的需求和愿望，促进双赢；

9. 公开、真诚地与他人沟通；

10. 自然而真诚地赞美他人；

11. 提供反馈，帮助他人发挥自己的最大潜能；

12. 从错误中学习并应用所学，以免重复错误；

13. 预测行为结果并采取相应行动。

第三部分 总结

回答以下问题：

1. 为了自己和组织的利益，你如何以一种新的方式表达自己最好的优势？

2. 写下你将来应该避免或小心的一种行为？（上级：写一个需要改进的地方）

3. 写下任何其他评论。

第四部分 明年的目标设定

写下你明年的目标（在表格中）。对于每个目标，说明将使用什么衡量标准来评估其成就、截止日期以及该目标占总努力的百分比权重。

3. 基于优势的评价讨论和一致性的目标

在这个步骤中，上级接收到来自网络系统的完整报告，准备给下属开第二次会议。在这个会议中，上级与下属一起讨论，以扩大下属在工作场所中的优势使用。准备这个会议时，可以为上级和下属提供另一轮的有关优势的培训，处理如何开发优势以及怎样设定双赢的目标。具体而言，建议上级至少发现三种方式增加下属的优势。RBS 是一种非常重要的增加下属优势的方式。增加优势的方式还有考虑如何重新创建下属

工作繁荣需要的工作条件（这是上级和下属共同的责任），并且以一种新颖的方式，或者当上级注意到更好的价值观或条件的表达（与下属所意识到的相比）时，通过改正下属不好的自我认知发现一种或者更多使用现存优势的方法。例如，如果下属认为他／她没有展现出创造力，但上级看到他／她经常表现出这一能力，这时上级应当告诉下属，他／她所表现出的创造力水平远比他／她感觉到的要高。在上级看到下属夸大优势时，无论多么罕见和次要，建议上级通过回忆一个展现该优势的例子来支持这些说法。例如，可以告诉一个高估了他／她的管理技能的下属："我看到你组织了一个告别派对。我想与你一起考虑我们如何将这项技能扩展到其他的活动中。"另外，上级可以使用3:1原则，在讨论至少三个优势之后，指出一个不足。通过这种方式，能够保持聚焦优势但又不忽视阻碍目标实现的问题。

4. 根据通过网络问卷收集到的全面信息，建立其积极核心的组织

这个图的主要目的是突出组织的优势以及需要改进的领域。在组织中构建集体效能感是与提升个体优势相类似的过程。这涉及三个方面：一是用一种新的方式扩大组织优势的使用，二是识别那些还没有被组织中大部分成员所认识到的现存的优势，三是恢复当前未使用的优势。这个组织图首先呈现给高层管理团队，然后呈现给所有的下属和上级，以此作为下一步骤的一部分。

5. 举办"前馈派对"

这是一种庆祝组织中最好故事的活动。在这一步，人力资源部门会邀请很多上级、下属以及他们的配偶出席一个晚宴。在这之前，人力资源部门经理让优势型绩效评价参与者发送他们最感人的故事。派对期间，在庆祝所有关于组织的积极方面时分享来自前馈面谈和反省最好的自我的故事。

6. 上级与下属进行后续讨论

这是最后一步，发生在数月之后（如六个月）。上级将会与下属进

行后续的讨论，以便评估目标执行的状况以及下属的优势能够多大程度上在工作中被使用。

（三）优势型绩效评价的效果

尽管优势型绩效评价是一个非常新的绩效评价方法，甚至还没有组织真正地完成系统的优势型绩效评价方案，但在执行此方法的过程中，员工和组织已经获得初步的成效。例如，员工认为，优势型绩效评价提升了他们与上级在一起的时间的质量并且更容易接收到积极的评价；优势型绩效评价让员工更专注于自身优势，能够使他们从目标设定中受益，从经验中学习，让员工做他们擅长做的工作任务。

对于组织而言，优势型绩效评价提高了授权水平，提升了员工动机和工作绩效，为设定期望和目标打下了扎实的基础，改善了组织沟通且能够更好地理解员工的需求。此外，优势型绩效评价有助于塑造积极的组织文化，改善组织的协作效率。

Van Woerkom 和 Kroon（2020）的一项实证研究表明，优势型绩效评价能够显著提升员工感知到的主管支持，进而增加员工进行绩效改进的动机；此外，当绩效评级得分相对低的时候，优势型绩效评价的积极作用更强。这一研究的重要启示之一在于，实施优势型绩效评价对于促进绩效评价结果不好的员工进行绩效改进具有重要的积极作用。

三、优势型绩效反馈

基于优势的绩效反馈是一种新兴的绩效反馈模式，它以优势管理思想为基础。优势管理思想的基本假设有三个：一是每位员工都有着天生存在的优势；二是员工的优势是员工成长与发展或取得成功最为关键的领域；三是与弥补不足相比，员工在工作中发挥优势更能使员工获得卓越的绩效。大量的实证研究表明，员工优势使用不仅能够显著促进员工的工作投入、幸福感、工作满意度、组织公民行为、工作重塑行为、创

新行为和任务绩效，还能够降低员工所体验到的工作压力。将优势管理思想运用到绩效反馈中，有助于提升绩效反馈的有效性。Aguinis等（2012a）针对如何进行基于优势的绩效反馈提出了九个具体建议：

第一，聚焦员工的优势。基于优势的绩效反馈的核心观点是聚焦员工优势，对于员工使用优势所表现出的积极行为和获得的有益结果提供积极的反馈，并且让员工通过持续地使用他们的优势保持或改善他们的工作行为和结果。

第二，基于优势的绩效反馈，并不是完全不顾员工的劣势，而是专注于员工可以通过学习和培训获得的知识和技能，不是专注于员工的天生的不可改变的才能。因为知识和技能都能通过学习获得和提高，而才能一般是固定的、内在的、不可改变的。

第三，管理者应当依据优势管理思想管理员工的才能劣势。管理者可以采用Buckingham和Clifton（2001）的五个建议：①帮助员工改善一些他们想要改善的才能，但要记住，员工不可能从本质上改善他们缺乏的才能。②管理者和员工都应当设计一个支持系统，对于员工才能劣势的支持，例如，参加公众演讲的员工能够通过假想观众都是不懂的来保持冷静。③管理者应当鼓励员工看到他们的优势才能可以弥补他们才能的劣势，例如，如果一个员工拥有责任才能但缺乏社交才能，管理者就要帮助员工意识到社交是一种重要的责任，负责任的员工才能得到他人的尊重和认可。④让员工很容易地与其他具有他们缺乏的优势的员工合作。⑤避免让员工做一些非常需要员工劣势的任务，也就是说，要对在某一方面有劣势的员工重新设计工作。

第四，提供反馈的人需要对个体的知识、技能和才能非常熟悉，而且还要熟悉他们的工作要求。这一点非常重要，因为如果反馈不合适，反馈者的信任将会丢失，例如，一位不熟悉工作团队每天做什么以及不熟悉工作要求和工作情境的区域经理，参观当地的办公室时依据小道消息或第三方消息提供反馈，其实是不合适的，因为该经理对以上两个方面并不很熟悉。

第五，进行反馈时要选择合适的场合。尤其是，反馈应当在比较私下的场合进行，而不是公众场合，在同事面前接受消极的反馈对于员工是有害的。而且，尽管大部分人乐意在公共场合接受基于优势的反馈，管理者也应当考虑某些员工会对在公众场合接受认可感到不舒服。如果不顾这些在不合适的场合给予反馈，将无法带来积极的结果。

第六，用一种巧妙的方法进行反馈。一种方式就是，在基于优势的反馈和基于劣势的反馈之间设置一个最优化的比例，那就是说，管理者应当给予至少三个积极的反馈，然后再给予一个消极的反馈。另一种方式就是，通过询问员工什么起作用开始提供反馈，让员工对于他们的未来看到更多的希望，消极的反馈会降低员工的防御心理和行为。管理者也可以让员工参与反馈的流程，当员工在反馈的流程中有主动的角色时，将提升他们对于反馈的满意度，并且能够降低员工的抵御心理和行为。

第七，反馈应当是具体的和精确的。反馈应当以某一具体的工作行为和结果为基础，而且应强调是在什么样的情形下看到的，避免做出一般性的陈述，如"这工作做得好""你今天很努力"。缺乏具体性不利于信息有效传达，反而会导致反馈失败。除了具体性之外，反馈也应精确，要依赖具体的证据进行反馈。

第八，管理者进行反馈时，应当把员工的行为和结果与其他各种层次或水平上的重要结果联系起来。具体来讲，提供反馈的人应该解释，员工表现出的行为和已获得的结果不仅对于员工的考核和奖励有重要的影响，而且对于员工所在的团队、部门甚至企业也有着重要的影响。如果员工的行为和结果并没有被认为与其他重要的结果相联系，很可能给员工留有一个印象：通过使用他们的优势所产生的行为和结果并不是那么重要。类似地，员工也可能认为他们的消极行为和结果对于团队、部门和组织也不是那么有害。

第九，追踪反馈。这里涉及，通过一个开发计划给员工提供一个具体的方向，而且过一段时间还要检查员工改善的进度。通过这样的努力，员工会认识到反馈是应当被重视的，是有价值和意义的。

优势型领导

有一个大臣说："陛下为人傲慢，没有项羽那么仁厚，但你的优点是你把打下来的地都封给有功之臣，而项羽从来不封，因此大家觉得跟着你干有前途。"刘邦听后说了一段非常有名的话："公知其一，未知其二。夫运筹帷幄之中，决胜千里之外，吾不如子房；镇国家，抚百姓，给饷馈，吾不如萧何；连百万之众，战必胜，攻必取，吾不如韩信。"

一、优势型领导的内涵

领导者对于组织的重要性不言而喻。常言道"火车跑得快，全靠车头带"，领导带不好，啥也做不了。大量的管理实践也说明，员工的工作态度和离职意愿在很大程度上与其直系领导有关。在组织中，依据组织层次可将领导者分为基层领导者、中层领导者和高层领导者。无论哪一层次的领导者，其行为方式均会对下属产生重要的影响。我国从古至今一直有领导者在带队伍的过程中要"知人善任，用其所长"的观念。也就是说，领导者要善于识别下属的优势，在工作中能够有效地发挥下属的特长。这也是获得卓越领导成果的必要条件，这样的领导方式也是优势型领导行为的重要体现。

优势型领导最早是由 Clifton 等（2006）提出的一种积极领导构念，起初主要用于表达领导者并不是在每一个方面都能做得很好，也就是说，领导者并不是"全才"，而是在一个或多个领域比较擅长，通过发挥自己的特长并与他人进行优势互补达成领导目标，最终使一般的领导者成为卓越的领导者。优势型领导的本质特征在于聚焦个体优势（Rath and Conchie, 2008），不仅专注于领导者自身的优势，而且还关注下属、同事和上级领导等不同主体的优势（Drucker, 1967）。个体优势是指能够让个体获得卓越绩效和最佳自我表现的个体特征（Wood et al., 2011），其反映在个体自身的众多特征比较中，并不是与他人的特征比较而产生的（Van Woerkom et al., 2020）。优势赋予个体能量，是个体内在动机的重要来源（Roarty and Toogood, 2014）。Hutchinson 和 Brown（2021）指出，优势型领导者不仅知道、使用并开发自己的优势，而且还鼓励、支持和帮助他人这样做。由于领导者主要是通过自身和下属来完成工作任务，Burkus（2011）将优势型领导界定为，专注于自身和下属优势的一种积极领导构念，在此观点的基础上，Ding 和 Yu（2022）进一步将优势型领导定义为，领导者表现出的促进自身和下属优势识别、优势开发和优势使用的行为。值得注意的是，优势型领导也承认每个人都有自己的劣势，并不忽视一些劣势，而是通过有效的方式最小化劣势的消极影响，例如，通过培训弥补劣势，达到其不影响优势发挥的程度，通过优势互补来弥补相互之间的劣势（Van Woerkom et al., 2016a）。

优势型领导是伴随积极心理学的发展而被提出的一种积极领导风格（Clifton et al., 2006），其因专注于领导自身和下属的优势而区别于其他积极领导构念，如变革型领导、真实型领导和谦卑型领导（Ding et al., 2020）。优势型领导所体现的"重视个体优势"的管理思想在古今中外的管理实践中得到广泛认同，例如，早在唐太宗时期就已提出重视人的优势的观点，唐太宗说，"人之行能，不能兼备，朕常弃其所短，取其所长"（冯大力，2013）；德鲁克先生也认为，优秀的管理者应当重视发挥员工优势（Drucker, 1967）；盖洛普咨询公司通过 2 万多次深度访谈以及 100 多万个工作团队的研究发现，最有效的领导非常重视在优势方面的投资（Rath and Conchie, 2008）。此外，最近的实证研究也表明，优势型领导能显著提升下属绩效和幸福感（Ding et al., 2020; Ding and Yu，2020）。

二、优势型领导实践

在古今中外的领导实践中早已出现众多优势型领导者。下面举例说明优势型领导在领导实践中的应用。

（一）齐宣王 [①]

齐宣王准备建造一座宫殿，于是去搜寻各地的能工巧匠。有人从鲁国请来了一位很有名的石匠，但齐宣王却不重用他，让他和木匠们一起工作，这位石匠觉得痛苦不堪。

齐宣王问他："你是嫌工钱少吗？"

石匠说："不是，我只是想打石砌墙。"

齐宣王却说："木匠也是人才，那边也急需要人，你还是去做房梁吧。"

石匠点点头走了。

孟子听说这件事后，立即上朝去拜见齐宣王，说道："建一座像宫殿一样的大房子，找木料是很重要的事情。如果木师找到了上好的木料，大王肯定会十分高兴，认为他能按自己的意图很出色地完成任务。如果木师把木料由大砍小了，大王就可能会发怒，认为他不会办事，担负不了大王给他的任务。您说我说得对吗？"

齐宣王听了，有点摸不着头脑，一时不知如何回答。他正发愣间，孟子又说话了："从出现了社会分工开始，各人都在自己感兴趣的领域钻研，他们勤勤恳恳地学习一门技术，期望将来能在实践中运用。如果有一天您见到一个学有专长的人，却对他说：'把你那些专业技术暂时放到一边，听从我的分配吧。'结果会怎么样呢？这实际上就无法让别人发挥技术长处了。假如您有一块未经雕饰的玉石，尽管它价值连城，但您还是要请玉匠来雕饰它。然而，治理国家却不同了，它不像玉匠

---

① 资料来源：http://www.taodas.com/p-781738766.html. 责任编辑：中国历史故事网，2018 年 3 月 11 日。

雕玉石那样简单，只要按您的意思雕就行了。治理国家需要各方面的人才，而他们如何干，大王只能提出一些原则，却不能代替他们的大脑，更不能不顾别人所学所长，而强行要求他人一定要按自己的意思办。否则，那就和要玉匠依自己的意图雕饰玉石没什么区别了。"

齐宣王感到孟子的话是有针对性的，他意识到自己对石匠的工作安排有些不妥。待孟子走后，他赶忙派人把那位石匠叫来，让他去凿石砌墙。

（二）唐太宗 [1]

贞观名相房玄龄与杜如晦，是历史上著名的决策组合。若细数贞观时期的台阁规制、典章文物，就会发现多出自二人之手。房玄龄处事孜孜，恪尽职守，但遇事常犹疑不决；而杜如晦虽不善思想，但他分析周密，精于决断，二人性格行为互补，成为黄金搭档，号称"房谋杜断"。

戴胄不通经史，有人嘲笑他不学无术，但他为人正直，忠诚廉洁，办事公道。唐太宗就让他出任主管司法的大理少卿。在任上，戴胄公正执法，不阿权贵，政绩斐然。

贞观名将李靖可称文韬武略，出将入相。唐太宗让他统管重兵，战时御边出征，闲时入朝辅政，为政权巩固立下殊勋。

魏征常将谏诤之事视为己任，耻于君主不及尧舜，于是唐太宗任用他为谏议大夫，专门负责向皇帝提意见。魏征前后献言三百余策，其中多为太宗采纳。

房玄龄、杜如晦、戴胄、李靖、魏征等人共参朝政，取长补短，发挥各自优势，共同构建起大唐的中枢管理团队。

（三）任正非

华为的创始人任正非先生在《面对面》的一次采访中所表示出的观

---

① 李世民的用人观，很受用[EB/OL].（2020-04-08）. https://baijiahao.baidu.com/s?id=1663409143582117095&wfr=spider&for=Pc.

点充分体现了其"优势型领导"风格。具体访谈内容如下：

主持人：您反对的是那种盲目的、在补短板的过程中，这种所谓的知识产权的创新？

任正非：坚决反对。我就是最典型的短板不行。我在家里经常太太、女儿都骂，这个笨得要死，那个笨得要死。我这一生就是说，短的，去你的，我不管了，我只做长我这块板，让我再拼一块别人的长板，拼起来不就是一个高桶了吗？为什么要自己变成一个完整的、完美的人呢？完美的人就是没用的人，我们公司从来不用完人，一看这个人总是追求完美，就知道他没有希望，这个人有缺点，缺点很多，这个人好好观察一下，在哪方面能重用他一下。如果说他不会管人，就派会管人的副职去，派个赵刚去做政委就行了。我就举个例子，俄罗斯有个科学家，小伙子，大数学家。我今天早上跟他们说，谁有合适的女朋友给他介绍一个，这小伙子不会谈恋爱，只会做数学。他到我们公司来十几年，天天在玩电脑，不知道在干什么，然后我们管五万研发人员的人，到莫斯科去看他，打个招呼，一句话就完了。我给他发这个院士，他是院士，我给他发那个牌牌的时候，跟他讲话，嗯，嗯，嗯。三个嗯，完了，没有了。

主持人：他听不懂中国话吧。

任正非：那有翻译，不需要懂中国话，就是说他不善于打交道。他十几年默默无闻，在干啥我们并不知道。完了以后，突然告诉我，我们把 2G 到 3G 突破了，这个算法突破了。一讲，我们马上在上海进行实验，实验确实证明了。我们就这么一下，就领先全世界。

（四）乔布斯[①]

乔布斯也非常善于用人所长。他在一次讲话中说过，一名出色的人

---

① 管理不是改人所短.而是用人所长 [EB/OL].（2022-06-16）. https://www.163.com/dy/article/HA0GNE7S055350NS.html.

才可以顶 50 个平庸的员工。而他认为，自己的成功得益于发现了许多才华横溢、不甘平庸的人才。

乔布斯是怎样吸引这些天才来为其工作的呢？阿特金森是一名神经系统博士，属于乔布斯认为的顶级人才。乔布斯为了劝说他加入苹果，去找他聊了三个小时，乔布斯的说服力是非常强的，一般人难以抵挡。

阿特金森喜欢冲浪，于是乔布斯习惯性地用那种让人无法直视的问题问他："你是愿意到大浪的前头去冲浪，还是在大浪的后头安全地狗刨？"阿特金森真的是无法回答，像被点中了死穴一样。

不久，乔布斯给阿特金森寄去了一张不能退票的单程机票。阿特金森觉得反正不能退票嘛，就去了，去了后就留在苹果公司工作了。在苹果二代软件开发问题上，阿特金森主张用 Pascal 替代原来的 Basic。乔布斯本来不同意，觉得 Basic 其实也可以了。但乔布斯是这么跟他讲的："我知道你对替换这件事特别有热情，我给你六天时间，我希望你用这六天来证明我错了。"

乔布斯希望别人来证明他错了！了解乔布斯的人就应该知道，这种话是什么样的分量和力量！阿特金森真的做到了，而且没有用到六天时间。从此乔布斯非常尊重阿特金森，直到阿特金森离开苹果公司，始终对他敬重有加。

三、优势型领导力开发模型

既然优势型领导在管理实践中发挥着重要的作用，开发优势型领导力就显得十分重要。丁贺（2020）提出了"136"优势型领导力开发模型（如图 11-1 所示），可为组织培养优势型领导者、领导者塑造优势型领导行为提供借鉴。"136"优势型领导力开发模型指出，优势型领导的最终目的是达成组织、领导和员工三个主体共同认可的目标，以实现三者的共同发展，此终极目标的实现需要领导善于识别、开发和使用自己和下属的优势。为促使优势型领导真正发挥其效能，领导者需要具

备战略思维能力，能够营造积极的工作氛围，善于激发员工工作动机，具有较高水平的社会智力，动态执行能力强，能够塑造强大的自我影响力。

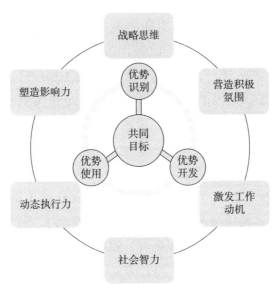

图 11-1　"136"优势型领导力开发模型

下面我们对"136"优势型领导力开发模型作简要阐述：

（一）"1"代表达成一致性的目标

组织、领导和员工（还有政府、社区、供应商和客户等多方主体的目标，在此我们不做讨论）达成共同的目标是实现目标功能和组织可持续发展的重要影响因素。

尽管每个主体所追求的目标是不一致的，但是，在管理中我们要尽可能在目标上达成一致意见，并且所设定的目标也应当符合各方利益诉求。为此，员工应当充分参与目标制定的全过程，其中沟通是达成一致目标的最为基础的保障。除此之外，领导者或员工均可采用工作重塑行为主动使自身目标与组织目标具有一致性。

（二）"3"代表领导者善于识别、开发和使用自身与下属的优势

众多的实践和学术研究已经证实，发挥个体特长是个体获得成功、取得重大成就的最为关键和最有效的方式。但是，并不是每一个人都知道自己的优势是什么。盖洛普咨询公司做过的一项调查显示，美国、英国、加拿大、法国、日本和中国六个国家的受调查人员中知道自己优势的人员占比分别是41%、38%、38%、29%、24% 和24%。由此可看出，我国大部分人不太清楚自己的优势。原因有两个：一是我们认为优势是理所当然的，甚至自己拥有某一方面的优势，我们也会不以为然，甚至不认为是自己的优势，只是习惯这样罢了，进而导致我们花费大量的时间和精力专注于自身的劣势或不足。二是中华民族是一个谦卑的民族，我们不会拿自己的优势去炫耀。在日常的沟通交流中，我们习惯向他人询问自身的不足是什么以便能够采取针对性的措施去弥补自己的不足，很少有人向他人询问自身的优势是什么。主动向他人询问自身的优势是什么不符合谦卑文化的行为表现。重要的是，大量的事实表明，一个人的成功一定是在其优势领域，因此，领导者要善于帮助下属识别、开发和使用他们的优势。此外，优势型领导者也非常清晰地知道自身的优势是什么，在工作中持续不断地开发自身的优势，并将其恰当地运用在工作中。

（三）"6"代表优势型领导的效能发挥需要六大保障

1. 战略思维

领导者需要具备较强的战略思维，因为领导者需要把握全局，做好谋划，为组织、部门、团队或员工的发展指明方向。

2. 营造积极的氛围

工作氛围对员工工作效能有着重要的影响。消极的氛围有损员工的工作积极性，不利于员工长久地待在组织中。积极的氛围不仅有助于形

成良好的人际关系，提升员工的组织承诺、工作积极性、主动性和创造性，而且还能加速员工的成长，提升组织经营水平。从以往的研究可发现，领导者应当重点营造安全的氛围、公平的氛围、乐观的氛围和信任的氛围。

3. 激发员工工作动机

人们做任何事情都需要驱动力，不论是内在的还是外在的。在组织中，优势型领导需要采用不同的手段激发员工的工作动机。发挥员工特长是激发员工内在动机的重要手段。但是，在当前的工作场所中，激发员工的外在动机也是很有必要的。领导者要根据员工的真实需求，采取针对性的措施，激发员工的动机。

4. 具有社会智力

社会智力是让领导者快速与他人建立良好且持久人际关系的必备技能。优势型领导需要利用社会智力与下属进行沟通，与下属建立良好的关系，这样才能够更为全面、清晰地了解下属的优势，才能在工作中做到"知人善任，用其所长"。同时，为激发员工工作动机，领导者需要为下属提供资源支持。社会智力水平较高的领导者更容易争取、获得丰富的资源，进而为下属提供资源支持。

5. 动态执行力

任何工作任务的完成均需要执行，优势型领导为实现高水平的领导效能需要具备高水平的动态执行力。这里我们强调动态执行力，因为领导者承担的责任比较多，需要完成的工作任务也很繁重，外部环境的持续变化很可能打乱领导者原有的计划，这时就需要领导者表现出较强的动态执行力使工作目标保质保量地实现。

6. 影响力

影响力对领导而言非常重要，没有影响力的领导者很难服众，在给员工安排工作任务时，员工也可能会不理睬、不重视，甚至不完成。具有影响力的领导者不仅能够得到员工的钦佩和尊重，而且还会得到更多的追随。影响力主要来自领导者所具有的权力。权力可分为五类：法定权、奖赏权、惩罚权、专长权和个人魅力。前三种权力属于岗位权力，也就是领导者在具体的岗位上所获得"合法性"权力；后两种权力是非岗位权力，其主要来自领导者自身的条件。真正能够获得员工自主性追随的权力是非岗位权力。所以，优势型领导应当打造自身的基于非岗位权力的影响力。

参考文献

［1］丁贺 . 优势型领导：领导力开发新路径［M］. 北京：中国劳动社会保障出版社，2020.

［2］杜鹏程，房莹，姚瑶 . 核心自我评价对员工创新行为的影响机制研究［J］. 北京化工大学学报（社会科学版），2018，2：30-36.

［3］段锦云，傅强，田晓明，等 . 情感事件理论的内容、应用及研究展望［J］. 心理科学进展，2011，19（4）：599-607.

［4］冯大力 . 论人本管理与物本管理的分野及融合［J］. 社会科学研究，2013（4）：120-124.

［5］洪如玲，于强 . 领导—下属互动视角下主动性人格对工作满意度的影响机制［J］. 华东经济管理，2017，31（3）：140-145.

［6］湖北省石首市实验小学课题组 . 优势教育与学生和谐发展实验研究报告［J］. 教育研究与实验，1999（3）：68-71.

［7］梁其健 . 论"优势"［J］. 华中师范大学学报（人文社会科学版），1993（2）：94-97.

［8］林新奇，丁贺 . 优势理论在人力资源管理中的应用研究［J］. 中国人力资源开发，2018，35（1）：102-111.

［9］林新奇，丁贺 . 员工优势使用对创新行为的影响机制研究［J］. 管理科学，2019，32（3）：54-67.

［10］刘冰，齐蕾，徐璐 . 棍棒之下出"孝子"吗——员工职场偏差行为研究［J］. 南开管理评论，2017（3）：182-192.

［11］刘录护 . 美国青少年特长教育的研究、实践与启示［J］. 青年探索，2014（5）：54-60.

［12］刘文彬，井润田，李贵卿 . 员工人格特质对反生产行为的影响机制研究：团队伦理气氛的跨层次调节［J］. 预测，2014，33（4）：8-14，41.

［13］刘云 . 应聘者如何以"长"取胜［J］. 中国就业，2005（12）：39.

［14］马璐，张哲源 . 威权领导对员工创新行为的影响［J］. 科技进步与对策，2018，35（17）：139–145.

［15］彭坚，王霄，冉雅璇，等 . 积极追随特质一定能提升工作产出吗：仁慈领导的激活作用［J］. 南开管理评论，2016，19（4）：135–146.

［16］彭新武 . 社会规律之辨［J］. 社会科学辑刊，2018（6）：21–25.

［17］石伟 . 组织文化（第二版）［M］. 上海：复旦大学出版社，2010.

［18］王桢，陈乐妮，李旭培 . 变革型领导与工作投入：基于情感视角的调节中介模型［J］. 管理评论，2015，27（9）：120–129，212.

［19］王震，孙健敏 . 核心自我评价、组织支持对主客观职业成功的影响：人—情境互动的视角［J］. 管理学报，2012，9（9）：1307–1313.

［20］王忠，熊立国，郭欢 . 知识员工创造力人格、工作特征与个人创新绩效［J］. 商业研究，2014（5）：108–114.

［21］张华磊，袁庆宏，王震，等 . 核心自我评价、领导风格对研发人员跨界行为的影响研究［J］. 管理学报，2014，11（8）：1168–1176.

［22］Abele A E, Spurk D. The longitudinal impact of self-efficacy and career goals on objective and subjective career success［J］. *Journal of Vocational Behavior*, 2009, 74(1): 53–62.

［23］Aguinis H, Gottfredson R K, Joo H. Delivering effective performance feedback: The strengths-based approach［J］. *Business Horizons*, 2012a, 55(2): 105–111.

［24］Aguinis H, Joo H, Gottfredson R K. Performance management universals: Think globally and act locally［J］. *Business Horizons*, 2012b, 55(4): 385–392.

［25］Ahmad F, Karim M. Impacts of knowledge sharing: A review

and directions for future research [J]. *Journal of Workplace Learning*, 2019, 31(3):207–230.

[26] Ahmad I, Begum K. Impact of abusive supervision on intention to leave: A moderated mediation model of organizational-based self-esteem and emotional exhaustion [J]. *Asian Business and Management*, 2020, 22(6): 1–20.

[27] Allan B A, Duffy R D. Calling, goals, and life satisfaction: A moderated mediation model [J]. *Journal of Career Assessment*, 2014a, 22(3): 451–464.

[28] Allan B A, Duffy R D. Examining moderators of signature strengths use and well-being: Calling and signature strengths level [J]. *Journal of Happiness Studies*, 2014b, 15(2): 323–337.

[29] Allan B A, Owens R L, Douglass R P. Character strengths in counselors: Relations with meaningful work and burnout [J]. *Journal of Career Assessment*, 2019, 27(1): 151–166.

[30] Anderson C, Thompson L L. Affect from the top down: How powerful individuals' positive affect shapes negotiations [J]. *Organizational Behavior and Human Decision Processes*, 2004, 95(2): 125–139.

[31] Andresen M, Bergdolt F. Individual and job-related antecedents of a global mindset: An analysis of international business travelers' characteristics and experiences abroad [J]. *The International Journal of Human Resource Management*, 2021, 32(9): 1953–1985.

[32] Andrewes H E, Walker V, O'Neill B. Exploring the use of positive psychology interventions in brain injury survivors with challenging behaviour [J]. *Brain Injury*, 2014, 28(7): 965–971.

[33] Appelbaum E, Bailey T, Berg P, et al. *Manufacturing advantage: Why high-performance work systems pay off* [M]. New York: Cornell University Press, 2000.

[34] Arakawa D, Greenberg M. Optimistic managers and their influence on productivity and employee engagement in a technology organisation: Implications for coaching psychologists [J]. *International*

Coaching Psychology Review, 2007, 2(1): 78–89.

［35］Aryee S, Luk V. Work and nonwork influences on the career satisfaction of dual-earner couples［J］. *Journal of vocational Behavior*, 1996, 49(1): 38–52.

［36］Ashford S J, De Stobbeleir K, Nujella M. To seek or not to seek: Is that the only question? Recent developments in feedback-seeking literature ［J］. *Annual Review of Organizational Psychology and Organizational Behavior*, 2016, 3: 213–239.

［37］Ashford S J. Feedback-seeking in individual adaptation: A resource perspective［J］. *Academy of Management journal*, 1986, 29(3): 465–487.

［38］Ashforth B E, Mael F. Social identity theory and the organization［J］. *Academy of Management Review*, 1989, 14(1): 20–39.

［39］Ashforth B E, Sluss D M, Saks A M. Socialization tactics, proactive behavior, and newcomer learning: Integrating socialization models［J］. *Journal of Vocational Behavior*, 2007, 70(3): 447–462.

［40］Bachrach D G, Powell B C, Collins B J, et al. Effects of task interdependence on the relationship between helping behavior and group performance［J］. *Journal of Applied Psychology*, 2006, 91(6): 1396.

［41］Bachrach D G, Wang H, Bendoly E, et al. Importance of organizational citizenship behaviour for overall performance evaluation: Comparing the role of task interdependence in China and the USA［J］. *Management and Organization Review*, 2007, 3(2): 255–276.

［42］Bailey T. *Discretionary effort and the organization of work: Employee participation and work reform since Hawthorne*. Unpublished manuscript, Teacher College,Coumbia University, 1993.

［43］Baker S R. Intrinsic, extrinsic, and amotivational orientations: Their role in university adjustment, stress, well-being, and subsequent academic performance［J］. *Current Psychology*, 2004, 23(3): 189–202.

［44］Bakker A B, Demerouti E. Job demands-resources theory: Taking

stock and looking forward [J]. *Journal of Occupational Health Psychology*, 2017, 22(3): 273–285.

[45] Bakker A B, Hetland J, Olsen O K, et al. Daily strengths use and employee well-being: The moderating role of personality [J]. *Journal of Occupational and Organizational Psychology*, 2019, 92(1): 144–168.

[46] Bakker A B, Rodríguez-Muñoz A, Sanz-Vergel A I. Modelling job crafting behaviours: Implications for work engagement [J]. *Human Relations*, 2016, 69(1): 169–189.

[47] Bakker A B, Sanz-Vergel A I. Weekly work engagement and flourishing: The role of hindrance and challenge job demands [J]. *Journal of Vocational Behavior*, 2013, 83(3): 397–409.

[48] Bakker A B, Van Wingerden J. Do personal resources and strengths use increase work engagement? The effects of a training intervention [J]. *Journal of Occupational Health Psychology*, 2021, 26(1): 20–30.

[49] Bakker A B, Van Woerkom M. Strengths use in organizations: A positive approach of occupational health [J]. *Canadian Psychology/ Psychologie Canadienne*, 2018, 59(1): 38–46.

[50] Bakker N E, Kuppens R J, Siemensma E P C, et al. Eight years of growth hormone treatment in children with Prader-Willi syndrome: Maintaining the positive effects [J]. *The Journal of Clinical Endocrinology and Metabolism*, 2013, 98(10): 4013–4022.

[51] Bani-Melhem S, Quratulain S, Al-Hawari M A. Does employee resilience exacerbate the effects of abusive supervision? A study of frontline employees' self-esteem, turnover intention, and innovative behaviors [J]. *Journal of Hospitality Marketing and Management*, 2021, 30(5): 611–629.

[52] Barnett B R, Bradley L. The impact of organisational support for career development on career satisfaction [J]. *Career Development International*, 2007, 12(7): 617–636.

［53］Baron R A. Environmentally induced positive affect: Its impact on self-efficacy, task performance, negotiation, and conflict［J］. *Journal of Applied Social Psychology*, 1990, 20(5): 368–384.

［54］Baroudi S E, Fleisher C, Khapova S N, et al. Ambition at work and career satisfaction: The mediating role of taking charge behavior and the moderating role of pay［J］. *Career Development International*, 2017, 22(1): 87–102.

［55］Barrett G, Depinet R L. A reconsideration of testing for competence rather than for intelligence［J］. *American Psychologist*, 1991,46(10):1012–1024.

［56］Barrick M R, Mount M K. Autonomy as a moderator of the relationships between the Big Five personality dimensions and job performance［J］. *Journal of Applied Psychology*, 1993, 78(1): 111–118.

［57］Bassi M, Bacher G, Negri L, et al. The contribution of job happiness and job meaning to the well-being of workers from thriving and failing companies［J］. *Applied Research in Quality of Life*, 2013, 8(4): 427–448.

［58］Bateman T S, Crant J M. The proactive component of organizational behavior: A measure and correlates［J］. *Journal of Organiza-tional Behavior*, 1993, 14(2): 103–118.

［59］Batistič S, Černe M, Kaše R, et al. The role of organizational context in fostering employee proactive behavior: The interplay between HR system configurations and relational climates［J］. *European Management Journal*, 2016, 34(5): 579–588.

［60］Baumann D, Eiroa-Orosa F J. Mental well-being in later life: The role of strengths use, meaning in life, and self-perceptions of ageing ［J］. *International Journal of Applied Positive Psychology*, 2016, 1(1–3): 21–39.

［61］Becker T E. Potential problems in the statistical control of variables in organizational research: A qualitative analysis with recommen-

dations［J］. *Organizational Research Methods*, 2005, 8(3): 274–289.

［62］Bednar P M, Welch C. Socio-technical perspectives on smart working: Creating meaningful and sustainable systems［J］. *Information Systems Frontiers*, 2020, 22(2): 281–298.

［63］Benish-Weisman M, Daniel E, Schiefer D, et al. Multiple social identifications and adolescents' self-esteem［J］. *Journal of Adolescence*, 2015, 44: 21–31.

［64］Bergeron D, Ostroff C, Schroeder T, et al. The dual effects of organizational citizenship behavior: Relationships to research productivity and career outcomes in academe［J］. *Human Performance*, 2014, 27(2): 99–128.

［65］Bernerth J B, Hirschfeld R R. The subjective well-being of group leaders as explained by the quality of leader-member exchange［J］. *The Leadership Quarterly*, 2016, 27(4): 697–710.

［66］Berridge K C, Robinson T E. Parsing reward［J］. *Trends in Neurosciences*, 2003, 26(9): 507–513.

［67］Bhatnagar V R, Jain A K, Tripathi S S, et al. Beyond the competency framework—conceptualizing and deloying employee strengths at work［J］. *Journal of Asian Business Studies*, 2020, 14(5): 691–709.

［68］Bibb S. *Strengths-based recruitment and development: A practical guide to transforming talent management strategy for business results*［M］. London: Kogan Page Publishers, 2016.

［69］Biswas-Diener R, Kashdan T B, Minhas G. A dynamic approach to psychological strength development and intervention［J］. *The Journal of Positive Psychology*, 2011, 6(2): 106–118.

［70］Bliese P D. Within-group agreement, non-independence, and reliability: Implications for data aggregation and analysis［A］. Klein K J, Kozlowski S W J. Multilevel theory, research, and methds in organization: Found ations, extensians, and new direction［C］. San Francisco: Jossey-Bass/ Wiley, 2000: 349–381.

［71］Blumberg M, Pringle C D. The missing opportunity in organizational research: Some implications for a theory of work performance ［J］. *Academy of management Review*, 1982, 7(4): 560–569.

［72］Bogler R, Somech A. Psychological capital, team resources and organizational citizenship behavior ［J］. *The Journal of Psychology*, 2019, 153(8): 784–802.

［73］Bono J E, McNamara G. Publishing in AMJ—part 2: research design ［J］. *Academy of Management Journal*, 2011, 54(4): 657–660.

［74］Boon C, Den Hartog D N, Lepak D P. A systematic review of human resource management systems and their measurement ［J］. *Journal of Management*, 2019, 45(6): 2498–2537.

［75］Borman W C, Motowidlo S J. Expanding the criterion domain to include elements of contextualperformance ［A］. Schmitt N, Borman W C. Personnelselectionin organiratlons ［C］. San Francisco: Jossey-Bass, 1993: 71–98.

［76］Botha C, Mostert K. A structural model of job resources, organisational and individual strengths use and work engagement ［J］. *S A Journal of Industrial Psychology*, 2014, 40(1): 1–11.

［77］Bouskila-Yam O, Kluger A N. Strength-based performance appraisal and goal setting ［J］. *Human Resource Management Review*, 2011, 21(2): 137–147.

［78］Bowling N A. Effects of job satisfaction and conscientiousness on extra-role behaviors ［J］. *Journal of Business and Psychology*, 2010, 25(1): 119–130.

［79］Boxall P, Hutchison A, Wassenaar B. How do high-involvement work processes influence employee outcomes? An examination of the mediating roles of skill utilisation and intrinsic motivation ［J］. *The International Journal of Human Resource Management*, 2015, 26(13): 1737–1752.

［80］Brett J M, Feldman D C, Weingart L R. Feedback-seeking

behavior of new hires and job changers〔J〕. *Journal of Management*, 1990, 16(4): 737-749.

〔81〕Bretz R D, Judge T A. The role of human resource systems in job applicant decision processes〔J〕. *Journal of Management*, 1994, 20(3): 531-551.

〔82〕Brislin R W. Back-translation for cross-cultural research〔J〕. *Journal of Cross-Cultural Psychology*, 1970, 1(3): 185-216.

〔83〕Brkich M, Jeffs D, Carless S A. A global self-report measure of person-job fit〔J〕. *European Journal of Psychological Assessment*, 2002, 18(1): 43-51.

〔84〕Brooke P P, Russell D W, Price J L. Discriminant validation of measures of job satisfaction, job involvement, and organizational commitment〔J〕. *Journal of Applied Psychology*, 1988, 73(2): 139-145.

〔85〕Brouwers S A, Mostert K, Mtshali S V. Bias and equivalence of the strengths use and deficit correction questionnaire in a South African context〔J〕. *SA Journal of Human Resource Management*, 2017, 15: 11.

〔86〕Brown D, Brooks L. Introduction to theories of career development and choice〔A〕. Brown D, Brooks L. Career choice and develop-ment (3rd)〔C〕. San Francisco, CA: Jossey-Bass，1996: 1-30.

〔87〕Buckingham M, Clifton D O. *Now, discover your strengths*〔M〕. New York: Simon and Schuster, 2001.

〔88〕Buckingham M. Go put your strengths to work: 6 powerful steps to achieve outstanding performance〔J〕. *Journal of Applied Management & Entrepreneurship*, 2010(1): 95-96.

〔89〕Bui H T M, Zeng Y, Higgs M. The role of person-job fit in the relationship between transformational leadership and job engagement〔J〕. *Journal of Managerial Psychology*, 2017, 32(5): 373-386.

〔90〕Burkus D. Building the strong organization: Exploring the role of organizational design in strengths-based leadership〔J〕. *Journal of Strategic Leadership*, 2011, 3(1): 54-66.

［91］Butina B L. An investigation of the efficacy of the using your signature strengths in a new way to enhance strengths use in work settings [D]. Arizona: Northcentral University, 2016.

［92］Bysted R. Innovative employee behaviour: The moderating effects of mental involvement and job satisfaction on contextual variables ［J］. *European Journal of Innovation Management*, 2013, 16(3): 268–284.

［93］Cabanac M. Physiological role of pleasure ［J］. *Science*, 1971, 173(4002): 1103–1107.

［94］Cable D M, DeRue D S. The convergent and discriminant validity of subjective fit perceptions ［J］. *Journal of Applied Psychology*, 2002, 87(5): 875–884.

［95］Cable D M, Gino F, Staats B R. Breaking them in or eliciting their best? Reframing socialization around newcomers' authentic self-expression ［J］. *Administrative Science Quarterly*, 2013, 58(1): 1–36.

［96］Cable D M, Judge T A. Person–organization fit, job choice decisions, and organizational entry ［J］. *Organizational Behavior and Human Decision Processes*, 1996, 67(3): 294–311.

［97］Cable, D., Lee, J. J., Gino, F., & Staats, B. R. How best–self activation influences emotions, physiology and employment relationships. Harvard Business School NOM Unit Working Paper, 2015(16–29).

［98］Cacioppo J T, Priester J R, Berntson G G. Rudimentary determinants of attitudes: II. Arm flexion and extension have differential effects on attitudes ［J］. *Journal of Personality and Social Psychology*, 1993, 65(1): 5–17.

［99］Caldwell D F, O' Reilly C A. Measuring person-job fit with a profile-comparison process ［J］. *Journal of Applied Psychology*, 1990, 75(6): 648–657.

［100］Callister R R, Kramer M W, Turban D B. Feedback seeking following career transitions ［J］. *Academy of Management Journal*, 1999, 42(4): 429–438.

［101］Carless S A. Person–job fit versus person–organization fit as predictors of organizational attraction and job acceptance intentions: A longitudinal study［J］. *Journal of Occupational and Organizational Psychology*, 2005, 78(3): 411–429.

［102］Carlson D, Kacmar K M, Zivnuska S, et al. Work-family enrichment and job performance: A constructive replication of affective events theory［J］. *Journal of Occupational Health Psychology*, 2011, 16(3): 297–312.

［103］Carmeli A, Spreitzer G M. Trust, connectivity, and thriving: Implications for innovative behaviors at work［J］. *The Journal of Creative Behavior*, 2009, 43(3): 169–191.

［104］Carnevale P J, Isen A M. The influence of positive affect and visual access on the discovery of integrative solutions in bilateral negotiation ［J］. *Organizational Behavior and Human Decision Process*, 1986, 37(1): 1–13.

［105］Chan S C H, Huang X U, Snape E D, et al. The Janus face of paternalistic leaders: Authoritarianism, benevolence, subordinates' organization-based self-esteem, and performance ［J］. *Journal of Organizational Behavior*, 2013, 34(1): 108–128.

［106］Chang M L, Cheng C F. How balance theory explains high-tech professionals' solutions of enhancing job satisfaction ［J］. *Journal of Business Research*, 2014, 67(9): 2008–2018.

［107］Chang P C, Sun K, Wu T. A study on the mechanisms of strengths-based psychological climate on employee innovation performance: A moderated mediation model ［J］. *Chinese Management Studies*, 2022, 16(2): 422–445.

［108］Chao G T, O' Leary-Kelly A M, Wolf S, et al. Organizational socia-lization: Its content and consequences ［J］. *Journal of Applied Psychology*, 1994, 79(5): 730–743.

［109］Chen C C, Chiu S F. An integrative model linking supervisor

support and organizational citizenship behavior [J] . *Journal of Business and Psychology*, 2008, 23(1): 1–10.

[110] Chen C Y, Yen C H, Tsai F C. Job crafting and job engagement: The mediating role of person-job fit [J] . *International Journal of Hospitality Management*, 2014, 37: 21–28.

[111] Chen H, Nunes M B, Ragsdell G, et al. Extrinsic and intrinsic motivation for experience grounded tacit knowledge sharing in Chinese software organisations [J] . *Journal of Knowledge Management*, 2018a, 22(1): 478–498.

[112] Chen Y F, Tjosvold D. Participative leadership by American and Chinese managers in China: The role of relationships [J] . *Journal of Management Studies*, 2006, 43(8): 1727–1752.

[113] Chen Y, Friedman R, Yu E, et al. Supervisor–subordinate guanxi: Developing a three-dimensional model and scale [J] . *Management and Organization Review*, 2009, 5(3): 375–399.

[114] Chen Y, Liu B, Zhang L, et al. Can leader "humility" spark employee "proactivity"? The mediating role of psychological empowerment [J] . *Leadership and Organization Development Journal*, 2018b, 39(3):326–339.

[115] Chiang H H, Han T S, Chuang J S. The relationship between high-commitment HRM and knowledge-sharing behavior and its mediators [J] . *International Journal of Manpower*, 2011, 32(5/6): 604–622.

[116] Chiang Y H, Hsu C C, Shih H A. Experienced high performance work system, extroversion personality, and creativity perfor-mance [J] . *Asia Pacific Journal of Management*, 2015, 32(3): 531–549.

[117] Chiang Y H, Shih H A, Hsu C C. High commitment work system, transactive memory system, and new product performance [J] . *Journal of Business Research*, 2014, 67(4): 631–640.

[118] Choi S B, Tran T B H, Kang S W. Inclusive leadership and employee well-being: The mediating role of person-job fit [J] . *Journal of*

Happiness Studies, 2017, 18(6): 1877–1901.

［119］Chong S H, Van Dyne L, Kim Y J, et al. Drive and direction: Empathy with intended targets moderates the proactive personality–job performance relationship via work engagement［J］. *Applied psychology*, 2021, 70(2): 575–605.

［120］Christensen-Salem A, Walumbwa F O, Hsu I C,et al. Unmasking the creative self-efficacy-creative performance relationship: The roles of thriving at work, perceived work significance, and task interdependence ［J］. *The International Journal of Human Resource Management*, 2021, 32(22): 4820–4846.

［121］Clark L A, Watson D, Leeka J. Diurnal variation in the positive affects［J］. *Motivation and Emotion*, 1989, 13(3): 205–234.

［122］Clifton D O, Anderson C E, Schreiner L A. *Strengths Quest: Discover and develop your strengths in academics, career, and beyond (2nd ed.)*［M］. New York: Gallup Press, 2006.

［123］Clifton D O, Helson P. *Soar with Your Strengths*［M］. New York: Dell, 1992.

［124］Cohen S, Pressman S D. Positive affect and health［J］. *Current Directions in Psychological Science*, 2006, 15(3): 122–125.

［125］Cohen-Meitar R, Carmeli A, Waldman D A. Linking meaningfulness in the workplace to employee creativity: The intervening role of organizational identification and positive psychological experiences ［J］. *Creativity Research Journal*, 2009, 21(4): 361–375.

［126］Cohn M A, Fredrickson B L. In search of durable positive psychology interventions: Predictors and consequences of long-term positive behavior change［J］. *Journal of Positive Psychology*, 2010, 5(5): 355–366.

［127］Connelly B L, Certo S T, Ireland R D, et al. Signaling theory: A review and assessment［J］. *Journal of Management*, 2011, 37(1): 39–67.

［128］Crant J M. Proactive behavior in organizations［J］. *Journal of Management*, 2000, 26(3): 435-462.

［129］Creed P A, Fallon T, Hood M. The relationship between career adaptability, person and situation variables, and career concerns in young adults［J］. *Journal of Vocational Behavior*, 2009, 74(2): 219-229.

［130］Cropanzano R, Anthony E L, Daniels S R, et al. Social exchange theory: A critical review with theoretical remedies［J］. *Academy of Management Annals*, 2017, 11(1): 479-516.

［131］Cui Z, Wang H, Nanyangwe C N. How does coaching leadership promote employee's constructive deviance? Affective events perspective［J］. *Leadership and Organization Development Journal*, 2022,43(2):279-290.

［132］Dahling J J, Whitaker B G. When can feedback-seeking behavior result in a better performance rating? Investigating the moderating role of political skill［J］. *Human Performance*, 2016, 29(2): 73-88.

［133］Daphna O, Markus H R. Self as social representation [M]//Flick U. The psychology of the social, Cambridge: Cambridge University Press, 1998:107-125.

［134］Dawis R V, Lofquist L H. *A psychological theory of work adjustment: An individual-differences model and its applications*［M］. Minncapolis: Vniversity of Minnesota Press, 1984.

［135］De Rivera J, Possell L, Verette J A, et al. Distinguishing elation, gladness, and joy［J］. *Journal of Personality and Social Psychology*, 1989, 57(6): 1015-1023.

［136］De Stobbeleir K E M, Ashford S J, Buyens D. Self-regulation of creativity at work: The role of feedback-seeking behavior in creative performance［J］. *Academy of Management Journal*, 2011, 54(4): 811-831.

［137］Deci E L, Koestner R, Ryan R M. A meta-analytic review of experiments examining the effects of extrinsic rewards on intrinsic

motivation [J]. *Psychological Bulletin*, 1999, 125(6): 627–668.

[138] Deci E L, Olafsen A H, Ryan R M. Self-determination theory in work organizations: The state of a science[J]. *Annual Review of Organizational Psychology and Organizational Behavior*, 2017, 4(1): 19–43.

[139] Deci E L, Ryan R M. *Intrinsic motivation and self-determination in human behavior* [M]. Borlin: Springer Science and Business Media, 2013.

[140] Deci E L, Ryan R M. Self-determination theory: When mind mediates behavior [J]. *The Journal of mind and Behavior*, 1980(1): 33–43.

[141] Delery J E, Roumpi D. Strategic human resource management, human capital and competitive advantage: is the field going in circles? [J]. *Human Resource Management Journal*, 2017, 27(1): 1–21.

[142] Demerouti E, Bakker A B, Nachreiner F, et al. The job demands-resources model of burnout [J]. *Journal of Applied Psychology*, 2001, 86(3): 499–512.

[143] Devonish D, Greenidge D. The effect of organizational justice on contextual performance, counterproductive work behaviors, and task performance: Investigating the moderating role of ability-based emotional intelligence [J]. *International Journal of Selection and Assessment*, 2010, 18(1): 75–86.

[144] Dewett T. Linking intrinsic motivation, risk taking, and employee creativity in an R&D environment [J]. *R&d Management*, 2007, 37(3): 197–208.

[145] Diefendorff J M, Mehta K. The relations of motivational traits with workplace deviance [J]. *Journal of Applied Psychology*, 2007, 92(4), 967–977.

[146] Ding H, et al. Focusing on employee strengths: the implication of strengths–based psychological climate for thinking at work (Under Review).

［147］Ding H, Lin X. Can core self-evaluations promote employee strengths use?［J］. *Journal of Psychology in Africa*, 2019, 29(6): 576-581.

［148］Ding H, Lin X. Exploring the relationship between core self-evaluation and strengths use: The perspective of emotion［J］. *Personality and Individual Differences*, 2020, 157(1116): 109804.

［149］Ding H, Liu J, Martin-Krumm C. Exploring the relationship of perceived strengths-based human system with knowledge sharing［J］. *Current Psychology*, 2023: 1-15.

［150］Ding H, Liu J. Paying close attention to strengths mindset: the relationship of employee strengths mindset with job performance［J］. *Current Psychology*, 2022: 1-12.

［151］Ding H, Liu J. Perceived strengths-based human resource system and thriving at work: The roles of general self-esteem and emotional exhaustion［J］. *The Journal of Psychology*, 157(2), 2022: 71-94.

［152］Ding H, Quan G. How and When Does Follower's Strengths-Based Leadership Relate to Follower Innovative Behavior: The Roles of Self-Efficacy and Emotional Exhaustion［J］. *The Journal of Creative Behavior*, 2021, 55(3): 591-603.

［153］Ding H, Yu E, Chu X, et al. Humble leadership affects organizational citizenship behavior: The sequential mediating effect of strengths use and job crafting［J］. *Frontiers in Psychology*, 2020, 11: 65.

［154］Ding H, Yu E, Li Y. Strengths-based leadership and its impact on task performance: A preliminary study［J］. *South African Journal of Business Management*, 2020, 51(1): 1-9.

［155］Ding H, Yu E, Xu S. Preliminary development and validation of the perceived strengths-based human resource system scale［J］. *International Journal of Manpower*, 2022, 43(4): 1019-1032.

［156］Ding H, Yu E. Followers' strengths-based leadership and strengths

use of followers: The roles of trait emotional intelligence and role overload [J]. *Personality and Individual Differences*, 2021a, 168: 110300.

[157] Ding H, Yu E. Influence of followers' strengths-based leadership on follower strengths use through intention to use strengths: The moderating role of work pressure (Los líderes basados en las fortalezas de los seguidores influyen en el uso de dichas fortalezas a través de la intención de uso de las fortalezas: el rol moderador de la presión laboral) [J]. *International Journal of Social Psychology*, 2021b, 36(2): 355–377.

[158] Ding H, Yu E. Strengths–based leadership and employee psychological well–being: A moderated mediation model [J]. *Journal of Career Development*, 2022, 49(5): 1108–1121.

[159] Ding H, Yu E. Subordinate–oriented strengths–based leadership and subordinate job performance: the mediating effect of supervisor–subordinate guanxi [J]. *Leadership & Organization Development Journal*, 2020, 41(8): 1107–1118.

[160] Donnellan M B, Kenny D A, Trzesniewski K H, et al. Using trait–state models to evaluate the longitudinal consistency of global self-esteem from adolescence to adulthood [J]. *Journal of Research in Personality*, 2012, 46(6): 634–645.

[161] Donnellan M B, Trzesniewski K H, Robins R W. Self-esteem: Enduring issues and controversies [A]. Chamorro-Premuzic, Von Stumm S, Furnham A. The Wiley-Blackwell handbook of individual differences [C]. New Jersey: Wiley Black well, 2011: 718–764.

[162] Douglass R P, Duffy R D. Strengths use and life satisfaction: A moderated mediation approach [J]. *Journal of Happiness Studies*, 2015, 16(3): 619–632.

[163] Drucker P F. The effective decisions [J]. *Harvard Business Review*, 1967, 45(1): 92–98.

[164] Drucker P F. *The effective executive* [M]. New York: Routledge, 2018.

［165］Duan W, Ho S M, Tang X, et al. Character strength-based intervention to promote satisfaction with life in the Chinese university context ［J］. *Journal of Happiness Studies*, 2014, 15(6): 1347–1361.

［166］Duan W, Li J, Mu W. Psychometric characteristics of strengths knowledge scale and strengths use scale among adolescents ［J］. *Journal of Psychoeducational Assessment*, 2018, 36(7): 756–760.

［167］Dubbelt L, Demerouti E, Rispens S. The value of job crafting for work engagement, task performance, and career satisfaction: longitudinal and quasi-experimental evidence ［J］. *European Journal of Work and Organizational Psychology*, 2019, 28(3): 300–314.

［168］Dubreuil P, Forest J, Courcy F. From strengths use to work performance: The role of harmonious passion, subjective vitality, and concentration ［J］. *The Journal of Positive Psychology*, 2014, 9(4): 335–349.

［169］Dubreuil P, Forest J, Gillet N, et al. Facilitating well-being and performance through the development of strengths at work: Results from an intervention program ［J］. *International Journal of Applied Positive Psychology*, 2016, 1: 1–19.

［170］Duffy R D, Allan B A, Autin K L, et al. Living a calling and work well-being: A longitudinal study ［J］. *Journal of Counseling Psychology*, 2014, 61(4): 605.

［171］Duffy R D, Blustein D L. The relationship between spirituality, religiousness, and career adaptability ［J］. *Journal of Vocational Behavior*, 2005, 67(3): 429–440.

［172］Dweck C S. *Mindset: The new psychology of success* ［M］. New York: Random house, 2006.

［173］Dysvik A, Kuvaas B, Gagné M. An investigation of the unique, synergistic and balanced relationships between basic psychological needs and intrinsic motivation ［J］. *Journal of Applied Social Psychology*, 2013, 43(5): 1050–1064.

［174］Edwards B D, Bell S T, Arthur W, Jr. et al. Relationships between facets of job satisfaction and task and contextual performance ［J］. *Applied Psychology,* 2008, 57(3): 441–465.

［175］Edwards J R, Lambert L S. Methods for integrating moderation and mediation: a general analytical framework using moderated path analysis ［J］. *Psychological Methods*, 2007, 12(1): 1–22.

［176］Ehrhart K H, Makransky G. Testing vocational interests and personality as predictors of person-vocation and person-job fit ［J］. *Journal of Career Assessment*, 2007, 15(2): 206–226.

［177］Eisenberger R, Armeli S, Rexwinkel B, et al. Reciprocation of perceived organizational support ［J］. *Journal of Applied Psychology*, 2001, 86(1): 42–51.

［178］Eisenberger R, Rhoades L, Cameron J. Does pay for performance increase or decrease perceived self–determination and intrinsic motivation? ［J］. *Journal of Personality and Social Psychology*, 1999, 77(5): 1026–1040.

［179］Eisenberger R, Stinglhamber F, Vandenberghe C, et al. Perceived supervisor support: contributions to perceived organizational support and employee retention［J］. *Journal of Applied Psychology*, 2002, 87(3): 565–573.

［180］Ekman P. Are there basic emotions? ［J］. *Psychological Review*, 1992, 99(3): 550–553.

［181］Eldor L. Looking on the bright side: The positive role of organisational politics in the relationship between employee engagement and performance at work ［J］. *Applied Psychology*, 2017, 66(2): 233–259.

［182］Ellemers N, De Gilder D, Haslam S A. Motivating individuals and groups at work: A social identity perspective on leadership and group performance ［J］. *Academy of Management Review*, 2004, 29(3): 459–478.

［183］Elliot A J, Thrash T M. Approach-avoidance motivation in

personality: approach and avoidance temperaments and goals [J]. *Journal of Personality and Social Psychology*, 2002, 82(5): 804–818.

[184] Els C, Viljoen J, Beer L, et al. The mediating effect of leader-member exchange between strengths use and work engagement [J]. *Journal of Psychology in Africa*, 2016, 26(1): 22–28.

[185] Eysenck S B, Eysenck H J, Barrett P. A revised version of the psychoticism scale [J]. *Personality and Individual Differences*, 1985, 6(1): 21–29.

[186] Farzaneh J, Farashah A D, Kazemi M. The impact of person-job fit and person-organization fit on OCB: The mediating and moderating effects of organizational commitment and psychological empowerment [J]. *Personnel Review*, 2014, 43(5): 672–691.

[187] Feldman D C. The multiple socialization of organization members [J]. *Academy of Management Review*, 1981, 6(2): 309–318.

[188] Feng J, Zhang Y, Liu X, et al. Just the right amount of ethics inspires creativity: A cross-level investigation of ethical leadership, intrinsic motivation, and employee creativity [J]. *Journal of Business Ethics*, 2018, 153(3): 645–658.

[189] Fisher C D. Antecedents and consequences of real-time affective reactions at work [J]. *Motivation and Emotion*, 2002, 26(1): 3–30.

[190]Fisher C D. Organizational socialization: An integrative review[J]. *Res Pers Hum Res Manag*, 1986, 4: 101–145.

[191] Forest A L, Wood J V. When social networking is not working: Individuals with low self-esteem recognize but do not reap the benefits of self-disclosure on Facebook [J]. *Psychological Science*, 2012, 23(3): 295–302.

[192] Forgas J P. On feeling good and getting your way: Mood effects on negotiator cognition and bargaining strategies [J]. *Journal of Personality and Social Psychology*, 1998, 74(3): 565–577.

［193］Forster J R. Facilitating positive changes in self-constructions ［J］. *International Journal of Personal Construct Psychology*, 1991,4(3): 281–292.

［194］Fredrickson B L. The role of positive emotions in positive psychology: The broaden-and-build theory of positive emotions ［J］. *American Psychologist*, 2001, 56(3): 218.

［195］Fredrickson B L. What good are positive emotions? ［J］. *Review of General Psychology*, 1998, 2(3): 300–319.

［196］Freidlin P, Littman-Ovadia H, Niemiec R M. Positive psychopathology: Social anxiety via character strengths underuse and overuse ［J］. *Personality and Individual Differences*, 2017, 108: 50–54.

［197］Fuller B J, Marler L E. Change driven by nature: A meta-analytic review of the proactive personality literature ［J］. *Journal of Vocational Behavior*, 2009, 75(3): 329–345.

［198］Gabriel A S, Diefendorff J M, Chandler M M, et al. The dynamic relationships of work affect and job satisfaction with perceptions of fit ［J］. *Personnel Psychology*, 2014, 67(2): 389–420.

［199］Game A M. Workplace boredom coping: Health, safety, and HR implications ［J］. *Personnel Review*, 2007, 36(5): 701–721.

［200］Gander F, Proyer R T, Ruch W, et al. Strength-based positive interventions: Further evidence for their potential in enhancing well-being and alleviating depression ［J］. *Journal of Happiness Studies*, 2013, 14(4): 1241–1259.

［201］Gardner D G, Pierce J L. Self-esteem and self-efficacy within the organizational context: An empirical examination ［J］. *Group and Organization Management*, 1998, 23(1): 48–70.

［202］Gardner D G, Van Dyne L, Pierce J L. The effects of pay level on organization-based self-esteem and performance: A field study ［J］. *Journal of occupational and organizational psychology*, 2004, 77(3): 307–322.

［203］Geller L. The failure of self-actualization theory: A critique of Carl Rogers and Abraham Maslow［J］. *Journal of Humanistic Psychology*, 1982, 22(2): 56–73.

［204］George G, Sleeth R G, Siders M A. Organizing culture: Leader roles, behaviors, and reinforcement mechanisms［J］. *Journal of Business and Psychology*, 1999, 13(4): 545–560.

［205］Gevers J M, Peeters M A G. A pleasure working together? The effects of dissimilarity in team member conscientiousness on team temporal processes and individual satisfaction［J］. *Journal of Organizational Behavior*, 2009, 30(3): 379–400.

［206］Ghielen S T S, Van Woerkom M, Christina Meyers M. Promoting positive outcomes through strengths interventions: A literature review［J］. *The Journal of Positive Psychology*, 2018, 13(6): 573–585.

［207］Ghitulescu B, Tang Z, Khazanchi S, et al. Proactive personality and creative achievement: The moderating impact of mentoring relationships [C]// Academy of Management Annual Meeting Proceedings, 2018(1): 17440.

［208］Ghosh D, Sekiguchi T, Fujimoto Y. Psychological detachment: A creativity perspective on the link between intrinsic motivation and employee engagement［J］. *Personnel Review*, 2020, 49(19):1789–1804.

［209］Giebels E, de Reuver R S M, Rispens S, et al. The critical roles of task conflict and job autonomy in the relationship between proactive personalities and innovative employee behavior［J］. *The Journal of Applied Behavioral Science*, 2016, 52(3): 320–341.

［210］Glasø L, Bele E, Nielsen M B, et al. Bus drivers' exposure to bullying at work: An occupation-specific approach［J］. *Scandinavian Journal of Psychology*, 2011, 52(5): 484–493.

［211］Goetzel R Z, Ozminkowski R J. The health and cost benefits of work site health-promotion programs［J］. *Annual Review of Public Health*, 2008,29:303–323.

［212］Good J R, Halinski M, Boekhorst J A. Organizational social activities and knowledge management behaviors: An affective events perspective ［J］. *Human Resource Management*, 2022.

［213］Gottlieb L N, Gottlieb B, Shamian J. Principles of strengths-based nursing leadership for strengths-based nursing care: A new paradigm for nursing and healthcare for the 21st century ［J］. *Nursing Leadership*, 2012, 25(2): 38–50.

［214］Govindji R, Linley P A. Strengths use, self-concordance and well-being: Implications for strengths coaching and coaching psychologists ［J］. *International Coaching Psychology Review*, 2007, 2(2): 143–153.

［215］Grandey A A, Tam A P, Brauburger A L. Affective states and traits in the workplace: Diary and survey data from young workers ［J］. *Motivation and Emotion*, 2002, 26(1): 31–55.

［216］Grant A M, Ashford S J. The dynamics of proactivity at work ［J］. *Research in Organizational Behavior*, 2008, 28: 3–34.

［217］Greenhaus J H, Parasuraman S, Wormley W M. Effects of race on organizational experiences, job performance evaluations, and career outcomes ［J］. *Academy of Management Journal*, 1990, 33(1): 64–86.

［218］Guan X, Frenkel S. Organizational support and employee thriving at work: exploring the underlying mechanisms ［J］. *Personnel Review*, 2020, 50(3): 935–953.

［219］Guan Y, Zhou W, Ye L, et al. Perceived organizational career management and career adaptability as predictors of success and turnover intention among Chinese employees ［J］. *Journal of Vocational Behavior*, 2015, 88: 230–237.

［220］Haibo Y, Xiaoyu G, Xiaoming Z, et al. Career adaptability with or without career identity: how career adaptability leads to organizational success and individual career success? ［J］. *Journal of Career Assessment*, 2018, 26(4): 717–731.

［221］Halbesleben J R B, Neveu J P, Paustian-Underdahl S C, et al.

Getting to the "COR" understanding the role of resources in conservation of resources theory [J]. *Journal of Management*, 2014, 40(5): 1334–1364.

[222] Han G. Trust and career satisfaction: The role of LMX [J]. *Career Development International*, 2010, 15(5): 437–458.

[223] Han Z, Wang Q, Yan X. How responsible leadership motivates employees to engage in organizational citizenship behavior for the environment: A double-mediation model [J]. *Sustainability*, 2019, 11(3): 605.

[224] Harrison J R, Carroll G R. Keeping the faith: A model of cultural transmission in formal organizations [J]. *Administrative Science Quarterly*, 1991, 36(4): 552–582.

[225] Harter J K, Schmidt F L, Hayes T L. Business–unit–level relationship between employee satisfaction, employee engagement, and business outcomes: A meta-analysis [J]. *Journal of Applied Psychology*, 2002, 87(2): 268–279.

[226] Harzer C, Ruch W. The application of signature character strengths and positive experiences at work [J]. *Journal of Happiness Studies*, 2013, 14(3): 965–983.

[227] Harzer C, Ruch W. The relationships of character strengths with coping, work-related stress, and job satisfaction [J]. *Frontiers in Psychology*, 2015, 6(165): 1–12.

[228] Harzer C, Ruch W. When the job is a calling: The role of applying one's signature strengths at work [J]. *The Journal of Positive Psychology*, 2012, 7(5): 362–371.

[229]Harzer C, Ruch W. Your strengths are calling: Preliminary results of a web-based strengths intervention to increase calling [J]. *Journal of Happiness Studies*, 2016, 17(6): 2237–2256.

[230] Harzer C. Charakterstärken als Ansatzpunkt zur Förderung des persönlichen Wachstums in Organisationen [J]. *Organisationsberatung*,

Supervision, Coaching, 2020, 27: 37–50.

[231] Hatch M J. The dynamics of organizational culture [J]. *Academy of Management Review*, 1993, 18(4): 657–693.

[232] Hausler M, Strecker C, Huber A, et al. Distinguishing relational aspects of character strengths with subjective and psychological well-being [J]. *Frontiers in Psychology*, 2017, 8: 1159.

[233] Heintzelman S J, Diener E. Subjective well-being, social interpretation, and relationship thriving [J]. *Journal of Research in Personality*, 2019, 78: 93–105.

[234] Hentrich S, Zimber A, Garbade S F, et al. Relationships between transformational leadership and health: The mediating role of perceived job demands and occupational self-efficacy [J]. *International Journal of Stress Management*, 2017, 24(1): 34–61.

[235] Heslin P A, Keating L A, Minbashian A. How situational cues and mindset dynamics shape personality effects on career outcomes [J]. *Journal of Management*, 2019, 45(5): 2101–2131.

[236] Hiemstra D, Van Yperen N W. The effects of strength-based versus deficit-based self-regulated learning strategies on students' effort intentions [J]. *Motivation and Emotion*, 2015, 39(5): 656–668.

[237] Hildenbrand K, Sacramento C A, Binnewies C. Transformational leadership and burnout: The role of thriving and followers' openness to experience [J]. *Journal of Occupational Health Psychology*, 2018, 23(1): 31–43.

[238] Hill J. How well do we know our strengths [C]//British Psychological Society Centenary Conference, Glasgow. 2001.

[239] Hirata H, Kamakura T. The effects of parenting styles on each personal growth initiative and self-esteem among Japanese university students [J]. *International Journal of Adolescence and Youth*, 2018, 23(3): 325–333.

[240] Hirst G, Van Knippenberg D, Zhou J. A cross-level perspective

on employee creativity: Goal orientation, team learning behavior, and individual creativity [J]. *Academy of Management Journal*, 2009, 52(2): 280–293.

[241] Hobfoll S E. Social and psychological resources and adaptation [J]. *Review of General Psychology*, 2002, 6(4): 307–324.

[242] Hobfoll S E. The influence of culture, community, and the nested-self in the stress process: Advancing conservation of resources theory [J]. *Applied Psychology*, 2001, 50(3): 337–421.

[243] Hon A H, Chan W W. Team creative performance: The roles of empowering leadership, creative-related motivation, and task interdependence [J]. *Cornell Hospitality Quarterly*, 2013, 54(2): 199–210.

[244] Huber A, Webb D, Höfer S. The German version of the strengths use scale: The relation of using individual strengths and well-being [J]. *Frontiers in Psychology*, 2017, 8: 637.

[245] Hung S Y, Durcikova A, Lai H M, et al. The influence of intrinsic and extrinsic motivation on individuals' knowledge sharing behavior [J]. International Journal of Human-computer Studies, 2011, 69(6): 415–427.

[246] Husen, T. *Talent, opportunity and career: A twenty-six year follow-up of 1500 individuals.* Almqvist & Wiksell, 1969.

[247] Hutchinson E, Brown C. *The strengths-based organization: How to boost inclusivity, wellbeing and performance* [M]. Practical Inspiration Publishing, 2021.

[248] Ilies R, Yao J, Curseu P L, et al. Educated and happy: A four-year study explaining the links between education, job fit, and life satisfaction [J]. *Applied Psychology*, 2019, 68(1): 150–176.

[249] Janssen O. Job demands, perceptions of effort-reward fairness and innovative work behaviour [J]. *Journal of Occupational and Organizational Psychology*, 2000, 73(3): 287–302.

［250］Jarden R J, Sandham M, Siegert R J, et al. Intensive care nurses' well-being: A systematic review ［J］. *Australian Critical Care*, 2020, 33(1): 106–111.

［251］Jeon S, Kim Y G, Koh J. An integrative model for knowledge sharing in communities-of-practice ［J］. *Journal of Knowledge Management*, 2011, 15(2): 251–269.

［252］Jiang K, Lepak D P, Hu J, et al. How does human resource management influence organizational outcomes? A meta-analytic investigation of mediating mechanisms ［J］. *Academy of Management Journal*, 2012, 55(6): 1264–1294.

［253］Jiang Z, Hu X. Knowledge sharing and life satisfaction: The roles of colleague relationships and gender ［J］. *Social Indicators Research*, 2016, 126: 379–394.

［254］Jo H, Aryee S, Hsiung H H, et al. Fostering mutual gains: Explaining the influence of high-performance work systems and leadership on psychological health and service performance ［J］. *Human Resource Management Journal*, 2020, 30(2): 198–225.

［255］Jones-Smith E. *Spotlighting the Strengths of Every Single Student: Why US Schools Need a New, Strengths-Based Approach* ［M］. Santa Barbara: ABC-CLIO, 2011.

［256］Joo B K, Lim T. Transformational leadership and career satisfaction: The mediating role of psychological empowerment ［J］. *Journal of Leadership and Organizational Studies*, 2013, 20(3): 316–326.

［257］Joo B K, Ready K J. Career satisfaction: The influences of proactive personality, performance goal orientation, organizational learning culture, and leader-member exchange quality ［J］. *Career Development International*, 2012, 17(3): 276–295.

［258］Judge T A, Erez A, Bono J E, et al. The core self-evaluations scale: Development of a measure ［J］. *Personnel Psychology*, 2003, 56(2): 303–331.

［259］Judge T A, Thoresen C J, Bono J E, et al. The job satisfaction—job performance relationship: A qualitative and quantitative review［J］. *Psychological Bulletin*, 2001, 127(3): 376–407.

［260］Judge T A. Core self-evaluations and work success [J]. *Current Directions in Psychological Science*, 2009, 18(1): 58–62.

［261］Jung Y, Takeuchi N. A lifespan perspective for understanding career self-management and satisfaction: The role of developmental human resource practices and organizational support［J］. *Human Relations*, 2018, 71(1): 73–102.

［262］Kaiser R B, Overfield D V. Strengths, strengths overused, and lopsided leadership［J］. *Consulting Psychology Journal: Practice and Research*, 2011, 63(2): 89–109.

［263］Kamdar D, Van Dyne L. The joint effects of personality and workplace social exchange relationships in predicting task performance and citizenship performance［J］. *Journal of Applied Psychology*, 2007, 92(5): 1286–1298.

［264］Kang F, Li J, Hua Y. How and when does humble leadership enhance newcomer well-being［J］. *Personnel Review*, 2022, 52(1): 26–41.

［265］Keenan E M, Mostert K. Perceived organisational support for strengths use: The factorial validity and reliability of a new scale in the banking industry［J］. *SA Journal of Industrial Psychology*, 2013, 39(1): 1–12.

［266］Kenrick D T, Funder D C. Profiting from controversy: Lessons from the person-situation debate［J］. *American Psychologist*, 1988, 43(1): 23–34.

［267］Key-Roberts M. Strengths-based leadership theory and development of subordinate leaders［J］. *Miltary Review*, 2014, 94(2): 4–13.

［268］Kilcullen M, Swinbourne A, Cadet-James Y. Aboriginal and

Torres Strait Islander health and wellbeing: Social emotional wellbeing and strengths-based psychology [J] . *Clinical Psychologist*, 2018, 22(1): 16–26.

[269] Kim C H, Scullion H. The effect of Corporate Social Responsibility (CSR) on employee motivation: A cross-national study [J] . *Economics and Bwriess Review*, 2013, 13(2): 15–30.

[270] Kim M, Beehr T A. Thriving on demand: Challenging work results in employee flourishing through appraisals and resources [J] . *International Journal of Stress Management*, 2020, 27(2): 111–125.

[271] Kim N, Shim C. Social capital, knowledge sharing and innovation of small-and medium-sized enterprises in a tourism cluster [J] . *International Journal of Contemporary Hospitality Management*, 2018, 30(6): 2417–2437.

[272] Kim T Y, Liu Z Q, Diefendorff J M. Leader–member exchange and job performance: The effects of taking charge and organizational tenure [J] . *Journal of Organizational Behavior*, 2015, 36(2): 216–231.

[273] Kim T Y, Liu Z. Taking charge and employee outcomes: The moderating effect of emotional competence [J] . *The International Journal of Human Resource Management*, 2017, 28(5): 775–793.

[274] Kim Y J, Van Dyne L, Kamdar D, et al. Why and when do motives matter? An integrative model of motives, role cognitions, and social support as predictors of OCB [J] . *Organizational Behavior and Human Decision Processes*, 2013, 121(2): 231–245.

[275] Kim Y W, Ko J. HR practices and knowledge sharing behavior: Focusing on the moderating effect of trust in supervisor [J] . *Public Personnel Management*, 2014, 43(4): 586–607.

[276] Kleine A K, Rudolph C W, Zacher H. Thriving at work: A meta-analysis [J] . *Journal of Organizational Behavior*, 2019, 40(9–10): 973–999.

[277] Kluger A N, Nir D. The feedforward interview [J] . *Human*

Resource Management Review, 2010, 20(3): 235–246.

［278］Ko C, Ma J, Kang M, et al. How ethical leadership cultivates healthy guanxi to enhance OCB in China［J］. *Asia Pacific Journal of Human Resources*, 2017, 55(4): 408–429.

［279］Kong D T, Ho V T. A self-determination perspective of strengths use at work: Examining its determinant and performance implications［J］. *The Journal of Positive Psychology*, 2016, 11(1): 15–25.

［280］Kooij D T A M, Van Woerkom M, Wilkenloh J, et al. Job crafting towards strengths and interests: The effects of a job crafting intervention on person-job fit and the role of age［J］. *Journal of Applied Psychology*, 2017, 102(6): 971–981.

［281］Korman A K. Hypothesis of work behavior revisited and an extension［J］. *Academy of Management review*, 1976, 1(1): 50–63.

［282］Kramer R M, Pommerenke P, Newton E. The social context of negotiation: Effects of social identity and interpersonal accountability on negotiator decision making［J］. *Journal of Conflict Resolution*, 1993, 37(4): 633–654.

［283］Kulik C T, Perera S, Cregan C. Engage me: The mature-age worker and stereotype threat［J］. *Academy of Management Journal*, 2016, 59(6): 2132–2156.

［284］Kurtessis J N, Eisenberger R, Ford M T, et al. Perceived organizational support: A meta-analytic evaluation of organizational support theory［J］. *Journal of Management*, 2017, 43(6): 1854–1884.

［285］Kuster F, Orth U. The long-term stability of self-esteem: Its time-dependent decay and nonzero asymptote［J］. *Personality and Social Psychology Bulletin*, 2013, 39(5): 677–690.

［286］Kuvaas B, Buch R, Dysvik A. Perceived training intensity and knowledge sharing: Sharing for intrinsic and prosocial reasons［J］. *Human Resource Management*, 2012, 51(2): 167–187.

［287］Kuvaas B, Dysvik A. Perceived investment in employee

development, intrinsic motivation and work performance [J] . *Human Resource Management Journal*, 2009, 19(3): 217–236.

[288] Langford D. *Internet ethics* [M] . London: Macmillan, 2000.

[289] Langford P H. Importance of relationship management for the career success of Australian managers [J] . *Australian Journal of Psychology*, 2000, 52(3): 163–168.

[290] Lavy S, Littman-Ovadia H. My better self: Using strengths at work and work productivity, organizational citizenship behavior, and satisfaction [J] . *Journal of Career Development*, 2017, 44(2): 95–109.

[291] Law K S, Wong C S, Wang D, et al. Effect of supervisor-subordinate guanxi on supervisory decisions in China: An empirical investigation [J] . *International Journal of Human Resource Management*, 2000, 11(4): 751–765.

[292] Lawler E E, Porter L W. The effect of performance on job satisfaction [J] . *Industrial relations*, 1967, 7(1): 20–28.

[293] Lazarus R S. Progress on a cognitive-motivational-relational theory of emotion [J] . *American Psychologist*, 1991, 46(8): 819–834.

[294]Lee J J, Gino F, Cable D, et al. Preparing the self for team entry: How relational affirmation improves team performance [Z] . Harvard Business School NOM Unit Working Paper, 2016: 16–111.

[295] Lee J. The effects of knowledge sharing on individual creativity in higher education institutions: Socio-technical view [J] . *Administrative Sciences*, 2018, 8(2): 1–16.

[296] Lee Y K, Kim S H, Kim M S, et al. Person—environment fit and its effects on employees' emotions and self-rated/supervisor-rated performances: The case of employees in luxury hotel restaurants [J] . *International Journal of Contemporary Hospitality Management*, 2017, 29(5): 1447–1467.

[297] Lee Y, Blitz L V. We're GRAND: A qualitative design and development pilot project addressing the needs and strengths of

grandparents raising grandchildren ［J］. *Child and Family Social Work*, 2016, 21(4): 381–390.

［298］Lekhawipat W, Wei Y H, Lin C. How internal attributions affect knowledge sharing behavior［J］. *Journal of Knowledge Management*, 2018, 22(4): 867–886.

［299］Li D, Li Y, Hu Y, et al. How do servant leadership and self-esteem at work shape family performance in China? A resource gain development perspective［J］. *Management Decision,* 2022, 60(3): 550–566.

［300］Li M, Liu Y, Liu, L, et al. Proactive personality and innovative work behavior: The mediating effects of affective states and creative self-efficacy in teachers［J］. *Current Psychology*, 2017, 36: 697–706.

［301］Li N, Liang J, Crant J M. The role of proactive personality in job satisfaction and organizational citizenship behavior: A relational perspective［J］. *Journal of Applied Psychology*, 2010, 95(2): 395–404.

［302］Liao E Y, Wang A Y, Zhang C Q. Who influences employees' dark side: a multi-foci meta-analysis of counterproductive workplace behaviors［J］. *Organizational Psychology Review*, 2021, 11(2): 97–143.

［303］Liebig J F. Principles of agricultural chemistry: With special reference to the late researches made in England［J］. Walton and Maberly, 1855.

［304］Linley P A, Harrington S. Playing to your strengths［J］. *Psychologist*, 2006, 19(2): 86–89.

［305］Linley P A, Nielsen K M, Gillett R, et al. Using signature strengths in pursuit of goals: Effects on goal progress, need satisfaction, and well-being, and implications for coaching psychologists［J］. *International Coaching Psychology Review*, 2010, 5(1): 6–15.

［306］Littman-Ovadia H, Lavy S, Boiman-Meshita M. When theory and research collide: Examining correlates of signature strengths use at work［J］. *Journal of Happiness Studies*, 2017, 18(2): 527–548.

［307］Littman-Ovadia H, Lavy S. Differential ratings and associations with well-being of character strengths in two communities［J］. *Health Sociology Review*, 2012, 21(3): 299–312.

［308］Littman-Ovadia H, Lazar-Butbul V, Benjamin B A. Strengths-based career counseling: Overview and initial evaluation［J］. *Journal of Career Assessment*, 2014, 22(3): 403–419.

［309］Littman-Ovadia H, Raas-Rothschild E. Character strengths of airline pilots: explaining life and job satisfaction and predicting CRM performance［J］. *Psychology*, 2018, 9(8): 2083–2102.

［310］Littman-Ovadia H, Steger M. Character strengths and well-being among volunteers and employees: Toward an integrative model［J］. *The Journal of Positive Psychology*, 2010, 5(6): 419–430.

［311］Liu D, Chen Y, Li N. Tackling the negative impact of COVID–19 on work engagement and taking charge: A multi-study investigation of frontline health workers［J］. *Journal of Applied Psychology*, 2021, 106(2): 185–198.

［312］Liu D, Mitchell T R, Lee T W, et al. When employees are out of step with coworkers: How job satisfaction trajectory and dispersion influence individual and unit-level voluntary turnover［J］. *Academy of Management Journal*, 2012, 55(6): 1360–1380.

［313］Liu J, Hui C, Lee C, et al. Why do I feel valued and why do I contribute? A relational approach to employee's organization-based self-esteem and job performance［J］. *Journal of Management Studies*, 2013, 50(6): 1018–1040.

［314］Lopez S J, Louis M C. The principles of strengths-based education［J］. *Journal of College and Character*, 2009, 10(4).

［315］Lu C, Wang H, Lu J, et al. Does work engagement increase person-job fit? The role of job crafting and job insecurity［J］. *Journal of Vocational Behavior*, 2014, 84(2): 142–152.

［316］Lu L, Leung K, Koch P T. Managerial knowledge sharing:

The role of individual, interpersonal, and organizational factors [J]. *Management and Organization Review*, 2006, 2(1): 15–41.

[317] Luo M, Hancock J T. Self-disclosure and social media: motivations, mechanisms and psychological well-being [J]. *Current Opinion in Psychology*, 2020, 31(1): 110–115.

[318] Lyons L, Linley A. Situational strengths: A strategic approach linking personal capability to corporate success [J]. *Organisations and People*, 2008, 15(2): 4.

[319] Lyubomirsky S, King L, Diener E. The benefits of frequent positive affect: Does happiness lead to success? [J]. *Psychological Bulletin*, 2005, 131(6): 803–855.

[320] Lyubomirsky S, Layous K. How do simple positive activities increase well-being? [J]. *Current Directions in Psychological Science*, 2013, 22(1): 57–62.

[321] Maccoby E E. Socialization and developmental change [J]. *Child Development*, 1984, 55(2): 317–328.

[322] MacKie D. The effectiveness of strength-based executive coaching in enhancing full range leadership development: A controlled study [J]. *Consulting Psychology Journal: Practice and Research*, 2014, 66(2): 118–137.

[323] Marsh H W, Hau K T, Artelt C, et al. OECD's brief self-report measure of educational psychology's most useful affective constructs: Cross-cultural, psychometric comparisons across 25 countries [J]. *International Journal of Testing*, 2006, 6(4): 311–360.

[324] Marsh H W, Trautwein U, Lüdtke O, et al. Integration of multidimen-sional self-concept and core personality constructs: Construct validation and relations to well-being and achievement [J]. *Journal of Personality*, 2006, 74(2): 403–456.

[325] Martin J, Schmidt C. How to keep your top talent [J]. *Harvard Business Review*, 2010, 88(5): 54–61.

［326］Martínez-Martí M L, Ruch W. Character strengths predict resilience over and above positive affect, self-efficacy, optimism, social support, self-esteem, and life satisfaction［J］. *The Journal of Positive Psychology*, 2017, 12(2): 110–119.

［327］Martins L L, Eddleston K A, Veiga J F. Moderators of the relationship between work-family conflict and career satisfaction［J］. *Academy of Management Journal*, 2002, 45(2): 399–409.

［328］Matta F K, Erol-Korkmaz H T, Johnson R E, et al. Significant work events and counterproductive work behavior: The role of fairness, emotions, and emotion regulation［J］. *Journal of Organizational Behavior*, 2014, 35(7): 920–944.

［329］Mauno S, Kinnunen U, Ruokolainen M. Job demands and resources as antecedents of work engagement: A longitudinal study［J］. *Journal of Vocational Behavior*, 2007, 70(1): 149–171.

［330］McClean E, Collins C J. Expanding the concept of fit in strategic human resource management: An examination of the relationship between human resource practices and charismatic leadership on organizational outcomes［J］. *Human Resource Management*, 2019, 58(2): 187–202.

［331］McClelland D C. Testing for competence rather than for "intelligence" [J]. *American Psychologist*, 1973, 28(1):1–14.

［332］McCormick B W, Guay R P, Colbert A E, et al. Proactive personality and proactive behaviour: Perspectives on person-situation interactions［J］. *Journal of Occupational and Organizational Psychology*, 2018, 92(1), 30–51.

［333］McKenna A, Findlay G M, Gagnon J A, et al. Whole-organism lineage tracing by combinatorial and cumulative genome editing［J］. *Science*, 2016, 353(6298): aaf7907.

［334］Meyers M C, Van Woerkom M, De Reuver R S M, et al. Enhancing psychological capital and personal growth initiative: working

on strengths or deficiencies [J]. *Journal of Counseling Psychology*, 2015, 62(1): 50–62.

[335] Meyers M C, Van Woerkom M, De Reuver R S M, et al. Enhancing psychological capital and personal growth initiative: working on strengths or deficiencies [J]. *Journal of counseling psychology*, 2017.

[336] Miglianico M, Dubreuil P, Miquelon P, et al. Strength use in the workplace: A literature review [J]. *Journal of Happiness Studies*, 2020, 21: 737–764.

[337] Mitte K, Kämpfe N. Personality and the four faces of positive affect: A multitrait-multimethod analysis using self-and peer-report [J]. *Journal of Research in Personality*, 2008, 42(5): 1370–1375.

[338] Montani F, Setti I, Sommovigo V, et al. Who responds creatively to role conflict? Evidence for a curvilinear relationship mediated by cognitive adjustment at work and moderated by mindfulness [J]. *Journal of Business and Psychology*, 2020, 35: 621–641.

[339] Moon H, Kamdar D, Mayer D M, et al. Me or we? The role of personality and justice as other-centered antecedents to innovative citizenship behaviors within organizations [J]. *Journal of Applied Psychology*, 2008, 93(1): 84–94.

[340] Moore H L, Bakker A B, Van Mierlo H. Using strengths and thriving at work: The role of colleague strengths recognition and organizational context [J]. *European Journal of Work and Organizational Psychology*, 2022, 31(2): 260–272.

[341] Morrison E W, Phelps C C. Taking charge at work: Extrarole efforts to initiate workplace change [J]. *Academy of Management Journal*, 1999, 42(4): 403–419.

[342] Mostert K, Keenan E M. Perceived organisational support for strengths use: the factorial validity and reliability of a new scale in the banking industry [J]. *SA Journal of Industrial Psychology*, 2013, 39(1): 1–12.

[343] Mostert K, Theron B, de Beer L T. Validating strengths use and deficit correction behaviour scales for South African first-year students [J]. *SA Journal of Industrial Psychology*, 2017, 43(1): 1–12.

[344] Motowidlo S J, Van Scotter J R. Evidence that task performance should be distinguished from contextual performance [J]. *Journal of Applied Psychology*, 1994, 79(4): 475–480.

[345] Moussa F M. The interactive effects of self-esteem, goal instructions, and incentives on personal goals and goal attainment [J]. *Organization Management Journal*, 2012, 9(3): 148–169.

[346] Mullen E, Skitka L J. Comparing Americans' and Ukrainians' allocations of public assistance: The role of affective reactions in helping behavior [J]. *Journal of Cross-cultural Psychology*, 2009, 40(2): 301–318.

[347] Naim M F, Lenka U. Linking knowledge sharing, competency development, and affective commitment: evidence from Indian Gen Y employees [J]. *Journal of Knowledge Management*, 2017, 21(4):885–906.

[348] Nasser F, Wisenbaker J. A Monte Carlo study investigating the impact of item parceling on measures of fit in confirmatory factor analysis [J]. *Educational and Psychological Measurement*, 2003, 63(5): 729–757.

[349] Neff K D, Rude S S, Kirkpatrick K L. An examination of self-compassion in relation to positive psychological functioning and personality traits [J]. *Journal of Research in Personality*, 2007, 41(4): 908–916.

[350] Newman A, Miao Q, Hofman P S, et al. The impact of socially responsible human resource management on employees' organizational citizenship behaviour: the mediating role of organizational identification [J]. *The International Journal of Human Resource Management*, 2016, 27(4): 440–455.

[351] Nicholson F W. Success in college and in after life [J].

School and Society, 1915, 12: 229–232.

［352］Niemiec R M. *Character strengths interventions: A field guide for practitioners* ［M］. Göttingen: Hogrefe Publishing GmbH, 2018.

［353］Niessen C, Sonnentag S, Sach F. Thriving at work—A diary study ［J］. *Journal of Organizational Behavior*, 2012, 33(4): 468–487.

［354］Oatley K, Jenkins J M. *Understanding emotions* ［M］. Oxford: Blackwell Publishing, 1996.

［355］Obrenovic B, Jianguo D, Tsoy D, et al. The enjoyment of knowledge sharing: impact of altruism on tacit knowledge-sharing behavior ［J］. *Frontiers in Psychology*, 2020, 11: 1496.

［356］Oerlemans W G M, Bakker A B. Why extraverts are happier: A day reconstruction study ［J］. *Journal of Research in Personality*, 2014, 50: 11–22.

［357］Okatege P. A Review of the Person-job Fit Theory [D]. Nairobi: University of Nairobi, 2016.

［358］Orth U, Robins R W. The development of self-esteem ［J］. *Current directions in Psychological Science*, 2014, 23(5): 381–387.

［359］Owens B P, Johnson M D, Mitchell T R. Expressed humility in organizations: Implications for performance, teams, and leadership ［J］. *Organization Science*, 2013, 24(5): 1517–1538.

［360］Owens R L, Allan B A, Flores L Y. The strengths-based inclusive theory of work ［J］. *The Counseling Psychologist*, 2019, 47(2): 222–265.

［361］Pak K, Kooij D T A M, De Lange A H, et al. Human Resource Management and the ability, motivation and opportunity to continue working: A review of quantitative studies ［J］. *Human Resource Management Review*, 2019, 29(3): 336–352.

［362］Pan X F, Qin Q, Gao F. Psychological ownership, organization-based self-esteem and positive organizational behaviors ［J］. *Chinese Management Studies*, 2014, 8(1): 127–148.

［363］Park N, Peterson C, Seligman M E P. Strengths of character and well-being ［J］. *Journal of social and Clinical Psychology*, 2004, 23(5): 603–619.

［364］Park N, Peterson C. Character strengths: Research and practice ［J］. *Journal of College and Character*, 2009, 10(4): 1–10.

［365］Park S, Kim E J. Fostering organizational learning through leadership and knowledge sharing ［J］. *Journal of Knowledge Management*, 2018, 22(6): 1408–1423.

［366］Park S, Lee S, Kim Y, et al. Causal effects of positive affect, life satisfaction, depressive symptoms, and neuroticism on kidney function: a Mendelian randomization study ［J］. *Journal of the American Society of Nephrology*, 2021, 32(6): 1484–1496.

［367］Parker S K, Sprigg C A. Minimizing strain and maximizing learning: the role of job demands, job control, and proactive personality ［J］. *Journal of Applied Psychology*, 1999, 84(6): 925–939.

［368］Parker S L, Jimmieson N L, Amiot C E. The stress-buffering effects of control on task satisfaction and perceived goal attainment: An experimental study of the moderating influence of desire for control ［J］. *Applied Psychology*, 2009, 58(4): 622–652.

［369］Parsons F. *Choosing a Vocation*［M］. Boston, MA: Houghton Mifflin, 1909.

［370］Paterson T A, Luthans F, Jeung W. Thriving at work: Impact of psychological capital and supervisor support ［J］. *Journal of Organizational Behavior*, 2014, 35(3): 434–446.

［371］Payne R L, Cooper C L. *Emotions at work: theory, research and applications for management* ［M］. Chichester: John Wiley and Sons, 2001.

［372］Peng Y, Mao C. The impact of person–job fit on job satisfaction: the mediator role of Self efficacy ［J］. *Social Indicators Research*, 2015, 121(3): 805–813.

［373］Peterson C, Seligman M E P. *Character strengths and virtues: A handbook and classification*［M］. Oxford: Oxford University Press, 2004.

［374］Peterson C. A primer in positive psychology［M］. Oxford: Oxford university press, 2006.

［375］Podsakoff P M, Mackenzie S B, Lee J Y, et al. Common method biases in behavioral research: A critical review of the literature and recommended remedies［J］. *Journal of Applied Psychology*, 2003, 88(5): 979–903.

［376］Porath C, Spreitzer G, Gibson C, et al. Thriving at work: Toward its measurement, construct validation, and theoretical refinement ［J］. *Journal of Organizational Behavior*, 2012, 33(2): 250–275.

［377］Proctor C, Maltby J, Linley P A. Strengths use as a predictor of well-being and health-related quality of life［J］. *Journal of Happiness Studies*, 2011, 12(1): 153–169.

［378］Proyer R T, Gander F, Wellenzohn S, et al. Strengths-based positive psychology interventions: a randomized placebo-controlled online trial on long-term effects for a signature strengths-vs. a lesser strengths-intervention［J］. *Frontiers in Psychology*, 2015, 6: 456–469.

［379］Proyer R T, Ruch W, Buschor C. Testing strengths-based interventions: A preliminary study on the effectiveness of a program targeting curiosity, gratitude, hope, humor, and zest for enhancing life satisfaction ［J］. *Journal of Happiness Studies*, 2013, 14(1): 275–292.

［380］Quinlan D, Swain N, Vella-Brodrick D A. Character strengths interventions: Building on what we know for improved outcomes［J］. *Journal of Happiness Studies*, 2012, 13(6): 1145–1163.

［381］Radaelli G, Lettieri E, Mura M, et al. Knowledge sharing and innovative work behaviour in healthcare: A micro-level investigation of direct and indirect effects［J］. *Creativity and Innovation Management*, 2014, 23(4): 400–414.

［382］Rahaman A, Ahmed T, Gupta A, et al. What Factors Do Satisfy Employees of SME Business Sector? A Study on a Developing Economy ［J］. *Academy of Entrepreneurship Journal*, 2022, 28: 1–5.

［383］Ramamoorthy N, Flood P C, Slattery T, et al. Determinants of innovative work behaviour: Development and test of an integrated model ［J］. *Creativity and Innovation Management*, 2005, 14(2): 142–150.

［384］Rath T, Conchie B. *Strengths based leadership: Great leaders, teams, and why people follow* ［M］. Simon and Schuster, 2008.

［385］Rath T, Harter J. Wellbeing: The five essential elements ［J］. *Simon and Schuster*, 2010.

［386］Reina-Tamayo A M, Bakker A B, Derks D. The work engagement-performance link: An episodic perspective ［J］. *Career Development International*, 2018, 23(5): 478–496.

［387］Reychav I, Weisberg J. Good for workers, good for companies: How knowledge sharing benefits individual employees ［J］. *Knowledge and Process Management*, 2009, 16(4): 186–197.

［388］Riaz S, Xu Y, Hussain S. Understanding employee innovative behavior and thriving at work: A Chinese Perspective ［J］. *Administrative Sciences*, 2018, 8(3): 46–60.

［389］Ritti R R, Funkhouser G R. Vida interna de la empresa: un enfoque cultural-interpretativo de los problemas de la empresa ［M］. Barcelona: Plazay Janes, 1987.

［390］Roarty M, Toogood K. The strengths-focused guide to leadership: Identify your talents and Get the most from your team ［M］. London: Pearson UK, 2014.

［391］Robert K W, Parris T M, Leiserowitz A A. What is sustainable development? Goals, indicators, values, and practice ［J］. *Environment Science and Policy for Sustainable Development*, 2005, 47(3): 8–21.

［392］Roberts L M, Spreitzer G, Dutton J, et al. How to play to your strengths ［J］. *Harvard Business Review*, 2005, 83(1): 74–80.

［393］Rockmann K W, Ballinger G A. Intrinsic motivation and organizational identification among on-demand workers［J］. *Journal of Applied Psychology*, 2017, 102(9): 1305.

［394］Rosenberg E L. Levels of analysis and the organization of affect［J］. *Educational Publishing Foundation*, 1998, 2(3): 247–270.

［395］Rosenberg M. Rosenberg self-esteem scale (RSE). Acceptance and commitment therapy［J］. *Measures Package*, 1965, 61: 52.

［396］Rouquette O Y, Knight C J, Lovett V E, et al. The positive association between perceived parental responsiveness and self-esteem, anxiety, and thriving among youth rugby players: A multigroup analysis［J］. *Journal of Sports Sciences*, 2021, 39(13): 1537–1547.

［397］Rust T, Diessner R, Reade L. Strengths only or strengths and relative weaknesses? A preliminary study［J］. *The Journal of Psychology*, 2009, 143(5): 465–476.

［398］Ryan J. Inclusive leadership and social justice for Schools［J］. *Leadership and Policy in Schools*, 2006, 5(1): 3–17.

［399］Ryan R M, Deci E L. Intrinsic and extrinsic motivations: Classic definitions and new directions［J］. *Contemporary Educational Psychology*, 2000, 25(1): 54–67.

［400］Ryan R M, Deci E L. *Self-determination theory: Basic psychological needs in motivation, development, and wellness*［M］. New York: Guilford Publications, 2017.

［401］Scharp Y S, Breevaart K, Bakker A B, et al. Daily playful work design: A trait activation perspective［J］. *Journal of Research in Personality*, 2019, 82: 103850.

［402］Schein E H. *Organisational Culture and Leadership*［M］. San Francisco: Jossey Bass, 1985.

［403］Schein E H. The individual, the organization, and the career: A conceptual scheme［J］. *The Journal of Applied Behaviaral Science*, 1971, 7(4):401–426.

［404］Schein E H. The role of the founder in creating organizational culture [J]. *Organizational Dynamics*, 1983, 12(1):13–28.

［405］Schwartz S H. Draft users manual: Proper use of the Schwarz value survey [Z]. Auckland, New Zealand: Centre for Cross Cultural Comparisons, 2009.

［406］Scott S G, Bruce R A. Determinants of innovative behavior: A path model of individual innovation in the workplace ［J］. *Academy of Management Journal*, 1994, 37(3), 580–607.

［407］Seibert S E, Crant J M, Kraimer M L. Proactive personality and career success ［J］. *Journal of Applied Psychology*, 1999, 84(3): 416–427.

［408］Seibert S E, Kraimer M L, Crant J M. What do proactive people do? A longitudinal model linking proactive personality and career success ［J］. *Personnel Psychology*, 2001a, 54(4): 845–874.

［409］Seibert S E, Kraimer M L, Liden R C. A social capital theory of career success ［J］. *Academy of Management Journal*, 2001, 44(2): 219–237.

［410］Seligman M E P, Parks A C, Steen T. A balanced psychology and a full life ［J］. *The Royal Society*, 2004, 359(1449): 1379–1381.

［411］Seligman M E P, Steen T A, Park N, et al. Positive psychology progress: empirical validation of interventions ［J］. *American Psychologist*, 2005, 60(5): 410–421.

［412］Seligman M E P. *Authentic happiness: Using the new positive psychology to realize your potential for lasting fulfillment* ［M］. New York: Simon and Schuster, 2002.

［413］Senf K, Liau A K. The effects of positive interventions on happiness and depressive symptoms, with an examination of personality as a moderator ［J］. *Journal of Happiness Studies*, 2013, 14(2): 591–612.

［414］Shao Z, Feng Y, Wang T. Charismatic leadership and tacit knowledge sharing in the context of enterprise systems learning: the

mediating effect of psychological safety climate and intrinsic motivation [J]. *Behaviour and Information Technology*, 2017, 36(2): 194–208.

[415] Shareef R A, Atan T. The influence of ethical leadership on academic employees' organizational citizenship behavior and turnover intention: Mediating role of intrinsic motivation [J]. *Management Decision*, 2019, 57(3): 583–605.

[416] Shoss M K, Witt L A, Vera D. When does adaptive performance lead to higher task performance? [J]. *Journal of Organizational Behavior*, 2012, 33(7): 910–924.

[417] Simbula S, Guglielmi D, Schaufeli W B. A three-wave study of job resources, self-efficacy, and work engagement among Italian schoolteachers [J]. *European Journal of Work and Organizational Psychology*, 2011, 20(3): 285–304.

[418] Simpson C K, Boyle D. Esteem construct generality and academic performance [J]. *Educational and Psychological Measurement*, 1975, 35(4): 897–904.

[419] Smidts A, Pruyn A T H, Van Riel C B M. The impact of employee communication and perceived external prestige on organizational identification [J]. *Academy of Management Journal*, 2001, 44(5): 1051–1062.

[420] Snell S A, Dean, Jr J W. Integrated manufacturing and human resource management: A human capital perspective [J]. *Academy of Management journal*, 1992, 35(3): 467–504.

[421] Sonnentag S, Frese M. Performance concepts and performance theory [J]. *Psychological Management of Individual Performance*, 2002, 23(1): 3–25.

[422] Spreitzer G, Sutcliffe K, Dutton J, et al. A socially embedded model of thriving at work [J]. *Organization Science*, 2005, 16(5): 537–549.

[423] Stander F W, Mostert K, De Beer L T. Organisational and

individual strengths use as predictors of engagement and productivity [J] . *Journal of Psychology in Africa*, 2014, 24(5): 403–409.

[424] Stander F W, Mostert K. Assessing the organisational and individual strengths use and deficit improvement amongst sport coaches [J] . *SA Journal of Industrial Psychology*, 2013, 39(2): 1–13.

[425] Steers R M , Mowday R T. Employee turnover and post-decision accommodation processes [A] . Cummings L L, Staw B M. Research in organizational behavior Greenwich [C] . JAI Press, 1981: 235–281.

[426] Stefanyszyn K. Norwich Union changes focus from competencies to strengths [J] . *Strategic HR Review*, 2007, 7(1):10–11.

[427] Steger M F, Hicks B M, Kashdan T B, et al. Genetic and environmental influences on the positive traits of the values in action classification, and biometric covariance with normal personality [J] . *Journal of Research in Personality*, 2007, 41(3): 524–539.

[428] Straume L V, Vitterso J. Well-being at work: Some differences between life satisfaction and personal growth as predictors of subjective health and sick-leave [J] . *Journal of Happiness Studies*, 2015, 16(1): 149–168.

[429] Strong E K Jr. *Vocational interests* 18 *years after college* [M] . Minnesota: Vniversity of Minnesota Press, 1955.

[430] Sung S Y, Choi J N.Do Big Five personality factors affect individual creativity? The moderating role of extrinsic motivation [J] . *Social Behavior and Personality: an International Journal*, 2009, 37(7): 941–956.

[431] Sylva H, Mol S T, Den Hartog D N, et al. Person-job fit and proactive career behaviour: A dynamic approach [J] . *European Journal of Work and Organizational Psychology*, 2019, 28(5): 631–645.

[432] Tangaraja G, Mohd Rasdi R, Ismail M, et al. Fostering knowledge sharing behaviour among public sector managers: a proposed model for the Malaysian public service [J] . *Journal of Knowledge*

Management, 2015, 19(1): 121–140.

［433］Taubman P J, Wales T. Higher education and earnings: College as an investment and screening device［J］. *NBER Books*, 1974: 175–178.

［434］Ten Brummelhuis L L, Bakker A B. A resource perspective on the work–home interface: The work–home resources model［J］. *American Psychologist*, 2012, 67(7): 545–556.

［435］Tett R P, Burnett D D. A personality trait-based interactionist model of job performance［J］. *Journal of Applied Psychology*, 2003, 88(3): 500–517.

［436］Tett R P, Guterman H A. Situation trait relevance, trait expression, and cross-situational consistency: Testing a principle of trait activation［J］. *Journal of Research in Personality*, 2000, 34(4): 397–423.

［437］Tett R P, Toich M J, Ozkum S B. Trait activation theory: A review of the literature and applications to five lines of personality dynamics research［J］. *Annual Review of Organizational Psychology and Organizational Behavior*, 2021, 8(1): 199–233.

［438］Thun B, Kelloway E K. Virtuous leaders: Assessing character strengths in the workplace［J］. *Canadian Journal of Administrative Sciences/Revue Canadienne des Sciences de l'Administration*, 2011, 28(3): 270–283.

［439］Tierney P, Farmer S M, Graen G B. An examination of leadership and employee creativity: The relevance of traits and relationships［J］. *Personnel Psychology*, 1999, 52(3): 591–620.

［440］Toback R L, Graham-Bermann S A, Patel P D. Outcomes of a character strengths-based intervention on self-esteem and self-efficacy of psychiatrically hospitalized youths［J］. *Psychiatric Services*, 2016, 67(5): 574–577.

［441］Tolle E R, Murray W I. Forced choice: An improvement in teacher rating［J］. *The Journal of Educational Research*, 1958, 51(9): 679–685.

［442］Umar M, et al. Trust and social network to boost tacit knowledge sharing with mediation of commitment: does culture moderate［J］. *VINE Journal of Information and Knowledge Management Systems*, 2023, 53(6): 1135-1158.

［443］Van den Heuvel M, Demerouti E, Bakker A B, et al. Adapting to change: The value of change information and meaning-making［J］. *Journal of Vocational Behavior*, 2013, 83(1): 11-21.

［444］Van Dijk D, Kluger A N. Task type as a moderator of positive/ negative feedback effects on motivation and performance: A regulatory focus perspective［J］. *Journal of Organizational Behavior*, 2011, 32(8): 1084-1105.

［445］Van Wingerden J, Van der Stoep J. The motivational potential of meaningful work: Relationships with strengths use, work engagement, and performance［J］. *Plos one*, 2018, 13(6): e0197599.

［446］Van Woerkom M, Bakker A B, Nishii L H. Accumulative job demands and support for strength use: Fine-tuning the job demands-resources model using conservation of resources theory［J］. *Journal of Applied Psychology*, 2016b, 101(1): 141-150.

［447］Van Woerkom M, Kroon B. The effect of strengths-based performance appraisal on perceived supervisor support and the motivation to improve performance［J］. *Frontiers in Psychology*, 2020: 1883.

［448］Van Woerkom M, Meyers M C, Bakker A. Considering strengths use in organizations as a multilevel construct［J］. *Human Resource Management Review*, 2022, 32(3): 100767.

［449］Van Woerkom M, Meyers M C. My strengths count! Effects of a strengths-based psychological climate on positive affect and job performance［J］. *Human Resource Management*, 2015, 54(1): 81-103.

［450］Van Woerkom M, Meyers M C. Strengthening personal growth: The effects of a strengths intervention on personal growth initiative［J］. *Journal of Occupational and Organizational Psychology*, 2019, 92(1): 98-

121.

［451］Van Woerkom M, Mostert K, Els C, et al. Strengths use and deficit correction in organizations: Development and validation of a questionnaire ［J］. *European Journal of Work and Organizational Psychology*, 2016c, 25(6): 960–975.

［452］Van Woerkom M, Oerlemans W, Bakker A B. Strengths use and work engagement: A weekly diary study ［J］. *European Journal of Work and Organizational Psychology*, 2016a, 25(3): 384–397.

［453］Velez M J, Neves P. Shaping emotional reactions to ethical behaviors: Proactive personality as a substitute for ethical leadership ［J］. *The Leadership Quarterly*, 2018, 29(6): 663–673.

［454］Vroom V H. Work and motivation ［M］. Hobgen, New Jersey: Wiley, 1964.

［455］Wang C J, Tsai H T, Tsai M T. Linking transformational leadership and employee creativity in the hospitality industry: The influences of creative role identity, creative self-efficacy, and job compl-exity ［J］. *Tourism Management*, 2014, 40: 79–89.

［456］Wang L, Hinrichs K T, Prieto L, et al. Five dimensions of organizational citizenship behavior: Comparing antecedents and levels of engagement in China and the US ［J］. *Asia Pacific Journal of Management*, 2013, 30: 115–147.

［457］Wang Y, Zheng Y, Zhu Y. How transformational leadership influences employee voice behavior: The roles of psychological capital and organizational identification ［J］. *Social Behavior and Personality: An International Journal*, 2018, 46(2): 313–321.

［458］Watson D, Clark L A, Tellegen A. Development and validation of brief measures of positive and negative affect: the PANAS scales ［J］. *Journal of Personality and Social Psychology*, 1988, 54(6): 1063–1070.

［459］Weber M, Ruch W, Littman-Ovadia H, et al. Relationships among higher-order strengths factors, subjective well-being, and general

self-efficacy-The case of Israeli adolescents [J] . *Personality and Individual Differences*, 2013, 55(3): 322–327.

[460] Wegge J, Dick R V, Fisher G K, et al. A test of basic assumptions of affective events theory (AET) in call centre work [J] . *British Journal of Management*, 2006, 17(3): 237–254.

[461] Weiss H M, Cropanzano R. Affective events theory: A theoretical discussion of the structure, causes and consequences of affective experiences at work [A] . Staw B M, Cummings L L. Research in organizational belawer: An annual series of analytical essays and critical reviews Greenwich [C] . JAI Press, 1996: 1–74.

[462] Weiss H M. Deconstructing job satisfaction: Separating evaluations, beliefs and affective experiences [J] . *Human Resource Management Review*, 2002, 12(2): 173–194.

[463] Weseler D, Niessen C. How job crafting relates to task performance [J] . *Journal of Managerial Psychology*, 2016, 31(3): 672–685.

[464] Whitaker B G, Dahling J J, Levy P. The development of a feedback environment and role clarity model of job performance [J] . *Journal of Management*, 2007, 33(4): 570–591.

[465] Wigfield A, Eccles J S, Iver D M, et al. Transitions during early adolescence: Changes in children's domain-specific self-perceptions and general self-esteem across the transition to junior high school [J] . *Developmental Psychology*, 1991, 27(4): 552–565.

[466] Williams L J, Anderson S E. Job satisfaction and organizational commitment as predictors of organizational citizenship and in-role behaviors [J] . *Journal of Management*, 1991, 17(3): 601–617.

[467] Williams L J, Cote J A, Buckley M R. Lack of method variance in self-reported affect and perceptions at work: Reality or artifact [J] . *Journal of Applied Psychology*, 1989, 74(3): 462–468.

[468] Williamson E G. *How to counsel students: A manual of*

techniques for clinical counselors [M]. McGraw-Hill Book Company, 1939.

[469] Wilt J, Noftle E E, Fleeson W, et al. The dynamic role of personality states in mediating the relationship between extraversion and positive affect [J]. *Journal of Personality*, 2012, 80(5): 1205-1236.

[470] Wong Y T, Ngo H Y, Wong C S. Antecedents and outcomes of employees' trust in chinese joint ventures [J]. *Asia Pacific Journal of Management*, 2003, 20(4): 481-499.

[471] Wood A M, Linley P A, Maltby J, et al. Using personal and psychological strengths leads to increases in well-being over time: A longitudinal study and the development of the strengths use questionnaire [J]. *Personality and Individual differences*, 2011, 50(1): 15-19.

[472] Wood J V, Heimpel S A, Michela J L. Savoring versus dampening: Self-esteem differences in regulating positive affect [J]. *Journal of Personality and Social Psychology*, 2003, 85(3): 566.

[473] Wright T A, Cropanzano R. Psychological well-being and job satisfaction as predictors of job performance [J]. *Journal of Occupational Health Psychology*, 2000, 5(1): 84-94.

[474] Wu C H, Deng H, Li Y. Enhancing a sense of competence at work by engaging in proactive behavior: The role of proactive personality [J]. *Journal of Happiness Studies*, 2018a, 19(3): 801-816.

[475] Wu X, Kwan H K, Wu L Z, et al. The effect of workplace negative gossip on employee proactive behavior in China: The moderating role of traditionality [J]. *Journal of Business Ethics*, 2018b, 148(4): 801-815.

[476] Xanthopoulou D, Bakker A B, Demerouti E, et al. Work engagement and financial returns: A diary study on the role of job and personal resources [J]. *Journal of Occupational and Organizational Psychology*, 2009, 82(1): 183-200.

[477] Xie Q, Fan W, Wong P, et al. Personality and parenting style as predictors of life satisfaction among Chinese secondary students [J]. *The*

Asia-Pacific Education Researcher, 2016, 25(3): 423–432.

［478］Xue Y, Bradley J, Liang H. Team climate, empowering leadership, and knowledge sharing［J］. *Journal of Knowledge Management*, 2011, 15(2): 299–312.

［479］Yan A, Tang L, Hao Y. Can corporate social responsibility promote employees' taking charge? The mediating role of thriving at work and the moderating role of task significance［J］. *Frontiers in Psychology*, 2021, 11: 613676.

［480］Yang C, Chen L C. Can organizational knowledge capabilities affect knowledge sharing behavior?［J］. *Journal of Information Science*, 2007, 33(1): 95–109.

［481］Yi J. A measure of knowledge sharing behavior: Scale development and validation［J］. *Knowledge Management Research and Practice*, 2009, 7(1): 65–81.

［482］Zacher H. Career adaptability predicts subjective career success above and beyond personality traits and core self-evaluations［J］. *Journal of Vocational Behavior*, 2014, 84(1): 21–30.

［483］Zelenski J M, Murphy S A, Jenkins D A. The happy-productive worker thesis revisited［J］. *Journal of Happiness Studies*, 2008, 9(4): 521–537.

［484］Zhang R P. Positive affect and self-efficacy as mediators between personality and life satisfaction in Chinese college freshmen［J］. *Journal of Happiness Studies*, 2016, 17: 2007–2021.

［485］Zhang X A, Li N, Ullrich J, et al. Getting everyone on board: The effect of differentiated transformational leadership by CEOs on top management team effectiveness and leader-rated firm performance［J］. *Journal of Management*, 2015, 41(7): 1898–1933.

［486］Zhang X, Bartol K M. Linking empowering leadership and employee creativity: The influence of psychological empowerment, intrinsic motivation, and creative process engagement［J］. *Academy of*

Management Journal, 2010, 53(1): 107–128.

［487］Zhang Y, Chen C C. Developmental leadership and organizational citizenship behavior: Mediating effects of self-determination, supervisor identification, and organizational identification ［J］. *The Leadership Quarterly*, 2013, 24(4): 534–543.

［488］Zhang Y, Chen M. Character strengths, strengths use, future self-continuity and subjective well-being among Chinese university students ［J］. *Frontiers in Psychology*, 2018, 9: 1040.

［489］Zheng X, Diaz I, Jing Y, et al. Positive and negative supervisor developmental feedback and task-performance ［J］. *Leadership and Organization Development Journal*, 2015a, 36(2): 212–232.

［490］Zheng X, Zhu W, Zhao H, et al. Employee well-being in organizations: Theoretical model, scale development, and cross-cultural validation ［J］. *Journal of Organizational Behavior*, 2015b, 36(5): 621–644.

［491］Zhu Y Q. Why and how knowledge sharing matters for R&D engineers ［J］. *R&D Management*, 2017, 47(2): 212–222.

后 记

自古以来，国内外管理实践中都非常重视对人的管理，一直强调"知人善任，用其所长"。但是，目前仍缺乏有关优势管理理论的系统阐述。本书基于大量的学术研究成果和管理实践，对已有的优势管理相关的文献进行梳理，并系统概述了优势管理理论的主要内容，包括普适性的优势观、优势的稳定性与优势的识别和开发、优势与劣势的并存性和同向性原理、优势行为的优越性、优势活动的重要性。但是，还有诸多有关优势管理理论的内容需要在未来的研究中进一步探讨，主要体现在以下三个方面：

第一，我们已经知道个体优势是天生的，有着较强的稳定性，所以，如何进行优势的识别与开发仍是管理实践面临的难题。尽管学者们已经对个体的优势进行提炼并提出相应的优势识别和开发方法，但这些观点都是基于西方情境提出的，而东西方在文化方面存在显著的差异，所以，当前迫切需要提出适合我国情境的个体优势分类与个体优势识别工具。

第二，由本书的论述可知，实现我国高质量发展的目标，需要社会上的各种主体单位实现高质量发展，进而迫切要求各组织的员工实现高质量发展。我们认为，员工的高质量发展包括员工在工作中积极的主观体验和高水平的绩效。优势管理活动作为实现员工高质量发展的关键路径，还没有得到充分的挖掘。优势管理活动不仅包括基于优势的领导、人力资源管理政策和制度，还包括优势型组织文化和氛围。如何将这些优势管理活动转化成管理实践，仍是当前管理者面临的重大难题。

第三，优势管理活动不仅能够直接促进员工实现高水平的工作绩

效，而且还能通过培养积极的主观体验影响员工绩效水平，更重要的是，对于具有与优势相关的个体特征（如优势思维、主动性人格）的人而言，优势管理活动的积极作用更强，但本书所提供的实证研究的证据是有限的，我们需要在未来实证研究中为优势管理理论观点提供更多的证据。

本书虽经几次修改，但由于笔者能力有限，不足之处在所难免，敬请专家、读者批评指正。